U0456436

思想政治教育前沿问题研究

李辽宁　李恩 ◎ 主编

（第四辑）

四川大学出版社
SICHUAN UNIVERSITY PRESS

图书在版编目（CIP）数据

思想政治教育前沿问题研究．第四辑 / 李辽宁，李恩主编．— 成都：四川大学出版社，2024.5
ISBN 978-7-5690-6714-9

Ⅰ．①思… Ⅱ．①李… ②李… Ⅲ．①思想政治教育—研究—中国 Ⅳ．① D64

中国国家版本馆 CIP 数据核字 (2024) 第 047472 号

书　　名：思想政治教育前沿问题研究（第四辑）
　　　　　Sixiang Zhengzhi Jiaoyu Qianyan Wenti Yanjiu (Di-si Ji)
主　　编：李辽宁　李　恩

选题策划：梁　平　杨　果
责任编辑：陈克坚
责任校对：杨　果
装帧设计：裴菊红
责任印制：王　炜

出版发行：四川大学出版社有限责任公司
　　　　　地址：成都市一环路南一段 24 号（610065）
　　　　　电话：(028) 85408311（发行部）、85400276（总编室）
　　　　　电子邮箱：scupress@vip.163.com
　　　　　网址：https://press.scu.edu.cn
印前制作：四川胜翔数码印务设计有限公司
印刷装订：成都金龙印务有限责任公司

成品尺寸：170 mm×240 mm
印　　张：12.5
字　　数：250 千字

扫码获取数字资源

版　　次：2024 年 5 月 第 1 版
印　　次：2024 年 5 月 第 1 次印刷
定　　价：62.50 元

四川大学出版社
微信公众号

本社图书如有印装质量问题，请联系发行部调换

推动新时代思想政治教育前沿问题研究
（代序）

为进一步学习贯彻党的二十大精神和习近平总书记"3·18"重要讲话精神，更好地将党的二十大精神融入高校思想政治理论课，由四川大学马克思主义学院、新时代思想政治教育研究中心和全国高校思政课"手拉手"集体备课中心（四川省—四川大学）联合主办的"学习贯彻党的二十大精神暨思想政治教育前沿问题研究"高峰论坛于2023年3月18日在四川大学隆重举行。来自全国各地的专家学者和青年学生围绕主题进行了深入探讨。这次高峰论坛对于推动新时代思想政治教育创新发展具有积极意义。

在论坛主旨报告阶段，北京师范大学思想政治工作研究院院长、马克思主义学院教授、博士生导师冯刚对思想政治教育的前沿和规律性认识做了宏观又深入的阐释。他认为当前思想政治教育的热点研究存在四个方面的特征：一是基础理论研究在原有议题上进一步丰富拓展，二是紧扣党的创新理论开展思想政治教育热点研究，三是思想政治教育热点研究在持续深耕中守正创新，四是围绕思想政治教育科学化发展的热点议题展开探讨。武汉大学思想政治教育研究院院长、武汉大学珞珈杰出学者骆郁廷教授阐释了提升中国式现代化话语权的四重路径，即总结经验提升中国式现代化话语权、创新理论提升中国式现代化话语权、立体传播提升中国式现代化话语权、实践开拓提升中国式现代化话语权。海南师范大学副校长、马克思主义学院院长白显良教授论述了推进大中小学思想政治教育一体化建设的多维思考。他认为要从认识维度凝聚理念共识、从要素维度把准要素特征、从过程维度做好过程衔接、从制度维度强化制度保障。

在论坛发言阶段，华中师范大学马克思主义学院院长万美容教授、安徽师范大学马克思主义学院王习胜教授、河海大学马克思主义学院院长戴锐教授、西南大学马克思主义学院王永友教授、四川大学马克思主义学院李辽宁教授分别作主题发言。专家们既从思想政治教育基础理论研究方面探讨了人的现代化、新时代思想政治教育理论创新的重大课题、思想政治教育的域界问题，也从思想政治教育具体实践的角度探讨了学校思想政治教育一体化建设的基本理念、新时代大学生思想政治教育主要矛盾的四重逻辑等问题，还阐释了我国主导意识形态的国际竞争力，并就如何提升我国主导意识形态国际竞争力提出了应对策略。

本书收录了入选这次高峰论坛的部分优秀论文，主要聚焦于"学习贯彻党的二十大精神""思想政治教育理论与实践""思想政治理论课教学"等主题。

一、关于党的二十大精神的理论研究阐释

中国共产党第二十次全国代表大会于 2022 年 10 月 16 日至 22 日在北京举行。这是在全党全国各族人民迈上全面建设社会主义现代化国家新征程、向第二个百年奋斗目标进军的关键时刻召开的一次十分重要的大会。学习宣传贯彻党的二十大精神，对于全面建设社会主义现代化国家、全面推进中华民族伟大复兴，具有重大现实意义和深远历史意义。

（一）研究阐释中国共产党对社会主义本质的认识

中国共产党是中国特色社会主义的开拓者，对社会主义的本质进行了中国化时代化探索。中国共产党经历社会主义革命和建设时期的探索实践，形成了对社会主义本质的初步认识；在改革开放和社会主义现代化建设过程中开创了中国特色社会主义道路，形成了"社会主义本质论"。随着中国特色社会主义进入新时代，中国共产党进一步把社会主义本质论升华为中国特色社会主义本质的理论创造，科学回答了坚持和发展什么样的中国特色社会主义、怎样坚持和发展中国特色社会主义的问题。长期的探索彰显中国共产党高度的方法论自觉，即坚持人民至上，坚持自信自立，坚持守正创新，坚持问题导向，坚持系统思维，为进一步深化对社会主义本质的认识提供了方法论支撑。中国共产党对社会主义本质的理论探索具有重大的时代价值，开辟了马克思主义中国化时代化新境界，有助于推进中国式现代化的实践创新，推动世界社会主义运动的稳步发展。

（二）研究阐释人与自然和谐的中国式现代化特征

中国式现代化是人与自然和谐共生现代化。人与自然和谐共生现代化有着深厚的生态文明底蕴，是新时代生态文明建设的核心理念，是人与自然生

命共同体理念的内在要求，是中国式现代化的基本特征和本质要求。人与自然和谐共生现代化是顺应人类社会发展规律，超越工业文明的中国式生态文明新形态，能够不断破解人类发展困境，满足人民对美好生态环境的需要，凸显环境治理能力，彰显负责任大国担当精神。在统筹经济发展与生态环境保护、物质文明建设与生态文明建设的过程中，人与自然和谐共生现代化坚持贯彻新发展理念，推进高质量发展，推动发展方式深刻转型，广泛形成绿色生产生活方式，促进对气候变化全球治理的积极参与，稳妥推进碳达峰碳中和。

（三）研究阐释中国式现代化的历史启示与时代价值

中国式现代化不仅超越了欧美发达国家现代化范式，也是对苏联社会主义现代化发展模式的突破，同时创新了新兴市场国家的现代化发展道路，形成了人类现代化历史中的新的文明形态。中国式现代化的巨大成功，不仅让现代化发展成果惠及 14 亿中国人民，而且对发展中国家实现现代化有着不可替代的启示意义，对人类未来发展也有着重要引导价值，是中华民族奉献给历史与时代独特的"中国智慧"和"中国方案"。

（四）研究阐释中国共产党为什么能的精神密码

"坚持真理、坚守理想，践行初心、担当使命，不怕牺牲、英勇斗争，对党忠诚、不负人民"[①] 是中国共产党的伟大建党精神，伟大建党精神是中国共产党的精神之源，为中国共产党带领全国各族人民克服前进道路上的艰难险阻提供了不竭的内生动力。坚持真理、坚守理想，铸就了中国共产党的思想本质；践行初心、担当使命，提供了中国共产党的行动指南；不怕牺牲、英勇斗争，体现了中国共产党的意志品格；对党忠诚、不负人民，昭示了中国共产党的价值追求。

二、关于新时代思想政治教育理论与实践问题的探讨

新时代，世情国情党情发生了深刻变化，思想政治教育也迎来了新挑战与新使命。我们应立足现实情况，锚定新时代新征程党的主要任务，不断推

---

① 习近平. 在庆祝中国共产党成立 100 周年大会上的讲话 [M]. 北京：人民出版社，2021：8.

动思想政治教育改革创新，发挥思想政治教育的治国理政作用。

（一）对中华文明独特精神标识的研究

中华文明是中华民族独特的精神密码，中华优秀传统文化是中华文明的智慧结晶。传承中华优秀传统文化，增强中华文明的传播力影响力，必须提炼展示好中华文明跨越时空、超越国界、富有永恒魅力、具有当代价值的精神标识。必须坚持守正与创新相统一、个性与共性相融洽、历史与现实相贯通、当前与长远相统筹，提炼展示好中华文明中蕴藏的人民至上的根本立场、天下为公的思想智慧、革故鼎新的重要方法，增加交流互鉴，增进自信自强，让中华文化和中华文明以中国特色、中国风格、中国气派屹立于世，为解决人类面临的共同问题贡献中国智慧与中国方案。

（二）对意识形态国际竞争力及提升策略的研究

做好意识形态工作需要统筹国内国际两个大局，既要提高意识形态的国内影响力，也要提高意识形态的国际竞争力。从内在结构来看，意识形态系统由"价值-观念体系""认知-解释体系""制度-规范体系"和"行动-传播体系"等要素构成，在具体运行中表现为价值引领力、制度规范力、认知解释力和行动传播力，这些力相互依存、相互影响。由此"四力"出发，可以对中西方意识形态进行比较，研判我国意识形态安全所面临的总体态势。提升我国意识形态的国际竞争力，需要聚焦意识形态的结构要素，以"凝聚人心"铸意识形态之"魂"，以"融通中外"塑意识形态之"形"，以"制度之规"维意识形态之"稳"，以"集智传播"显意识形态之"能"，协同推进我国意识形态国际竞争力的整体性提升。

（三）对川陕苏区红色歌谣搜集整理及德育价值的研究

川陕苏区红色歌谣在各革命根据地红色歌谣中占据着十分重要的地位。受各种复杂因素影响，川陕苏区红色歌谣的搜集整理工作面临重重困境，其德育价值出现弱化倾向。基于此，以问题为导向，坚持理论与实践相结合的原则，全面认识到川陕苏区红色歌谣搜集整理工作的重要性，对搜集整理到的红色歌谣主要内容进行科学分类，阐明其德育价值等，意义重大。

（四）对铸牢中华民族共同体意识的研究

党的十八大以来，以习近平同志为核心的党中央从中华民族伟大复兴的发展全局出发，深刻总结党的民族工作历史经验，创造性地提出了"铸牢中华民族共同体意识"这一重大的原创性论断。铸牢中华民族共同体意识这一重大原创性论断，是马克思主义民族理论中国化的最新成果，是新时代民族工作的鲜明主线，更是实现中华民族伟大复兴的伟大觉醒、战略抉择和必由之路。我们要从党的百年奋斗进程中把握铸牢中华民族共同体意识的历史逻辑、理论渊源与实践指向，助力中华民族共同体意识植根全国各族人民心灵深处，助推新时代党的民族工作高水平高质量发展。

（五）对"比较思想政治教育"课教学话语体系建设的研究

"比较思想政治教育"课教学话语体系是具有特定知识含量和理论旨趣的语言系统，是教学过程中用于沟通交往的活动着的语言，具有信息承载与传递、价值导向与引领、理论转化与整合等功能。当前，"比较思想政治教育"课教学话语体系面临着支撑性不足、对话性不够、吸引力不强等现实问题，需不断加强教学话语体系建设，夯实学科支撑力、提高文化对话力、增强课堂吸引力，不断推动"比较思想政治教育"课教学高质量发展。

（六）对思想政治教育环体的研究

思想政治教育环体作为开展思想政治教育的客观现实，以及推动思想政治教育工作进程的内在动力，对人的思想政治品德有着深远影响。在思想政治教育环体中，自然规律是人类生存和发展的基本法则，而社会规律则是实现人类思维发展的核心逻辑，两者共同推动人类努力追求自由并全面地发展，从而提升主导意识形态的凝聚力和引领力。思想政治教育工作者需精准把握思想政治教育环体背后独特的作用机制，充分发掘和运用教育实践中的环体资源优势，积极开展校园环境建设，主动占领网络媒体阵地，广泛搭建社会实践平台，以实现思想政治教育在潜移默化中发挥德育功能的目标。

三、关于思想政治理论课教学相关问题研究

思想政治理论课是落实立德树人目标的关键课程，是加强和改进高校思政工作的灵魂课程，一直以来受到党和国家的高度重视。2019年3月18日，习近平总书记在学校思想政治理论课教师座谈会上发表重要讲话，就"为什么要办好思政课""如何办好思政课"等系列问题作出重要指示，为

新时代思想政治理论课建设提供了方向指南。新时代新征程，如何办好思想政治理论课，如何将党的二十大精神融入思想政治理论课是亟须回应的重要问题。

（一）大中小学思想政治教育一体化建设

大中小学思想政治理论课一体化建设中的"不平衡不充分"问题根源在于思想政治理论课学段性教学与整体性育人之间的矛盾，其在实际教育教学工作中则具体表现为要素不平衡催生的各学段教育相互割裂与讲理不充分导致的思想政治理论课教学效果不佳。对各学段思想政治教育工作者而言，解决此问题的出路在于必须全面深入理解新时代思想政治理论课建设内涵式发展的要求与目标，认真思考研判目前问题与现状，以科学思想政治理论课建设观与"大思政课"理念为化解之道，以自我革命的方法论为应对之策，立足学生为本，满足学生需要，回应学生诉求。

（二）习近平总书记关于网络强国的重要思想融入高校思想政治理论课教学

习近平总书记关于网络强国的重要思想是习近平新时代中国特色社会主义思想的重要内容。把习近平总书记关于网络强国的重要思想融入高校思想政治理论课教学，需要从教学内容、教学方法、教学原则三个方面着手。从教学内容上来看，要梳理出习近平总书记关于网络强国的重要思想的形成逻辑、核心要义、时代价值和实践要求，让学生掌握习近平总书记关于网络强国的重要思想的主要内容。从教学方法上来看，要通过专题式融入和渗透式融入的方式将习近平总书记关于网络强国的重要思想融入各门课程之中。从教学原则上来看，将习近平总书记关于网络强国的重要思想更好融入高校思想政治理论课教学，需要处理好"中国实际"与"国际视野"的关系、"国家需要"与"学生需求"的关系、"思政小课堂"与"社会大课堂"的关系。

（三）"大思政课"视域下高校思想政治理论课的角色功能

高校思想政治理论课的内聚力、渗透力和引领力是一个先聚后散、由内而外的有机整体。内聚力包括理论研究力、资源整合力与课堂吸引力，渗透力体现为立体化渗透、"滴灌渗透"与可持续渗透，引领力表现为引领大学生成长成才、引领家庭德育规范化、引领多元社会思潮。充分发挥马克思主义学院学术权威高、科研成果多、社会联系广、带动力强的优势，使高校思想政治理论课成为推进大中小学思政课一体化建设的重要"引擎"、推动课程思政的"策源地"以及实现"三全育人"的"辐射源"。

（四）"思想道德与法治"课深度教学的意义与策略

深度学习是学生围绕着具有挑战性的学习主题，全身心投入、获得发展的有意义的学习过程，"深度教学"是与之相应的教师促进学生深度学习的教学理论与实践。在"思想道德与法治"课中开展深度教学，旨在促进学生成长，以对话式教学鼓励学生积极学习，以理解性教学促进学生深入思考，以阶梯式教学帮助学生砥砺德行。以社会主义核心价值观专题为例，深度教学要求教师在课堂讲解过程中建构知识的关联，深入剖析其提出背景与理论来源，着力厘清其三个层面之间的内在逻辑关系，合理建立其与其他相关知识的联系，在课堂活动组织中要尽量与社会实践相联系，让学生在模拟社会实践中更好地理解和践行这一价值观。

（五）制度自信教育融入"习近平新时代中国特色社会主义概论"课教学

制度自信教育有机融入"习近平新时代中国特色社会主义思想概论"课教学，是实现中华民族伟大复兴的必然要求，是思想政治理论课守正创新的客观需要，是培育时代新人的现实选择。在融入时，应讲深讲透中国特色社会主义制度的基本内涵，讲深讲透制度自信的生成逻辑，讲深讲透坚定制度自信的必然性。在融入过程中，应深化教学原则，注重讲道理；应注重案例教学，提升鲜活性；应打造第二课堂，增强主体性。

（六）习近平法治思想融入高校思想政治理论课

习近平法治思想融入高校思想政治理论课既是新时代新征程的现实要求，也是建设法治中国和培养时代新人的客观需要和时代要求。在遵循习近平法治思想融入高校思想政治理论课知识、能力和价值目标的指引下，要学习习近平法治思想的新论述，加强理论研究；建强课程体系，凝聚思想政治理论课课程群教育合力；创新教学方法，提升学生用法能力；深化教学内容，强化学生法治认同；拓展教育格局，构建习近平法治思想"大思政课"。

此次论坛吸引了国内思想政治教育学者专家积极参与，在交流碰撞中共同阐释学习贯彻党的二十大精神，为推动新时代思想政治教育开拓创新提供了有益的探索，意义重大。期待学术同仁再聚成都，再聚四川大学，继续就思想政治教育前沿问题进行深入交流。

编　者

目　录

1

专题一　学习贯彻党的二十大精神

中国共产党探索社会主义本质的发展历程、方法论自觉及时代价值

李辽宁　　魏倩倩①

（四川大学马克思主义学院　成都　610207）

[摘　要]　中国共产党是中国特色社会主义的开拓者，对社会主义的本质进行了中国化时代化探索。中国共产党经历社会主义革命和建设时期的探索实践，形成了对社会主义本质的初步认识；在改革开放和社会主义现代化建设过程中开创了中国特色社会主义道路，形成了"社会主义本质论"。随着中国特色社会主义进入新时代，中国共产党进一步把社会主义本质论升华为中国特色社会主义本质的理论创造，科学回答了坚持和发展什么样的中国特色社会主义、怎样坚持和发展中国特色社会主义的问题。长期的探索彰显中国共产党高度的方法论自觉，即坚持人民至上，坚持自信自立，坚持守正创新，坚持问题导向，坚持系统思维，为进一步深化对社会主义本质的认识提供了方法论支撑。中国共产党对社会主义本质的理论探索具有重大的时代价值，开辟了马克思主义中国化时代化新境界，有助于推进中国式现代化的实践创新，推动世界社会主义运动的稳步发展。

[关键词]　中国共产党；社会主义本质；实践探索；理论升华

党的二十大报告指出，"开辟马克思主义中国化时代化新境界"②。习近平总书记在第二十届中央政治局第六次集体学习中进一步强调，"深化对党的理论创新的规律性认识，进一步明确理论创新的方位、方向、方法，

---

① 李辽宁，四川大学马克思主义学院教授、博士生导师；魏倩倩，四川大学马克思主义学院博士生。

② 习近平. 高举中国特色社会主义伟大旗帜　为全面建设社会主义现代化国家而团结奋斗——在中国共产党第二十次全国代表大会上的报告 [M]. 北京：人民出版社，2022：16.

在新时代新征程上取得更为丰硕的理论创新成果"①，将党的理论创新研究引向深入。对社会主义本质的理论探索内嵌于马克思主义中国化时代化过程，是中国共产党理论创新的重大成果，是开辟马克思主义中国化时代化新境界的关键内容。能否正确认识社会主义的本质，不仅密切关系到马克思主义中国化时代化发展进程，而且直接关系到社会主义国家治理成效。习近平指出："怎样治理社会主义社会这样全新的社会，在以往的世界社会主义中没有解决得很好。马克思、恩格斯没有遇到全面治理一个社会主义国家的实践，他们关于未来社会的原理很多是预测性的；列宁在俄国十月革命后不久就过世了，没来得及深入探索这个问题；苏联在这个问题上进行了探索，取得了一些实践经验，但也犯下了严重错误，没有解决这个问题。我们党在全国执政以后，不断探索这个问题，虽然也发生了严重曲折，但在国家治理体系和治理能力上积累了丰富经验、取得了重大成果，改革开放以来的进展尤为显著。"② 这一论述立足社会主义发展的宏阔视野，对社会主义国家治理的历史进程进行了客观中肯的评价，揭示了一个重要事实：中国共产党不断探索社会主义国家治理问题，在曲折与发展中进行实践创新，取得了重大成果。伟大实践创新促生崭新理论创造，在治理社会主义国家的过程中，中国共产党形成并发展了社会主义本质的理论形态。

"社会主义本质"这一命题有其特定的概念、范畴和来源。首先，从概念来看，社会主义本质是一种新型社会的特质，是从社会主义多维表征中抽象出来的根本性特质，是社会主义社会区别于以往其他社会的标识性特质。其次，社会主义本质有其明确的外延范畴。马克思主义将生产力、生产关系、经济基础与上层建筑视作社会的总体构成系统，并将两者间的辩证运动视为社会运行的基本规律。因此，生产力、生产关系、经济基础与上层建筑是彰显社会主义本质的外延范畴。探问世界社会主义发展历史，"社会主义本质"命题的出现可追溯到空想社会主义者对未来理想社会的总体描绘。恩格斯指出："现代社会主义……就其理论形式来说，它起初表现为 18 世纪法国伟大的启蒙学者们所提出的各种原则的进一步的、据称是更彻底的发展。"③ 空想社会主义是社会主义理论的最初形态，尽管空想社会主义者没有明确提出社会主义的本质，但他们关于未来社会的形象表达与美好设想具

---

① 习近平. 开辟马克思主义中国化时代化新境界 [J]. 求是，2023（20）：4.
② 习近平. 习近平谈治国理政：第 1 卷 [M]. 北京：外文出版社，2018：91.
③ 中共中央马克思恩格斯列宁斯大林著作编译局. 马克思恩格斯选集：第 3 卷 [M]. 北京：人民出版社，2012：391.

有前瞻性理论功能，勾画了社会主义的理想图景。马克思、恩格斯将社会主义由空想变成科学，虽然他们没有明确使用"社会主义本质"这一概念，但其在许多不同场合、不同著作里从经济、政治、社会、生态、价值目标等层面对社会主义的基本特征及其必然趋势进行了不少论述，已经形成了比较系统的观点。列宁和斯大林在领导世界上第一个社会主义国家的建设和实践中总结经验和规律，从大力发展生产力、利用资本主义优秀成果建设社会主义、以合作社形式走向社会主义、重视社会主义文化建设等方面回答了"如何建设社会主义"这一实践问题。这些都为揭示社会主义本质提供了理论基础、思想指导与经验铺垫。

一、中国共产党探索社会主义本质的发展历程

对社会主义本质的认识是对社会主义实践建设规律的揭示。中国共产党对社会主义本质的认识并非一蹴而就，并不总是一帆风顺，经历了从"理论—实践—理论"的探索、检验与修缮的过程。邓小平曾指出："我们总结了几十年搞社会主义的经验。社会主义是什么，马克思主义是什么，过去我们并没有完全搞清楚。"[①]"社会主义究竟是个什么样子，苏联搞了很多年，也并没有完全搞清楚。可能列宁的思路比较好，搞了个新经济政策，但是后来苏联的模式僵化了。"[②] 这些论述表达了认识社会主义本质的难度之高，也体现了我们党在探索社会主义本质时的艰辛。没有一种无历史性质的真理，所有的理论生成必然与社会实践的转变密切相关。由于不同历史条件与实践阶段的约束，中国共产党对社会主义本质的认识经历了由社会主义本质的初步认识、形成"社会主义本质论"的完整论述，升华为中国特色社会主义本质的理论形态的理论建构过程，实现了从"关注生产关系"到"协调生产力与生产关系"再到"统筹生产力、生产关系与经济基础、上层建筑关系"的认识转化，这一过程虽曲折、艰难而缓慢，但最终推动社会主义本质理论朝向学理化、体系化发展。

（一）社会主义革命和建设时期对社会主义本质的初步探索

以毛泽东同志为主要代表的中国共产党人在领导中国革命和建设实践

---

① 邓小平. 邓小平文选：第 3 卷 [M]. 北京：人民出版社，1993：137.
② 邓小平. 邓小平文选：第 3 卷 [M]. 北京：人民出版社，1993：139.

中，对经济文化落后的中国如何建设社会主义这一重大问题，进行了正反两方面的艰辛探索，推动了毛泽东思想的发展，实现了马克思主义中国化的第一次历史飞跃，形成了对社会主义本质的初步认识。

新中国成立尤其是社会主义改造完成后，中国共产党带领全国人民大力推进社会主义建设，积累了重要经验，主要有两条：一是坚持自立自强，从中国国情出发建设社会主义；二是科学认识社会主义社会的矛盾问题。中国共产党对社会主义的认识经历了由向苏联学习建设社会主义到独立自主建设社会主义的转变。毛泽东指出："前八年照抄外国的经验。但从一九五六年提出十大关系起，开始找到自己的一条适合中国的路线。"① 毛泽东深入思考社会主义建设过程中产生的矛盾问题，撰写了《关于正确处理人民内部矛盾的问题》，形成一套系统的关于社会主义社会矛盾的学说，提出社会主义社会的基本矛盾仍然是生产力和生产关系、经济基础和上层建筑之间的矛盾。在党的八大会议上，毛泽东提出社会主义社会的主要矛盾是人民对于建立先进的工业国的要求同落后的农业国的现实之间的矛盾，这是对当时中国社会主要矛盾的正确认识。党的八大以后出现了对社会主要矛盾的错误判断，发生了反右斗争扩大化、"文化大革命"，使党在探索社会主义道路上受到严重挫折。究其根源，还是对社会主义的本质是什么这一根本问题没有认识清楚。可见，只有科学认识和把握社会主义本质，才能找到社会主义建设的内在规律，推进社会主义事业向前发展。

毛泽东没有明确提出"社会主义本质"的命题，但他关于社会主义的论述对于认识社会主义的本质具有重大价值，主要包括三点：一是必须坚持中国共产党的领导。毛泽东强调："中国共产党是全中国人民的领导核心。没有这样一个核心，社会主义事业就不能胜利。"② 二是生产资料公有制和计划经济是社会主义的基本特征。毛泽东提出，"如果我们写社会主义政治经济学，也可以从所有制出发，先写生产资料私有制变革为生产资料公有制"③。社会主义经济要有计划。毛泽东指出："社会主义国家的经济能够有计划按比例地发展，使不平衡得到调节，但是不平衡并不消失。"④ 同时还

① 中共中央文献研究室. 毛泽东年谱（一九四九——一九七六）：第4卷 [M]. 北京：中央文献出版社，2013：418-419.
② 中共中央文献研究室. 毛泽东文集：第7卷 [M]. 北京：人民出版社，1999：303.
③ 中共中央文献研究室. 毛泽东年谱（一九四九——一九七六）：第4卷 [M]. 北京：中央文献出版社，2013：325.
④ 中共中央文献研究室. 毛泽东文集：第8卷 [M]. 北京：人民出版社，1999：119.

指出，国家的计划调控必须按照合乎规律的比例进行，"不以规律为计划的依据，就不能使有计划按比例发展的规律的作用发挥出来"①。三是共同富裕是社会主义的目标。毛泽东指出，要"使农民群众共同富裕起来，穷的要富裕，所有农民都要富裕，并且富裕的程度要大大地超过现在的富裕农民"②。"我们的目标是要使我国比现在大为发展，大为富、大为强……而这个富，是共同的富，这个强，是共同的强，大家都有份……"③ 在这里，毛泽东关于共同富裕的思想已经非常明确。毛泽东高度重视从生产关系维度认识社会主义，其许多论述虽未上升至社会主义本质的高度，但理论价值不可磨灭，是其后中国共产党认识社会主义本质的重要思想来源。

（二）改革开放和社会主义现代化建设新时期对社会主义本质的完整论述

总结社会主义建设经验与教训后，中国共产党破除固有的、陈旧的观念，毅然决定实行改革开放，走出了中国特色社会主义道路，为形成"社会主义本质论"提供了全新的实践土壤。以邓小平同志为主要代表的中国共产党人围绕"什么是社会主义，怎样建设社会主义"进行实践与理论双重探索，形成了中国特色社会主义理论体系，实现了马克思主义中国化的第二次历史飞跃，在社会主义发展史上首次提出"社会主义本质论"。

改革开放的前提是解放思想。邓小平强调："不解放思想不行，甚至于包括什么叫社会主义这个问题也要解放思想。"④ 邓小平指出：对于什么是社会主义，我们尽可以摸着石头过河，大胆地试、大胆地闯，"用自己的实践回答了新情况下出现的一些新问题"⑤。一是解放和发展生产力，实行改革开放。在解放思想的基础上，党和国家的工作重心在"发展才是硬道理"⑥ 这一思想的指导下，从农村到城市，使轰轰烈烈的改革在全国范围内展开，对外开放也迈出坚定步伐。改革开放大大促进了生产力发展，引起经济生活、社会生活和精神面貌等全方位变化。二是变革生产关系，进行经济体制改革。为进一步解放和发展生产力彰显社会主义制度优势，我们党明确

① 中共中央文献研究室. 毛泽东文集：第8卷［M］. 北京：人民出版社，1999：119.
② 中共中央文献研究室. 毛泽东年谱（一九四九——九七六）：第2卷［M］. 北京：中央文献出版社，2013：449.
③ 中共中央文献研究室. 毛泽东文集：第6卷［M］. 北京：人民出版社，1999：495.
④ 邓小平. 邓小平文选：第2卷［M］. 北京：人民出版社，1994：312.
⑤ 邓小平. 邓小平文选：第3卷［M］. 北京：人民出版社，1993：91.
⑥ 邓小平. 邓小平文选：第3卷［M］. 北京：人民出版社，1993：377.

了建立社会主义市场经济体制的目标。邓小平强调："计划多一点还是市场多一点，不是社会主义与资本主义的本质区别。计划经济不等于社会主义，资本主义也有计划；市场经济不等于资本主义，社会主义也有市场。"① 这些论述深化了对计划和市场关系的认识。在此基础上，我国建立了公有制为主体、多种所有制共同发展的基本经济制度和以按劳分配为主体、多种分配方式并存的分配制度，实现了对单一公有制的超越，丰富了按劳分配的思想内涵。在经济体制改革的牵引下，我国政治体制改革、文化体制改革和其他各方面改革稳步推进。中国共产党带领中国人民走出了一条有中国特色的社会主义道路。1992 年，邓小平在"南方谈话"中完整提出了"社会主义本质论"："社会主义的本质，是解放生产力，发展生产力，消灭剥削，消除两极分化，最终达到共同富裕。"②

对于这一论述的理解可以从两方面展开：一是社会主义的根本任务是解放和发展生产力。生产力是彰显社会主义优越性的首要因素。邓小平指出："贫穷不是社会主义，发展太慢也不是社会主义。"③ "社会主义的优越性归根到底要体现在它的生产力比资本主义发展得更快一些、更高一些……"④为此，要通过改革解放生产力。"革命是解放生产力，改革也是解放生产力。"⑤ 邓小平指出："过去，只讲在社会主义条件下发展生产力，没有讲还要通过改革解放生产力，不完全。应该把解放生产力和发展生产力两个讲全了。"⑥ 至于改革开放到何种程度，"应该主要看是否有利于发展社会主义社会的生产力，是否有利于增强社会主义国家的综合国力，是否有利于提高人民的生活水平"⑦。二是社会主义的最终目的是消灭剥削，消除两极分化，最终达到共同富裕。"社会主义最大的优越性就是共同富裕，这是体现社会主义本质的一个东西。"⑧ "社会主义发展生产力，成果是属于人民的。就是说，在我们的发展过程中不会产生资产阶级，因为我们的分配原则是按劳分配。当然分配中还会有差别，但我们的目的是共同富裕。"⑨ "共同富裕"体

① 邓小平. 邓小平文选：第 3 卷 [M]. 北京：人民出版社，1993：373.
② 邓小平. 邓小平文选：第 3 卷 [M]. 北京：人民出版社，1993：373.
③ 邓小平. 邓小平文选：第 3 卷 [M]. 北京：人民出版社，1993：255.
④ 邓小平. 邓小平文选：第 3 卷 [M]. 北京：人民出版社，1993：63.
⑤ 邓小平. 邓小平文选：第 3 卷 [M]. 北京：人民出版社，1993：370.
⑥ 邓小平. 邓小平文选：第 3 卷 [M]. 北京：人民出版社，1993：370.
⑦ 邓小平. 邓小平文选：第 3 卷 [M]. 北京：人民出版社，1993：372.
⑧ 邓小平. 邓小平文选：第 3 卷 [M]. 北京：人民出版社，1993：364.
⑨ 邓小平. 邓小平文选：第 3 卷 [M]. 北京：人民出版社，1993：255.

现了生产力与生产关系的结合，其中"富裕"反映社会财富状况，是生产力水平的体现；"共同"则反映社会成员的财富占有方式，是生产关系的体现。在此基础上，邓小平指出："让一部分人、一部分地区先富起来，大原则是共同富裕。一部分地区发展快一点，带动大部分地区，这是加速发展、达到共同富裕的捷径。"① 共同富裕思想超越了"平均共产主义"的狭隘视界，是带有中国特色的社会主义本质规定。这一理论从生产力与生产关系相结合的维度将社会主义本质的认识提高到一个新的科学水平。

除提出完整的"社会主义本质论"，这一时期，邓小平、江泽民、胡锦涛集中全党智慧，提出一系列重要论断，比如：社会主义初级阶段基本路线是"一个中心、两个基本点"②，"四项基本原则是立国之本"③，"发展作为党执政兴国的第一要务"④，"实现社会公平正义是中国特色社会主义的内在要求"⑤，"社会和谐是中国特色社会主义的本质属性"⑥。这些论断虽然没有直接用"社会主义本质"的概念，但都与社会主义本质息息相关，为中国共产党从上层建筑维度认识中国特色社会主义的本质提供了重要理论遵循。

（三）党的十八大以来对中国特色社会主义本质的认识升华

中国特色社会主义的历史性实践推动中国特色社会主义本质的理论升华。党的十八大以来，以习近平同志为主要代表的中国共产党人统筹推进"五位一体"总体布局、协调推进"四个全面"战略布局，使中国特色社会主义事业取得历史性成就、发生历史性变革。这些实践与成就推动社会主要矛盾转化为人民日益增长的美好生活需要和不平衡不充分的发展之间的矛盾。人民群众不仅对物质文化生活提出了更高期待，而且在民主、法治、公平、正义、安全、环境等方面的要求日益增长，对美好生活的需求更加全面、更加综合。为更好满足人民群众美好生活需要，我们党将经济基础与上层建筑维度统筹纳入实践与理论视野，对社会主义本质命题进行具体化认识

---

① 邓小平. 邓小平文选：第3卷［M］. 北京：人民出版社，1993：166.
② 中共中央文献研究室. 十三大以来重要文献汇编：上［M］. 北京：人民出版社，1991：15.
③ 中共中央文献研究室. 十三大以来重要文献汇编：上［M］. 北京：人民出版社，1991：15.
④ 江泽民. 江泽民文选：第3卷［M］. 北京：人民出版社，2006：515.
⑤ 胡锦涛. 胡锦涛文选：第3卷［M］. 北京：人民出版社，2016：165.
⑥ 胡锦涛. 胡锦涛文选：第3卷［M］. 北京：人民出版社，2016：624.

与时代化解答，形成了中国特色社会主义的本质论断。中国特色社会主义本质是习近平新时代中国特色社会主义思想的重要理论命题，体现出当代中国马克思主义、21 世纪马克思主义对于社会主义本质问题的规律性把握，是对既有理论观点的深化认识与拓展式超越，构成了崭新的理论体系。从社会主义发展史来看，中国特色社会主义本质理论是社会主义本质的当代中国发展。

1. 中国特色社会主义本质与中国式现代化本质要求的辨析

中国式现代化是与中国特色社会主义本质有着密切关联的命题。党的二十大报告全面阐释了中国式现代化的本质要求，"标志着中国式现代化理论已经成为初步成型与相对稳定的理论形态"①。在当代中国语境中，中国特色社会主义的本质与中国式现代化的本质要求两个概念表达相近，内容交叉，容易混淆。实际上，二者既有内在联系和统一基础，又有根本区别和不同侧重。其关联性体现在：就字面含义来看，二者表意略有相同；从现实形势来看，二者统一于中国特色社会主义建设实践，相同的实践基础使得二者必然存在着某种程度的"交叉""融合"，其阐述的实体性内容也有所叠合。其区别性在于：就核心要义来看，"中国特色社会主义"主要是制度范畴、社会形态范畴，中国特色社会主义的本质是对中国特色社会主义内在属性的理论认识，侧重于对社会形态的根本把握；"中国式现代化"主要是实践范畴、文明范畴，中国式现代化的本质要求是基于本质所派生出的要求，具有本质意义上的规定性，但更聚焦对现代化建设的实践要求，二者具有不同的范畴所属与内容规定；从理论溯源来看，中国特色社会主义本质的认识一脉相承于马克思、恩格斯、列宁等经典作家对社会主义基本特征的论述，以及党和国家历届领导人对社会主义本质的认识。中国式现代化的本质要求论一脉相承于马克思、恩格斯、列宁等经典作家对于现代化文明的论述、"四个现代化"的建设探索、社会主义现代化的实践规律，二者隶属不同的理论发展脉络。可以说，中国式现代化的本质要求，在一定程度上体现着中国特色社会主义的本质，但并非中国特色社会主义本质的全部内容。中国特色社会主义本质理论区别于中国式现代化的本质要求论，关键在于其理论建构始终以社会主义基本原则"夯基垒台"，围绕生产力与生产关系、经济基础与上层建筑"立柱架梁"，提出社会主义本质的核心观点，从政治、经济、文化、生态与社会层面揭示中国特色社会主义的本质属性。

---

① 项久雨. 中国式现代化的理论体系 [J]. 马克思主义研究，2023 (3)：1.

2. 中国特色社会主义本质理论的内在结构

在生产力与生产关系、经济基础与上层建筑"四梁八柱"的总体支撑下，作为一个逻辑严密、系统完整的理论形态，中国特色社会主义本质理论的内在结构由五个具体部分构成：中国特色社会主义本质的政治样态、经济样态、精神文化样态、社会样态与生态样态。中国特色社会主义本质的"五维样态"推动中国特色社会主义本质理论基本定型。

（1）中国特色社会主义本质的政治样态

新时代以来，以习近平同志为主要代表的中国共产党人从上层建筑维度对中国特色社会主义的本质属性作出一系列重要论述。一是中国特色社会主义最本质的特征是中国共产党领导。习近平强调："中国特色社会主义有很多特点和特征，但最本质的特征是坚持中国共产党领导。"[①] 这一重大判断将对社会主义本质的认识提升到领导主体的高度。二是全过程人民民主是社会主义民主政治的本质属性。党的二十大报告指出："全过程人民民主是社会主义民主政治的本质属性，是最广泛、最真实、最管用的民主。"[②] 将"全过程人民民主"提高到社会主义民主政治本质属性的高度，是党推进社会主义政治建设的实践创造和理论创新。三是全面依法治国是中国特色社会主义的本质要求。党的十九大明确提出："全面依法治国是中国特色社会主义的本质要求和重要保障。"[③] 这一论述高度肯定了依法治国在中国特色社会主义中的本质属性，标志着社会主义法治建设的重大突破。四是为民造福是立党为公、执政为民的本质要求。党的二十大报告提出："为民造福是立党为公、执政为民的本质要求。"[④] 为民造福的本质要求蕴含着中国共产党人民至上的执政观，体现了社会主义的根本价值立场。

（2）中国特色社会主义本质的经济样态

以习近平同志为主要代表的中国共产党人在继承前人的基础上，创造性地提出了习近平新时代中国特色社会主义经济思想，描绘了中国特色社会主义经济层面的本质样态。一是坚持社会主义基本经济制度。党的十九届四中

---

① 习近平. 论坚持党对一切工作的领导［M］. 北京：中央文献出版社，2019：6.

② 习近平. 高举中国特色社会主义伟大旗帜　为全面建设社会主义现代化国家而团结奋斗——在中国共产党第二十次全国代表大会上的报告［M］. 北京：人民出版社，2022：37.

③ 习近平. 决胜全面建成小康社会　夺取新时代中国特色社会主义伟大胜利——在中国共产党第十九次全国代表大会上的报告［M］. 北京：人民出版社，2017：22.

④ 习近平. 高举中国特色社会主义伟大旗帜　为全面建设社会主义现代化国家而团结奋斗——在中国共产党第二十次全国代表大会上的报告［M］. 北京：人民出版社，2022：46.

全会提出，"公有制为主体、多种所有制经济共同发展，按劳分配为主体、多种分配方式并存，社会主义市场经济体制等社会主义基本经济制度，既体现了社会主义制度优越性，又同我国社会主义初级阶段社会生产力发展水平相适应，既有利于激发各类市场主体活力、解放和发展社会生产力，又有利于促进效率和公平有机统一、推动全体人民共同富裕，是党和人民的伟大创造"①。基本经济制度的完善与确立，标志着中国特色社会主义本质经济样态的基本形成。二是贯彻新发展理念是新时代我国发展壮大的必由之路。党的十八届五中全会首次提出"创新、协调、绿色、开放、共享的新发展理念"②；党的二十大报告强调："贯彻新发展理念是新时代我国发展壮大的必由之路"。③"必由之路"的话语表达虽未提及本质要求，但足见新发展理念对中国特色社会主义经济建设的指导性、引领性意义。三是实现高质量发展是中国式现代化的本质要求。党的十九大提出"我国经济已由高速增长阶段转向高质量发展阶段"④。党的二十大进一步明确"高质量发展是全面建设社会主义现代化国家的首要任务"⑤。实现高质量发展是"中国式现代化的本质要求"⑥。高质量发展昭示着中国特色社会主义经济的发展方式和发展方向，这既是中国式现代化的本质要求，也是中国特色社会主义的本质彰显。

（3）中国特色社会主义本质的精神文化样态

习近平指出："中国特色社会主义是物质文明和精神文明全面发展的社会主义。"⑦中国特色社会主义的本质规定中，必然有精神文化的维度。其主要表现为：一是坚持马克思主义在意识形态领域指导地位的根本制度。党的十九届四中全会首次提出"坚持马克思主义在意识形态领域指导地位的

---

① 中共中央宣传部，国家发展和改革委员会．习近平经济思想学习纲要［M］．北京：人民出版社，2022：72.

② 全国人民代表大会常务委员会．中华人民共和国第十二届全国人民代表大会第四次会议文件汇编［G］．北京：人民出版社，2016：42.

③ 习近平．高举中国特色社会主义伟大旗帜　为全面建设社会主义现代化国家而团结奋斗——在中国共产党第二十次全国代表大会上的报告［M］．北京：人民出版社，2022：70.

④ 习近平．习近平谈治国理政：第3卷［M］．北京：外文出版社，2020：237.

⑤ 习近平．高举中国特色社会主义伟大旗帜　为全面建设社会主义现代化国家而团结奋斗——在中国共产党第二十次全国代表大会上的报告［M］．北京：人民出版社，2022：28.

⑥ 习近平．高举中国特色社会主义伟大旗帜　为全面建设社会主义现代化国家而团结奋斗——在中国共产党第二十次全国代表大会上的报告［M］．北京：人民出版社，2022：23.

⑦ 习近平．习近平谈治国理政：第1卷［M］．北京：外文出版社，2018：52.

根本制度"①。这一论断把马克思主义在意识形态领域的指导地位制度化，是关系中国特色社会主义精神文化发展的重大制度创新，标志着中国共产党对社会主义文化建设规律的认识进入新境界。党的二十大报告将"坚持马克思主义在意识形态领域指导地位的根本制度"②置于坚持中国特色社会主义文化发展道路的首要位置，再次确认了这一制度对于中国特色社会主义精神文化发展的根本性意义。二是社会主义核心价值观体现社会主义的本质要求。习近平指出："我们提出的社会主义核心价值观，把涉及国家、社会、公民的价值要求融为一体，既体现了社会主义本质要求，继承了中华优秀传统文化，也吸收了世界文明有益成果，体现了时代精神。"③社会主义核心价值观是与社会主义制度相适应的价值观形态，体现着中国特色社会主义价值内核的本质属性。三是精神生活共同富裕是社会主义现代化的根本要求。党的二十大报告指出，"丰富人民精神世界，实现全体人民共同富裕"是中国式现代化的本质要求④。习近平指出："要促进人民精神生活共同富裕，强化社会主义核心价值观引领，不断满足人民群众多样化、多层次、多方面的精神文化需求。"⑤精神生活共同富裕既是满足人民群众精神文化需求的重要保障，也是中国特色社会主义文化事业发展的目标方向。

（4）中国特色社会主义本质的社会样态

"共同富裕是中国特色社会主义的本质要求，也是一个长期的历史过程。"⑥从中国特色社会主义"五位一体"的战略布局来看，共同富裕体现为中国特色社会主义本质的社会样态。回顾历史，中国共产党对共同富裕的认识大体上经历了三个阶段：一是新中国成立以后，毛泽东从农民群体的共同富裕出发，将共同富裕作为社会主义建设的目标；二是改革开放以后，邓小平从全体人民的共同富裕出发，将消灭剥削，消除两极分化，最终实现共同富裕作为社会主义的本质要求；三是新时代以来，习近平从全体人民的

①　习近平. 习近平谈治国理政：第3卷［M］. 北京：外文出版社，2020：126.

②　习近平. 高举中国特色社会主义伟大旗帜　为全面建设社会主义现代化国家而团结奋斗——在中国共产党第二十次全国代表大会上的报告［M］. 北京：人民出版社，2022：43.

③　习近平. 习近平谈治国理政：第1卷［M］. 北京：外文出版社，2018：169.

④　参见：习近平. 高举中国特色社会主义伟大旗帜　为全面建设社会主义现代化国家而团结奋斗——在中国共产党第二十次全国代表大会上的报告［M］. 北京：人民出版社，2022：23-24.

⑤　参见：习近平. 在高质量发展中促进共同富裕　统筹做好重大金融风险防范化解工作［N］. 人民日报，2021-08-18（1）.

⑥　习近平. 高举中国特色社会主义伟大旗帜　为全面建设社会主义现代化国家而团结奋斗——在中国共产党第二十次全国代表大会上的报告［M］. 北京：人民出版社，2022：22.

物质生活共同富裕与精神生活共同富裕双重意指出发，将共同富裕作为中国特色社会主义的本质要求。可以说，中国共产党对"共同富裕"内涵的认识随着实践的推进而不断深入。中国特色社会主义的共同富裕本质要求不仅指向"主体层面"的全面覆盖，而且囊括物质富裕与精神富有双重内涵，尤其是在社会主要矛盾转化的背景下，更加凸显精神富有的维度，强调"物质贫困不是社会主义，精神贫乏也不是社会主义"①，"物质富足、精神富有是社会主义现代化的根本要求"②。这些论述与中国特色社会主义精神文化样态的本质规定高度一致。中国特色社会主义不仅追求物质生活的全面丰富，不断夯实人民幸福生活的物质条件，同时大力提升人的精神富有境界，最终促进人的全面发展。

（5）中国特色社会主义本质的生态样态

生态文明是中国特色社会主义的应有之义，从生态维度把握中国特色社会主义的本质是中国共产党的理论突破。党的十八大以来，以习近平同志为主要代表的中国共产党人深化对人与自然关系的规律性认识，从人与自然和谐共生的高度谋划经济社会发展，深刻把握生态文明建设在中国特色社会主义事业中的战略地位，不断推进生态文明的理论、实践与制度创新，形成了习近平生态文明思想。其中，努力建设人与自然和谐共生的现代化是这一思想的重要组成部分。习近平强调："我国建设社会主义现代化具有许多重要特征，其中之一就是我国现代化是人与自然和谐共生的现代化，注重同步推进物质文明建设和生态文明建设。"③ 这一论述将人与自然和谐共生作为社会主义现代化的重要特征提出，强调社会主义物质文明与生态文明的协同建设。当前，我国进入全面建设社会主义现代化国家新征程，"人与自然和谐共生"的生态理念也被赋予新的战略内涵。党的二十大报告明确指出："尊重自然、顺应自然、保护自然，是全面建设社会主义现代化国家的内在要求。"④ "促进人与自然和谐共生"是中国式现代化的本质要求⑤。将人与自

---

① 习近平. 高举中国特色社会主义伟大旗帜 为全面建设社会主义现代化国家而团结奋斗——在中国共产党第二十次全国代表大会上的报告 [M]. 北京：人民出版社，2022：22 - 23.

② 习近平. 高举中国特色社会主义伟大旗帜 为全面建设社会主义现代化国家而团结奋斗——在中国共产党第二十次全国代表大会上的报告 [M]. 北京：人民出版社，2022：22.

③ 习近平. 习近平谈治国理政：第 4 卷 [M]. 北京：外文出版社 2022：362.

④ 参见：习近平. 高举中国特色社会主义伟大旗帜 为全面建设社会主义现代化国家而团结奋斗——在中国共产党第二十次全国代表大会上的报告 [M]. 北京：人民出版社，2022：49 - 50.

⑤ 参见：习近平. 高举中国特色社会主义伟大旗帜 为全面建设社会主义现代化国家而团结奋斗——在中国共产党第二十次全国代表大会上的报告 [M]. 北京：人民出版社，2022：23 - 24.

然和谐共生的生态理念由社会主义现代化的重要特征升华为中国式现代化的本质要求，标志着我们党对生态文明的认识实现了由现象到本质的重大跃升，推动中国特色社会主义本质理论实现新的发展。

中国特色社会主义本质理论是透过中国特色社会主义实践与现象抽象出来的、深邃系统的理论创造，鲜明地体现了理论与实践的高度吻合、科学与价值的深度契合、历史与现实的全面融合、内容与形式的有机整合，可从政治、经济、文化、社会与生态五个维度概括为：坚持中国共产党的领导，发展全过程人民民主，推进全面依法治国，为民造福；坚持社会主义基本经济制度，贯彻新发展理念，实现高质量发展；坚持马克思主义在意识形态领域指导地位的根本制度，践行社会主义核心价值观；实现全体人民物质生活与精神生活的共同富裕，促进人的全面发展；推进人与自然和谐共生。但必须清楚的是，对中国特色社会主义本质的概括并没有终止认识，而是开辟了进一步认识的道路。现阶段有许多理论认识与话语表达尚未上升到本质层面，但作为对社会主义本质探索过程的一个个台阶，必将为中国共产党在未来深化对社会主义本质的认识奠定坚实基础。

二、中国共产党探索社会主义本质的方法论自觉

对社会主义本质的认识是一个反复实践、趋于真理的螺旋上升过程，这一过程离不开科学方法论的指导。习近平新时代中国特色社会主义思想中蕴含的"六个基本坚持"构成了中国共产党理论创新的方法论体系，蕴含着中国共产党对社会主义本质问题开展理论创造的方法论自觉，为继续深化、进一步凝练社会主义本质提供了方法论支撑。

（一）坚持人民至上，遵循主体性与客体性相统一

"为什么人"的问题是中国特色社会主义本质理论的根本性与原则性问题，关乎理论体系的价值内核。不同于资本主义社会"资本至上"的价值导向，"人民至上"的价值内核凸显社会主义的本质属性。在探索社会主义本质的过程中，中国共产党内化人民至上的价值旨趣探索出"坚持人民至上"的理论创新方法。从方法论视域来看，坚持人民至上首要在于重视并发挥人民群众的主体性。人民群众是社会主义的建设者，中国共产党对社会主义本质的认识来源于人民群众的创造与智慧。习近平指出："人民的创造

性实践是理论创新的不竭源泉。"① "中国特色社会主义不是从天上掉下来的，是党和人民历尽千辛万苦、付出巨大代价取得的根本成就。"② 团结奋斗是中国人民创造历史伟业的成功密码。中国共产党对社会主义本质的每一次认识升华，皆源自人民群众的团结奋斗，能够经受住人民群众的实践检验，鲜明体现了尊重人民创造、集中人民智慧的工作方法。其次，坚持人民至上在于保障并顺应人民群众的客体性。人民群众是社会主义的受益人、享有者，党对社会主义本质的创新内生于人民群众的愿望与需求。人民群众的需求与向往不是固定不变的，社会主义建设成果既满足了人民群众的既有需求，也不断促使人民生成着新的需求与对美好生活更高层次的向往。比如，新时代以来，人民群众不再局限于单一的物质需求，而是对民主、平等、自由等多重需求提出了更高要求，人民群众的需求与期盼发生了显著变化，这些变化从生产力、经济基础维度转向了上层建筑维度，推动中国共产党从上层建筑维度对社会主义本质的理论深化。

（二）坚持自信自立，遵循内生性与自主性相结合

自信自立是一种精神状态，也是一种方法论原则。中国共产党和中国人民的自信自立在探索社会主义本质的过程中得到充分彰显。一方面，高扬"四大自信"。我们坚定道路自信，沿着中国特色社会主义道路披荆斩棘，为中国特色社会主义本质的理论创新提供了实践基础；我们坚定理论自信，始终以马克思主义为指导思想，根据中国具体实际，融合中华优秀传统文化形成了对中国特色社会主义本质的认识；我们坚定制度自信，建章立制、建构体系，构建了中国特色社会主义制度的四梁八柱，创新了从上层建筑层面揭示社会主义本质的理论视野；我们坚定文化自信，形成了社会主义核心价值观，发展了社会主义先进文化，形成了习近平文化思想，塑造了社会主义本质的价值内核与文化结构。另一方面，践行"自力更生"。自向苏联学习到独立自主建设社会主义的方法以来，党领导人民始终把中国发展进步的命运牢牢掌握在自己手中，坚持把理论创造与实践探索放在自己力量的基点上。习近平指出，"党的百年奋斗成功道路是党领导人民独立自主探索开辟

---

① 习近平. 高举中国特色社会主义伟大旗帜　为全面建设社会主义现代化国家而团结奋斗——在中国共产党第二十次全国代表大会上的报告［M］. 北京：人民出版社，2022：19.

② 习近平. 习近平谈治国理政：第 2 卷［M］. 北京：外文出版社，2017：36.

出来的"①。社会主义本质的形成与发展和社会主义道路建设同向同行，鲜明体现了扎根中国大地、独立探索社会主义的方法原则。

（三）坚持守正创新，遵循继承性与创造性相统一

恩格斯指出："所谓'社会主义社会'不是一种一成不变的东西，而应当和任何其他社会制度一样，把它看成是经常变化和改革的社会。"② 这一论述为中国共产党人认识社会主义本质提供了重要的方法论——守正创新。"守正"守的是事物的科学、合理的部分，"创新"回应的是时代产生的新课题。对社会主义本质认识的探索就是一个在继承中发展、在守正中创新的历史过程。在守正方面，一是坚守社会主义本质认识之"魂"，遵循科学社会主义理论原则。习近平强调："中国特色社会主义是社会主义而不是其他什么主义，科学社会主义基本原则不能丢，丢了就不是社会主义。"③ 科学社会主义的基本原则是认识社会主义本质不可撼动的"魂脉"，中国共产党对社会主义本质的探索始终没有脱离科学社会主义的基本原则。二是坚守社会主义本质认识之"本"，传承社会主义本质认识既有成果。中国共产党坚持大历史观，将社会主义本质的认识视作一段连续的整体，将毛泽东思想对社会主义本质的初步认识上升至社会主义本质论，进而升华中国特色社会主义本质论断，理论探索过程始终一脉相承。在创新方面，开发社会主义本质认识之"源"，彰显中国特色社会主义实践的创造性。"我们建设的社会主义，是有中国特色的社会主义"④，"中国特色社会主义，既坚持了科学社会主义基本原则，又根据时代条件赋予其鲜明的中国特色"⑤。具体的实践、时代的课题与人民的需求是社会主义本质认识的创新"源泉"，中国共产党始终着眼于中国的具体实际，立足时代课题与人民需求，提出坚持人民至上、实现共同富裕、维护社会公平正义、倡导人与自然和谐共生等思想，进一步拓展了科学社会主义的理论内涵，深化了对社会主义本质的认识，鲜明

---

① 习近平. 高举中国特色社会主义伟大旗帜　为全面建设社会主义现代化国家而团结奋斗——在中国共产党第二十次全国代表大会上的报告［M］. 北京：人民出版社，2022：19.

② 中共中央马克思恩格斯列宁斯大林著作编译局. 马克思恩格斯选集：第 4 卷［M］. 北京：人民出版社，2012：601.

③ 中共中央党史和文献研究院. 习近平关于总体国家安全观论述摘编［M］. 北京：中央文献出版社，2018：20.

④ 邓小平. 邓小平文选：第 3 卷［M］. 北京：人民出版社，1993：29.

⑤ 中共中央党史和文献研究院. 习近平关于总体国家安全观论述摘编［M］. 北京：中央文献出版社，2018：20.

地体现了坚持是为了更好的发展，发展也是为了更好地坚持的守正创新方法论。

（四）坚持问题导向，遵循理论与实践相统一

问题导向是马克思主义实践观的重要内容，也是中国共产党理论创新的重要方法论原则。恩格斯强调："为了使社会主义变为科学，就必须首先把它置于现实的基础之上。"① 对社会主义本质的认识孕育于现实的社会主义实践，生成于现实的问题解决过程。马克思指出，"问题就是时代的口号"②，"一切划时代的体系的真正的内容都是由于产生这些体系的那个时期的需要而形成起来的"③。问题是时代需求的呼声，反映出实践的成就与不足。任何理论创新的过程，都是一个不断发现问题、分析问题和解决问题的过程。对社会主义本质的认识绝非纯粹的理论构建，而是在对社会主义建设现存问题的精深省思、不懈求解中不断深化和升华的，社会主义建设实践中的问题是社会主义本质认识有所创见、有所收获的起点。一方面，社会主义建设各个阶段所取得的实践进展，迫切要求从理论层面得到阐释和解答。社会主义本质的理论叙事是对社会主义发展实践与建设规律的理论诠释。回望社会主义建设历程，党始终聚焦我国社会主义发展面临的重大实践问题，及时总结并科学回答"什么是社会主义，怎样在经济文化落后的国家建设社会主义""什么是社会主义，怎样建设社会主义""坚持和发展什么样的中国特色社会主义，怎样坚持和发展中国特色社会主义"等重大时代课题。另一方面，对社会主义本质的凝练与升华更有针对性地明确了社会主义建设的目标、方向、实践路径，从理论层面推动社会主义建设实践所遇难题的解决。中国共产党正在、未来仍将继续在理论与实践的互促共进中不断深化对社会主义本质的认识。

（五）坚持系统思维，遵循整体与部分相统一

作为马克思主义认识论与辩证法的重要内容，系统思维要求我们把握好

---

① 中共中央马克思恩格斯列宁斯大林著作编译局. 马克思恩格斯选集：第 3 卷［M］. 北京：人民出版社，2012：394.

② 中共中央马克思恩格斯列宁斯大林著作编译局. 马克思恩格斯全集：第 40 卷［M］. 北京：人民出版社，1982：289.

③ 中共中央马克思恩格斯列宁斯大林著作编译局. 马克思恩格斯全集：第 3 卷［M］. 北京：人民出版社，1960：544.

全局与局部、当前与长远、宏观与微观、主要矛盾与次要矛盾、特殊与一般等一系列矛盾关系。恩格斯指出，"当我们通过思维来考察自然界或人类历史或我们自己的精神活动的时候，首先呈现在我们眼前的，是一幅由种种联系和相互作用无穷无尽地交织起来的画面"①。系统思维贯穿于中国共产党探索社会主义本质的全过程。社会主义本质是一个完整体系，由若干部分共同构成，坚持系统思维以完整的体系避免了对社会主义本质认识的片段化、割裂化，形成了对社会主义本质问题的体系化学理化认识。一方面，中国共产党人立足前瞻性思考，从社会主义社会的总体运行出发，遵循社会基本矛盾运动规律，坚持生产力与生产关系、经济基础和上层建筑的辩证统一，不断深化对社会主义本质的认识，经历了从主要关注生产关系维度到同样注重生产力、坚持生产力与生产关系相一致，再到既坚持生产力与生产关系相一致，又坚持经济基础与上层建筑相统一的稳中有升过程。这一过程既反映了中国共产党在思维方式上从部分到整体的方法论转变，也呈现出中国共产党对社会主义本质认识的科学化、学理化趋势。另一方面，立足全局性谋划，从中国特色社会主义构成结构与实体内容的整体性出发，遵循中国特色社会主义本质"一体多维"的属性特质，对中国特色社会主义本质从经济、政治、文化、社会、生态等多个领域进行理论建构，折射出中国共产党对社会主义本质认识的体系化趋势。

（六）坚持胸怀天下，遵循民族性与世界性相统一

中国共产党胸怀天下，拥有对于全人类历史命运和未来发展的主动关注与愿意做出贡献的情感与胸怀。② 这种情怀也彰显于中国共产党探索社会主义本质的历史过程。第一，深入世界发展大势中探索社会主义本质。中国共产党坚持马克思主义唯物辩证法，将整个世界视为统一联系的整体，在顺应世界大势中认识社会主义的本质。习近平强调，"要拓展世界眼光，深刻洞察人类发展进步潮流"③。当今世界面临百年未有之大变局，但和平、发展、合作、共赢的历史潮流不可阻挡，人心所向、大势所趋决定了人类前途终归

① 中共中央马克思恩格斯列宁斯大林著作编译局. 马克思恩格斯选集：第3卷［M］. 北京：人民出版社，2012：790.
② 参见：李辽宁，魏倩倩. 天下情怀：中国共产党胸怀天下的情感密码［J］. 思想教育研究，2022（3）：16.
③ 习近平. 高举中国特色社会主义伟大旗帜　为全面建设社会主义现代化国家而团结奋斗——在中国共产党第二十次全国代表大会上的报告［M］. 北京：人民出版社，2022：21.

光明。中国共产党正是在敏锐洞察世界全局、科学应对世界变局的背景下顺利地对中国特色社会主义道路、制度、理论进行了长期探索，逐步形成对社会主义本质的正确认识。如若误判了世界发展趋势，那么对社会主义本质的探索将面临巨大风险甚至误入歧途。第二，以推动人类共同进步为目标探索社会主义本质。习近平指出，中国共产党"在宏阔的时空维度中思考民族复兴和人类进步的深刻命题"①。中国共产党对社会主义本质的理论认识继承了马克思主义"为人类求解放"的价值追求，始终将社会主义本质的探索置于人类社会发展的坐标系中，在揭示中国特色社会主义建设规律与人类历史发展规律中发展社会主义的本质论断，为人类发展进步提供理论智慧。

实践无止境，理论创新无止境。社会主义本质认识是一项探索性事业，将面临许多未知领域和问题，需要随着时代、实践和科学的发展而不断创新发展。习近平指出："新时代中国特色社会主义是我们党领导人民进行伟大社会革命的成果，也是我们党领导人民进行伟大社会革命的继续，必须一以贯之进行下去。"② 继续推进实践基础上的理论创新，深化对社会主义本质的认识必须牢牢把握理论创新的方法论经验，不断开创社会主义本质认识的新境界。

三、中国共产党探索社会主义本质的时代价值

中国共产党对社会主义本质的认识科学回答了"什么是社会主义，怎样坚持和发展社会主义""什么是中国特色社会主义、坚持和发展什么样的中国特色社会主义"等理论问题，开辟了马克思主义中国化时代化新境界，对于中国特色社会主义实践发展、中国式现代化实践创新具有理论指导意义。同时，对社会主义本质的认识创造性地揭示了社会主义制度形态推动人类历史发展的规律性，有助于推动世界社会主义运动稳步前进。

（一）引导中国特色社会主义的建设实践，推进中国式现代化的实践创新

马克思强调："光是思想力求成为现实是不够的，现实本身应当力求趋

---

① 习近平. 习近平著作选读：第 2 卷 [M]. 北京：人民出版社，2023：494.
② 习近平. 习近平谈治国理政：第 3 卷 [M]. 北京：外文出版社，2020：69-70.

向思想。"① 这一论断揭示了理论之于实践的指导意义。理论创造的目的与价值在于科学地指导实践发展，其指导性表现为理论解决的是方向问题、思想问题，只有在理论上清醒，政治上才能坚定，实践中才有方向。中国共产党对社会主义本质的认识具有预见性和引领性，它科学地回答了"坚持和发展什么样的中国特色社会主义"的问题，为在实践中如何坚持和发展中国特色社会主义提供了遵循。具体而言，社会主义本质的理论认识对社会主义实践的指导意义体现在以下两方面：一是规定着中国具体实践的性质与方向，使中国共产党领导中国人民的建设实践始终朝向实现社会主义并最终实现共产主义的发展目标；二是规定社会主义建设的根本任务、发展战略等内容体系，保证社会主义建设始终围绕中国特色社会主义的五维本质样态制定实践策略。党的二十大报告指出，从现在起，中国共产党的中心任务就是团结带领全国各族人民全面建成社会主义现代化强国、实现第二个百年奋斗目标，以中国式现代化全面推进中华民族伟大复兴。推进中国式现代化的实践创新离不开马克思主义的理论指导，离不开对社会主义本质的正确把握。正确认识社会主义本质是我们党创造新的辉煌历史、成就新的实践发展、战胜各种风险挑战的理论前提，是确保中国发展不迷失方向、不犯颠覆性错误，始终在社会主义道路上行稳致远的理论保证。同时也必须看到，新时代新征程中国式现代化的实践推进也必将推动中国特色社会主义本质认识从基本定型向更高层次发展。

（二）开辟马克思主义中国化时代化新境界，丰富马克思主义理论宝库

党的二十大报告指出："中国共产党为什么能，中国特色社会主义为什么好，归根到底是马克思主义行，是中国化时代化的马克思主义行。"② 同时，提出了开辟马克思主义中国化时代化新境界的重大任务，这是当代中国共产党人理论创新的历史责任。"马克思主义理论从来不是教条，而是行动的指南。它要求人们根据它的基本原则和基本方法，不断结合变化着的实际，探索解决新问题的答案，从而也发展马克思主义理论本身。"③ 开辟马克思主义中国化时代化新境界彰显了中国共产党的理论自觉。中国共产党对社会

---

① 中共中央马克思恩格斯列宁斯大林著作编译局. 马克思恩格斯选集：第1卷［M］. 北京：人民出版社，2012：11.

② 习近平. 高举中国特色社会主义伟大旗帜 为全面建设社会主义现代化国家而团结奋斗——在中国共产党第二十次全国代表大会上的报告［M］. 北京：人民出版社，2022：16.

③ 邓小平. 邓小平文选：第3卷［M］. 北京：人民出版社，1993：146.

主义本质的认识内嵌于马克思主义中国化时代化的发展过程，二者具有理论同构性。马克思主义中国化时代化的理论使命就是要从现实的、正在进行着的中国特色社会主义伟大实践中探寻符合中国国情的社会主义建设规律，揭示中国特色社会主义的本质属性。以毛泽东同志为主要代表的中国共产党人开启了经济落后国家如何建设社会主义的实践探索，形成了对社会主义本质的初步认识，实现了马克思主义中国化的第一次历史性飞跃；以邓小平同志为主要代表的中国共产党人探索了"什么是社会主义，怎样建设社会主义"，正式提出了"社会主义本质论"，实现了马克思主义中国化的第二次历史性飞跃；以习近平同志为主要代表的中国共产党人结合新的历史方位、发展阶段与基本矛盾变化，深邃思考中国特色社会主义本质问题，实现了马克思主义中国化新的飞跃，为马克思主义理论宝库增添新的内容。从这个意义上看，中国共产党对中国特色社会主义本质的理论探索在世界社会主义发展史上具有里程碑意义。当然，对于社会主义的建设和治理探索仍在持续深化与发展，社会主义本质的理论体系也处于纵深拓展的阶段，其理论内容也必将随之进一步发展。

（三）揭示社会主义推动人类历史发展的规律性，推动世界社会主义运动稳步前进

习近平指出："科学社会主义在中国的成功，对马克思主义、科学社会主义的意义，对世界社会主义的意义，是十分重大的。"① 中国共产党对社会主义本质的探索在世界范围内展开，描绘了社会主义发展的中国图景，在世界历史上具有积极的进步意义。一方面，对社会主义本质的探索和揭示在世界范围内高高举起了科学社会主义的伟大旗帜，从理论上揭示了社会主义推动世界历史发展的内在规律性。中国共产党对社会主义本质的探索和认识不仅深刻改变了中国，而且深刻改变了世界历史发展的趋势和方向，如社会主义基本经济制度的定型以公有资本逻辑超越资本逻辑、全过程人民民主的安排以人民民主超越金钱民主……这些理论论断与制度定型有力地驳斥了"历史终结论""西方中心论"等论调，证明了世界历史不可能均质化、同质性地走向单一的资本主义社会，从理论上揭示了社会主义推动世界历史发展的规律性。另一方面，对社会主义本质的探索和揭示成功推进和拓展了中国式现代化，创造了人类文明新形态，实现了现代化与社会主义的融合发

---

① 习近平. 习近平谈治国理政：第3卷［M］. 北京：外文出版社，2020：70.

展，打破了现代化等同西方化的迷思，提供了社会主义国家走向现代化的全新选择，为人类文明的多样化发展提供了社会主义文明样本。如果说对社会主义本质的认识从理论上揭示了社会主义制度形态推动历史发展的规律性，那么，在社会主义本质正确认识下探索出的中国式现代化道路则从实践上提供了社会主义推动历史发展的路径选择，超越了"历史终结论"的理论悬设与"西方中心论"的理论幻想，谋划了走出世界百年未有之大变局的现实出路。

人与自然和谐共生现代化的生态文明底蕴及实践方略①

胡玲玲　朱宗友②

（阜阳师范大学马克思主义学院　阜阳　236037）

[摘　要] 中国式现代化是人与自然和谐共生现代化。人与自然和谐共生现代化有着深厚的生态文明底蕴，是新时代生态文明建设的核心理念，是人与自然生命共同体理念的内在要求，是中国式现代化的基本特征和本质要求。人与自然和谐共生现代化能够顺应人类社会发展规律，超越工业文明的中国式生态文明新形态，不断破解人类发展困境，满足人民对美好生态环境的需要，凸显环境治理能力，彰显负责任大国担当精神。在统筹经济发展与生态环境保护、物质文明建设与生态文明建设的过程中，人与自然和谐共生现代化坚持贯彻新发展理念，推进高质量发展，推动发展方式深刻转型，广泛形成绿色生产生活方式，促进对气候变化全球治理的积极参与，稳妥推进碳达峰碳中和。

[关键词] 人与自然和谐共生现代化；生态文明建设；绿色发展

党的二十大报告对中国式现代化的科学内涵、鲜明特征、本质要求、战略安排进行了详细的阐释，尤其指出："中国式现代化是人与自然和谐共生的现代化。"③ 在工业化、现代化的双重作用下，生态环境风险与日俱增，

---

① 本文系2022年国家社科基金一般项目"新发展理念下中国式现代化道路的时代图景及实践方略研究"（项目号：22BKS071）、2020年度安徽高校人文社会科学研究重大项目"习近平新时代中国特色社会主义思想科学体系研究"（项目号：SK2020ZD29）、阜阳师范大学科学研究项目"中国式现代化的绿色发展图景及实践方略研究"（项目号：2022FSSK10）的阶段性成果。

② 胡玲玲，阜阳师范大学马克思主义学院助教；朱宗友，阜阳师范大学马克思主义学院院长、教授、博士生导师。

③ 习近平. 高举中国特色社会主义伟大旗帜　为全面建设社会主义现代化国家而团结奋斗——在中国共产党第二十次全国代表大会上的报告 [M]. 北京：人民出版社，2022：23.

影响着中华民族乃至全人类的永续发展。为应对全球生态环境问题带来的一系列挑战，中国为共建清洁美丽世界和推动全球可持续发展积极提出中国方案，发出中国声音，"人与自然和谐共生""人类命运共同体"等治国理念逐渐成为国际社会普遍认同的价值观念。人与自然和谐共生现代化是中国原创性的现代化，具有鲜明中国特色，其提出是在回应当今中国面临的生态环境问题、回应人民的美好生活需要、回应高质量发展的现实要求，对我国建设社会主义现代化国家指明了一条中国式生态创新型现代化道路。

一、人与自然和谐共生现代化的生态文明底蕴

工业化发展较早较快的西方国家，其现代化发展道路是以牺牲自然环境为代价来换取经济的快速发展，是造成人与自然关系对立的现代化发展之路。而人与自然和谐共生的现代化，是在吸取西方现代化经验基础之上具有中国原创性的现代化，强调人与自然和谐共生，改变以往人与自然矛盾对立的关系，体现中国式现代化的生态文明底蕴。

（一）人与自然和谐共生现代化是新时代生态文明建设的核心理念

"人与自然和谐共生现代化"理念是习近平生态文明思想的重要组成部分。习近平生态文明思想回答了"建设什么样的生态文明""怎样建设生态文明"的时代课题，是新时代生态文明建设的行动指南。党的十八大报告把生态文明建设纳入中国特色社会主义总体布局中，实现从"四位一体"到"五位一体"的重大转变，生态文明建设上升到国家发展战略的高度；党的十九大报告提出"人与自然和谐共生"[①]"人与自然是生命共同体"[②]，重新审视人与自然的辩证统一关系，明确界定人与自然是共生共存的生命共同体；党的十九届六中全会明确指出"五位一体"总体布局是习近平新时代中国特色社会主义思想内容"十个明确"之一，把生态文明建设放在突出地位，融入经济建设、政治建设、文化建设、社会建设各方面和全过程；党的二十大报告关于生态文明建设方面的内容包括第一部分在十年伟大变革

---

① 习近平. 决胜全面建成小康社会 夺取新时代中国特色社会主义伟大胜利——在中国共产党第十九次全国代表大会上的报告 [M]. 北京：人民出版社，2017：23.

② 习近平. 决胜全面建成小康社会 夺取新时代中国特色社会主义伟大胜利——在中国共产党第十九次全国代表大会上的报告 [M]. 北京：人民出版社，2017：50.

中强调"我们提出并贯彻新发展理念"①"我们坚持绿水青山就是金山银山的理念"②，第四部分关于中国式现代化的基本特征和本质要求中都提到"人与自然和谐共生"③，第十部分提出"推动绿色发展，促进人与自然和谐共生"④。

人与自然和谐共生回答了"建设什么样的社会主义现代化强国"的时代课题。建设社会主义现代化强国，是贯穿党的二十大报告的一条主线。对于"建设什么样的社会主义现代化强国""怎样建设社会主义现代化强国"，党的二十大报告给出了清晰的"路线图"，对全面建成社会主义现代化强国做出战略安排，给出明显的"时间表"，其中第二步强调"从二〇三五年到本世纪中叶把我国建成富强民主文明和谐美丽的社会主义现代化强国"⑤。"富强民主文明和谐美丽"分别对应的是"五位一体"总体布局中的经济政治文化社会生态文明建设，"美丽中国""生态文明建设"是中国共产党重要的生态文明理念，并且被纳入国家五年发展规划。尤其是习近平生态文明思想的形成，为实现中华民族伟大复兴和建设社会主义现代化强国奠定了绿色根基。人与自然和谐共生现代化回答了我国要如何建设一个美丽的社会主义现代化强国的问题，不断推动美丽中国建设朝着纵深发展。

（二）人与自然和谐共生现代化是人与自然生命共同体理念的内在要求

人与自然和谐共生现代化是人与自然生命共同体理念的具体体现。随着经济全球化的不断深入发展，不同种族、肤色的人们共同生活在持久和平、普遍安全、共同繁荣、开放包容、清洁美丽的地球村里，越来越成为你中有我、我中有你命运共同体。当今世界气候变化及其带来的生态危机严重影响着人类的可持续发展，需要各国携手共同应对气候挑战，筑牢人类命运共同体意识。人类命运共同体思想在生态方面强调，为了世界的可持续发展和

---

① 习近平. 高举中国特色社会主义伟大旗帜　为全面建设社会主义现代化国家而团结奋斗——在中国共产党第二十次全国代表大会上的报告［M］. 北京：人民出版社，2022：8.

② 习近平. 高举中国特色社会主义伟大旗帜　为全面建设社会主义现代化国家而团结奋斗——在中国共产党第二十次全国代表大会上的报告［M］. 北京：人民出版社，2022：11.

③ 习近平. 高举中国特色社会主义伟大旗帜　为全面建设社会主义现代化国家而团结奋斗——在中国共产党第二十次全国代表大会上的报告［M］. 北京：人民出版社，2022：23.

④ 习近平. 高举中国特色社会主义伟大旗帜　为全面建设社会主义现代化国家而团结奋斗——在中国共产党第二十次全国代表大会上的报告［M］. 北京：人民出版社，2022：49.

⑤ 习近平. 高举中国特色社会主义伟大旗帜　为全面建设社会主义现代化国家而团结奋斗——在中国共产党第二十次全国代表大会上的报告［M］. 北京：人民出版社，2022：24.

人的全面发展，必须坚持环境友好，走绿色低碳、可持续发展之路，保护好人类赖以生存的地球家园。正是在人类命运共同体思想的指引下，又基于当今世界面临着复杂多样的生态环境问题，习近平总书记又提出了"人与自然是生命共同体"① 理念，这是人类命运共同体理念在生态方面的深化和拓展，为人与自然和谐共生指明了切实可行的现实路径。社会基本关系包括人与人、人与自然、人与社会的关系，人、自然和社会并不是孤立存在，而是相互联系、相互作用的。自然界是客观存在的，人从属于自然，是自然的一部分，但人在自然面前并不是无能为力的，而是可以发挥主观能动性去改造自然，从而使自然打上人的烙印，成为"人化自然"。并且，人是人与自然生命共同体建构的重要推动者，这里所说的人，是现实的人，现实的人追求人与自然的和谐共生，寻求人与自然的平衡发展。党的十九大以来，人与自然生命共同体理念体现在国家治理的方方面面，已经渗透到人民日常生活中，保护自然、爱护地球、维护良好生态环境已经是全社会倡导的时代新风。经过不断发展，人与自然生命共同体理念已经成为新时代生态文明建设的核心理念，并逐渐被国际社会接受。

（三）人与自然和谐共生现代化是中国式现代化的基本特征和本质要求

中国式现代化的基本特征之一就是人与自然和谐共生的现代化。中国式现代化是区别于西方"串联式"的现代化，更加强调创新、协调、绿色、开放、共享的现代化发展之路，是人与自然和谐共生的现代化。西方国家走现代化工业道路是先污染后治理的模式，工业化前期只注重经济利益的高回报为本国的殖民扩张积累原始资本，走的是高污染、高消耗、高排放的粗放型发展道路，为了发展经济牺牲生态环境，以致引起一系列生态环境问题、极端天气问题，危害着人们的生命健康；工业化后期，各国领导人认识到环境保护和经济发展同等重要，保护环境也是为经济社会发展做贡献，同样考验着国家的治理能力，展示着国家的经济发展水平，甚至需要花费比经济发展更多的时间、资金、技术成本来治理环境问题。而我国同样也面临西方发达国家工业化后期所带来的环境问题，伴随着我国经济快速增长，部分地区出现资源能源过度消耗，污染物大量排放，损害群众健康的突出环境问题。随着全球气候问题的日益严重，极端天气事件频发，对人类的生产生活造成

---

① 习近平. 高举中国特色社会主义伟大旗帜 为全面建设社会主义现代化国家而团结奋斗——在中国共产党第二十次全国代表大会上的报告 [M]. 北京：人民出版社，2022：23.

严重影响，人们开始意识到生态问题事关国家经济可持续发展和人类生命安全。对此，习近平总书记指出："人类不能再忽视大自然一次又一次的警告，沿着只讲索取不讲投入、只讲发展不讲保护、只讲利用不讲修复的老路走下去。"① 我国不会再走西方发达国家工业化的老路，而是以低碳的方式实现环境和经济的可持续发展，转变以往的传统工业化道路，由高耗能、高污染、高排放产业向低能耗、低污染、低排放产业发展，由粗放型经济向绿色经济转型，实现传统工业向绿色发展时代的伟大转变。在新发展理念的指引下，人们的环保意识有所提高，对美好生活有了更高的要求，期待更高的环境质量，天蓝、地绿、水清的绿色生活方式成为时代新风尚，人与自然的关系也得到修复，从彼此对立走向和谐共生。

中国式现代化的本质要求是促进人与自然和谐共生。人与自然和谐共生是马克思主义生态思想在中国的具体实践，是习近平新时代中国特色社会主义思想的理论创新，蕴含着中华优秀传统生态文化中的"天人合一"思想，强调人与自然的统一。"我们统治自然界，决不像征服者统治异族人那样，决不是像站在自然界之外的人似的，——相反地，我们连同我们的肉、血和头脑都是属于自然界和存在于自然界之中的……"② 马克思主义认为，人类虽然可以发挥主观能动性去利用自然、改造自然，但是人类归根到底是大自然的一部分，人类应该呵护自然、敬畏自然，这样才不会遭到大自然的报复，实现民族永续发展。人与自然和谐共生是在中国式现代化进程中得出的历史经验，避免了走西方式现代化的老路，中国十四亿多人民要想实现中国式现代化就必须要正确处理人与自然的关系，走人与自然和谐共生的现代化道路，把生态文明建设放在国家治理的突出位置。

二、人与自然和谐共生现代化的逻辑必然

人与自然和谐共生现代化在其发展历程中，面临着工业文明与生态文明、物质文明建设与生态文明建设协调发展的难题，人与自然和谐共生现代化顺应人类文明进程，关注人民心声，统筹发展与保护、环境与民生、利用与修复，满足人民对优美生态环境的需要。

---

① 习近平. 习近平外交演讲集：第 2 卷 [M]. 北京：中央文献出版社，2022：261.
② 中共中央马克思恩格斯列宁斯大林著作编译局. 马克思恩格斯选集：第 4 卷 [M]. 北京：人民出版社，1995：383－384.

（一）顺应人类社会发展规律，超越工业文明的中国式生态文明新形态

"生态文明是工业文明发展到一定阶段的产物，是实现人与自然和谐发展的新要求。历史地看，生态兴则文明兴，生态衰则文明衰。"① 以工业文明为分界线，在此之前的原始文明、农业文明时代，生产力还不发达，生产工具相对落后，人们改造自然的能力还比较小，人类还无法摆脱自然对人类生产生活的绝对影响。人类对自然充满敬畏之情，严格按照自然规律进行生产生活；随着社会生产力不断发展，工业化机械化时代来临，工业文明悄然而至。在以牺牲自然环境为代价的工业化现代化发展进程中，经济的增长虽然推动了社会的极大发展，但是同时也带来了生态环境破坏、资源枯竭、空气污染等极端环境问题。面对经济发展与环境保护无法调和的矛盾，人类逐渐意识到尽管我们从自然界中获得了丰富的资源、财富和能量，但这一过程不可避免地对我们自身的健康造成了危害，同时也阻碍了人的自由和全面发展。因此，人与自然的关系成为我们必须重新审视和思考的问题。生态文明是工业文明发展到一定阶段的产物，是超越工业文明的一种新形态，强调生态文明和物质、政治、精神、社会文明的协调发展。"工业化进程创造了前所未有的物质财富，也产生了难以弥补的生态创伤。杀鸡取卵、竭泽而渔的发展方式走到了尽头，顺应自然、保护生态的绿色发展昭示着未来。"② 生态文明是基于人类社会可持续发展和面临的生态危机而提出的符合当代国际社会发展的基本方略，其所倡导的绿色、低碳、循环、可持续理念逐渐引起全人类的关注，人们对待自然的态度也发生了重大变化，由以前的崇拜、征服、改造再到今天的和谐共生，追求与自然达到一种和谐状态。

（二）破解人类发展困境，满足人民对美好生态环境的需要

中国式现代化不仅强调物质文明和精神文明相协调，还强调物质文明和生态文明相协调。在现代化过程中，人和自然是生态文明建设的两个核心关键词，人与自然和谐共生成为生态文明建设的重要理念，回答了人与自然如何相处的问题。生态环境问题一边牵系着经济发展，一边关涉着人民的幸福生活，在党和人民的共同努力下，尤其是党的十八大以来的新时代十年，我

① 中共中央文献研究室. 习近平关于社会主义生态文明建设论述摘编［M］. 北京：中央文献出版社，2017：6.
② 习近平. 习近平谈治国理政：第3卷［M］. 北京：外文出版社，2020：374.

国生态文明建设取得一系列载入史册的显著成就，发生了深层次社会变革，人与自然和谐共生现代化不断推进。随着我国社会主要矛盾发生转变，人们的需求发生重大变化，人民日益增长的物质文化需要已经转变为美好生活需要，人们由过去的求温饱、求生存变为求环保、求生态，这说明物质文化需要已经不是制约国家发展、人的全面发展的关键因素，美好生活需要则成为关键因素，人们对民主、法治、环境等方面有了更高要求。人们的美好生活需要包括人民的优美生态环境需要，生态环境是关系民生的重大问题，在群众生活幸福指数中的地位不断凸显。对此，习近平总书记指出："要提供更多优质生态产品以满足人民日益增长的优美生态环境需要。"① 优质生态产品一方面满足了社会发展所需要的物质基础，另一方面也满足了人类的美好生态环境需要，为实现人与自然和谐共生提供了生态载体。

（三）凸显环境治理能力，彰显负责任大国担当精神

实现人与自然和谐共生现代化是一场持久战、耐力战，在这场绿色"自我革命"中能否如期实现人与自然和谐共生现代化，直接关系到实现中国式现代化的进程。一方面，我国的生态实践彰显了其生态治理的决心。为了提高中国自主贡献力度，我国提出了切实可行的具体措施，积极履行、推动《巴黎协定》的贯彻落实，缔结《生物多样性公约》，大力推进经济结构、能源结构、产业结构转型升级；采用系统分析方法，积极应对气候变化，各个击破生态环境难题，坚定走绿色低碳发展之路。我国积极加强生态环境保护、不断自我加压，积极应对气候变化所做出的创新和行动将会转变为领导力，凸显我国的气候治理能力。另一方面，我国的生态实践彰显了中国的责任担当和大国形象。我国始终积极参与全球气候治理和保护生物多样性，承担起大国责任，不断推进我国关键领域实现绿色转型，实现生产方式生活方式的转变，力争在 2060 年前实现碳中和目标。我国始终高度重视应对生态环境问题，尤其是习近平总书记2021 年在联合国《生物多样性公约》第十五次缔约方大会上强调"共同推进人与自然和谐共生，共建地球生命共同体，共建清洁美丽世界"②，让世界进一步看到中国朝着绿色发展、人与自然和谐共生目标奋进的坚定决心，看到中国致力于保护地球家园、实现

---

① 习近平. 习近平谈治国理政：第 3 卷 [M]. 北京：外文出版社，2020：362.
② 习近平. 在《生物多样性公约》第十五次缔约方大会第二阶段高级别会议开幕式上的致辞 [N]. 人民日报，2022 - 12 - 16 (2).

人类可持续发展的大国担当。中国愿与各国携手构建人类命运共同体，为建设清洁美丽世界提出中国方案，做出中国贡献，向世界传递了治理环境问题的信心与希望。

三、人与自然和谐共生现代化的实践方略

气候变化、生态环境问题是当前人类面临的最大生态危机，影响着人与自然和谐共生。作为世界上最大的发展中国家、世界第二大经济体，我国是全球生态文明建设的积极倡导者、推动者、建设者，统筹经济发展与生态环境保护，不断在国际上展示着大国的责任与担当，为人与自然和谐共生现代化积极提出中国方案，贡献出中国力量。

（一）贯彻新发展理念，推进高质量发展

党的十八届五中全会提出"创新、协调、绿色、开放、共享"① 的新发展理念，绿色发展理念是习近平生态文明思想的核心理念，是对马克思主义生态观、自然观的继承和发展。人与自然和谐共生的现代化是贯彻绿色发展理念的生动体现，所以在推进中国式现代化的道路上绿色发展理念必不可少。绿色发展是中国发展观念的一次伟大创新，是中国式现代化的内在要求，是人类文明新形态的中国式发展理念。绿色发展要正确处理经济发展和环境保护的关系，在现代化发展道路上必然绕不开经济发展和生态保护的环境难题，纵然是比我国先走工业化道路的西方发达国家同样也要面对的这一发展难题。伴随着我国经济快速增长，部分地区出现了资源能源过度消耗，污染物大量排放，损害群众健康的突出环境问题。对此，首先要实现思想观念转型，以绿色发展理念引领中国式现代化。一方面，牢固树立生命共同体思想。"人与自然是生命共同体""人类命运共同体""地球生命共同体"理念是对绿色发展理念的高度凝练和集中表达，是中国化马克思主义生态观的最新理论创新。另一方面，牢固树立坚持绿水青山就是金山银山②的理念。绿色发展理念强调，清洁高效、循环利用、节能环保，它要求任何经济活动不仅不能以牺牲环境为代价，而且要有利于环境的保护和生态的健康发

① 中共中央文献研究室. 十八大以来重要文献选编：中［M］. 北京：中央文献出版社，2016：792.

② 习近平. 习近平谈治国理政：第2卷［M］. 北京：外文出版社，2017：209.

展。绿水青山就是金山银山的实质就是要实现经济发展和环境保护的统一。其次，推动经济高质量发展，推动经济向创新、环保、高附加值方向转变。我国经济增速已经由原来的高速发展，调整到中高速发展，更加注重经济的发展质量和可持续发展。实现我国经济"绿色革命"的深刻转型，要大力发展绿色经济，重新找到促进经济增长、保护生态环境的新动能，坚持走经济高质量发展和环境友好型道路，从绿色发展中寻找发展的新机遇和新动力。对此，我国要转变传统发展理念，着重关注调整改造传统产业和发展新能源、节能环保等新兴产业，满足庞大的国内消费市场，带动生产生活产业形成新的经济增长点；大力发展循环高效可持续利用的新材料新技术，使绿色经济、循环经济和低碳经济在整个经济结构中占据较大比重，统筹经济发展和生态环境建设，加快发展方式向绿色转型，要大力倡导绿色低碳的生产方式，持续增强发展的动力和活力。

（二）发展方式深刻转型，广泛形成绿色生产生活方式

全球性生态环境问题带来的种种极端环境事件不断威胁着人类的生存和发展，这就迫切要求各国转变发展方式，向绿色转型。人与自然和谐共生现代化不仅是经济发展方式的转变，更重要的是思想观念的深刻转变，这极大地影响着人们参与绿色生产生活的实际行动。首先，转变生产方式。一方面要大力在全社会全行业宣传绿色发展理念，大力发展绿色经济，把资源承载能力、生态环境容量作为经济活动的重要条件。"加快推动产业结构、能源结构、交通运输结构等调整优化。"[1] "发展绿色低碳产业，健全资源环境要素市场化配置体系，加快节能降碳先进技术研发和推广应用……"[2] 另一方面提倡循环经济，提高资源重复利用率。针对目前我国产业还处在传统工业模式的情况，对一些转型困难较大的企业要给予财政补贴、减少税收等优惠政策支持。要做到"开源"和"节流"两手抓，既要不断加强自主研发和国际交流合作寻找稳定的可再生能源替代品，又要全面推行循环经济理念，构建多层次资源高效循环利用体系。这样才能延长相关产业链，带动整个行业绿色转型，实现长远发展。其次，转变生活方式。随着人与自然和谐共生现代化的不断发展，对绿水青山就是金山银山认识的不断深入，人们对自身

---

① 习近平. 高举中国特色社会主义伟大旗帜 为全面建设社会主义现代化国家而团结奋斗——在中国共产党第二十次全国代表大会上的报告［M］. 北京：人民出版社，2022：50.

② 习近平. 高举中国特色社会主义伟大旗帜 为全面建设社会主义现代化国家而团结奋斗——在中国共产党第二十次全国代表大会上的报告［M］. 北京：人民出版社，2022：50.

所处的环境要求也更高了，要为子孙后代留下良好的生态环境，人们的生活方式和消费模式就要向文明健康环保的方向转变，推动形成勤俭节约的社会风尚。人们要牢固树立生态文明理念，力戒奢侈浪费和不合理消费，鼓励绿色出行，营造绿色低碳生活新时尚；人们要尊重自然界的客观规律，顺应自然、保护自然，不断植树造林提高绿化面积，保护环境，推进生态健康发展。

（三）促进对气候变化全球治理的积极参与，稳妥推进碳达峰碳中和

随着工业革命的不断深入发展，气候问题、生态环境问题带来的一系列问题严重威胁着人类共同生存的地球家园和经济社会的可持续、高质量发展，越来越成为国际社会关注的焦点问题。为了应对全球生态问题，实现人与自然和谐共生，关键就是要减少温室气体的排放，其中主要是减少化石能源燃烧所产生的二氧化碳排放。实现"双碳"目标是基于我国自身发展的现实需要，顺应了国际气候治理的潮流趋势，是我国生产生活方式绿色转型的关键一步，是推动构建人类命运共同体的必然选择，对我国生态文明建设和美丽中国建设具有重要理论意义和实践价值。这一重要目标为我国应对气候变化、绿色低碳发展提供了方向指引，得到国际社会的积极响应。根据各国发展水平层次的不同，目前全球已有将近130个国家在不同时间节点以不同方式提出了碳达峰碳中和目标。当前，中国还依赖传统的能源消费方式，并且煤炭、石油等一次性能源消费超一半以上，造成我国二氧化碳排放量一直居高不下，未来一段时间还会继续保持增长，这不符合我国实现"双碳"目标的基本要求，造成我国经济社会的不可持续发展和生态环境问题日益严重，进而加剧全球气候治理的难度。基于此，促进能源结构和产业结构根本转型是实现"双碳"目标的战略举措。一方面，"双碳"目标倒逼能源结构绿色转型。这主要指从不可再生资源转向可再生资源的转变，从化石能源转向清洁能源的转变。转变的目的在于改变我国传统的能源消费构成，开启一个以非化石能源为主的绿色能源新时代。首先，要充分发挥生态环境部门牵头协调作用，会同有关部门采取强有力措施，全面推进能源结构调整和绿色发展，大力发展非化石能源，深化能源和价格改革，推动形成应对气候变化工作的强大合力，使我国能源结构更加绿色更可持续。其次，控制化石能源消费，大力发展新能源消费，推动能源结构转型。以风能、太阳能和生物能为代表的新能源将在未来代替煤炭、石油等一次性化石能源，这是我国能源结构调整的必由之路，是实现能源消耗绿色转型的重中之重。另一方面，

"双碳"目标有利于带动与能源相关的产业结构根本转型。我国作为最大的能源消费国，许多产业都依赖能源而生存，为了应对气候变化，我国要加快产业结构的转型，提高能源清洁低碳安全高效利用，不断发展循环经济，深入推进工业、建筑、交通等领域低碳转型，大力提倡绿色建筑、低碳交通、绿色低碳工业、绿色电力等的广泛应用，我国绿色建筑占城镇新建民用建筑比例已达到约60%，新能源汽车销量占到全球新能源汽车销量一半以上。对此，必须要管控高耗能产业，加大温室气体排放控制力度，壮大清洁环保、节能高效的绿色产业，逐步摆脱对化石能源的依赖，实现从高碳到低碳到零碳的历史性转变，保护我们清洁美丽的地球家园。

中国式现代化的历史启示与时代价值

姜红明①

（武昌工学院马克思主义学院　武汉　430065）

[摘　要]　中国式现代化不仅超越了欧美发达国家现代化范式，也是对苏联社会主义现代化发展模式的突破，同时创新了新兴市场国家的现代化发展道路，形成了人类现代化历史中的新的文明形态。中国式现代化的巨大成功，不仅让现代化发展成果惠及 14 亿中国人民，而且对发展中国家实现现代化有着不可替代的启示意义，对人类未来发展也有着重要引导价值，是中华民族奉献给历史与时代独特的中国智慧和中国方案。

[关键词]　中国式现代化；历史启示；时代价值

现代化是工业革命以来人类文明的深刻变化，它包括政治、经济、社会、文化乃至生态环境各个领域从传统向现代的转变。现代化是一个世界现象，是通过经济全球化运动而由西欧国家扩展到全球的历史进程，世界各国都在自觉或被动的历史进程中走向现代化。然而，由于历史、文化和国情的差异，世界各国进入现代化的方式并不一样，起步有早有晚，动力源泉或内或外。但同一类型国家又有着一些共同特征。按照学者何传启的研究，到 2018 年，世界上实现了第一次现代化（以工业化为主要标志）的国家有 46 个，其中已经进入第二次现代化（以信息化为主要标志）进程的国家有 28 个。中国于 2018 年完成第一次现代化，并基本具备向第二次现代化过渡的社会条件。② 中国作为一个后发现代化的人口大国，以非剥削、不掠夺、无殖民的社会主义方式实现现代化的历史飞跃，改写了世界现代化进程，形成了有别于西方资本主义国家现代化发展的全新模式，拓展了既希望保持国家

---

① 姜红明，武昌工学院马克思主义学院教授。
② 参见：何传启. 国家现代化的原理与方法 [M]. 北京：北京大学出版社，2022：417.

独立又能实现经济富裕的发展中国家走向现代化的途径，为人类社会的发展进步贡献了中国智慧和中国方案。

一、中国式现代化对世界现代化范式的全面超越

党的二十大报告指出："在新中国成立特别是改革开放以来长期探索和实践基础上，经过十八大以来在理论和实践上的创新突破，我们党成功推进和拓展了中国式现代化。"① 中国式现代化道路，"不是简单延续我国历史文化的母版，不是简单套用马克思主义经典作家设想的模板，不是其他国家社会主义实践的再版，也不是国外现代化发展的翻版"②。中国的现代化建设，超越了欧美发达国家现代化范式，不同于苏联现代化发展模式，也与一些新兴市场国家的现代化道路相异，有着鲜明的中国特色。

（一）中国式现代化对欧美发达国家现代化范式的超越

世界现代化进程肇始于 18 世纪 60 年代的英国工业革命。英国以纺织业技术革新为开端，以蒸汽机的发明和广泛使用为枢纽，最终在生产领域建立了机械工业部类。随后，英国以"圈地运动"方式依靠对农民剥夺完成资本主义原始积累，以榨取工人剩余价值方式获得超额财富，以殖民扩张方式掠夺世界资源并建立世界市场，以资本输出方式建立国际分工体系。英国工业化建设的成功，使之率先从农业社会过渡到工业社会，并随着殖民掠夺和"日不落帝国"的形成，逐渐将全人类卷入现代化进程中。英国工业的发展，也刺激了欧洲大陆资本主义的发展，荷兰、法国、意大利、德国等西欧国家也迅速走上工业化发展道路。美国独立后，建立起彻底的资本主义制度体系，更有力地促进了美国工业社会的形成。日本在明治维新后，也仿效英国建立起君主立宪制度，开始发展资本主义工业。各主要资本主义国家的工业化发展，造成工业资源约束日趋紧张，世界市场瓜分矛盾进一步突出，最终在资本主义不可克服的周期性经济危机面前演化成世界性战争，给人类社会造成了深重灾难。第二次世界大战后，西方资本主义国家则依靠其历史上侵吞的财富优势，建立起有利于西方的国际经济秩序，依靠其科技先发优势

---

① 习近平. 高举中国特色社会主义伟大旗帜　为全面建设社会主义现代化国家而团结奋斗——在中国共产党第二十次全国代表大会上的报告［M］. 北京：人民出版社，2022：22.

② 习近平. 习近平谈治国理政：第 2 卷［M］. 北京：外文出版社，2017：344.

打造"价格剪刀"继续收割欠发达国家，依靠强大军事实力和对全球资源的掠夺来保持其现代化领先水平。欧美国家的工业先发历史和依靠战争、殖民、掠夺获得财富，使他们率先实现了现代化，过渡到现代国家行列，成为人类历史上最早一批发达国家。

中国在早期与西方工业文明痛苦碰撞中，虽然不断向西方学习，从技术、工业、制度到文化，甚至于社会生活，不断模仿和追随西方现代化，但得到的是一次次惨痛失败的教训。直至中国共产党率领人民历经28年不屈斗争建立起新中国，在社会主义建设中逐步探索中国实现现代化的发展规律，中华民族才展现出以中国式现代化实现民族伟大复兴的光明前景。新中国成立初期的现实国情、发展水平、国际环境和社会主义国家性质，决定了我们不可能走西方依靠战争、殖民、掠夺等方式来实现现代化。如何把一个贫困落后、人口众多、基础薄弱、以农业为主的中国建设成为现代化工业国家，是中国共产党执政后面临的巨大难题。70多年来，我们党带领人民抢抓机遇、不懈创新、开拓进取、接续奋斗，在曲折探索中不断升华对共产党执政规律、社会主义建设规律和人类社会发展规律的认识，最终成功开辟了以中国特色社会主义实现中华民族伟大复兴的中国式现代化道路。

中国式现代化道路符合中国国情，具有人口规模巨大、全体人民共同富裕、物质文明和精神文明相协调、人与自然和谐共生、走和平发展道路等鲜明特征。特别是党的十八大以来，我们以"五位一体"的总体布局和"四个全面"的战略布局，明确了中国现代化建设的关键环节、重点领域、主攻方向，推动人的全面发展和社会全面进步；通过工业化、信息化、城镇化、农业现代化并联发展，促进国家现代化持续、快速、健康提高，缩短了发展时间，也杜绝了西方现代化进程中曾经出现的各种"城市病""社会病"滋生；通过供给侧结构性改革，形成高质量发展和高水平开放格局，为国家现代化建设创造有利条件，打破了西方现代化过程中周期性经济危机规律；通过提升国家治理体系和治理能力现代化水平，为国家现代化建设奠定了较完善的制度基础，避免了西方现代化进程中的社会撕裂、族群对抗和政治极化后果出现；通过实施精准扶贫战略，让中国人民历史性地告别了绝对贫困状态，为实现共同富裕奠定坚实基础，杜绝西方现代化中曾经出现的两极分化现象在中国的发生；通过发展全过程人民民主，彰显人民至上价值旨归，让人民不断增强获得感、幸福感、安全感，突破了西方现代化过程中"资本至上"逻辑；通过弘扬社会主义核心价值观，凝聚全体人民意志，跳出了西方现代化的物质主义陷阱；通过创新驱动发展战略，不断提升科技创新在现代化建设中的战略支撑作用，努力把关键核心技术牢牢掌握在自己手中，摆脱了西方国家凭借科技优势对我国实施脱钩断供和极限施压的威胁；通过贯彻总体国家安全观，建设强大军队和巩固国防，确保我们不再吞下损害国家主权安全和发展利益的苦果；通过推动人与自然和谐共生，走出了人类中心主义误区；通过"一带一路"倡议和人类命运共同体建设，为各国发展实现双赢和多赢创造更好条件，突破了西方现代化历史中"国强必霸"魔咒；通过党的自我革命特别是强力正风反腐，增强了党的执政能力和先进性纯洁性。中国式现代化，极大丰富了现代化的实践内涵，超越了西方式现代化的独尊定式，形成了有别于资本主义现代化的全新方案，打破了只有遵循资本逻辑才能实现现代化的神话，突破了只有通过战争、掠夺和霸权才能富强的西方现代化路径，克服了资本主义现代化固有的两极分化弊端，是对西方发达国家现代化范式的根本性超越。

（二）中国式现代化对苏联现代化发展模式的突破

1917 年十月革命后，社会主义国家苏联诞生，这是人类历史上第一次成功地以非剥削制度代替剥削制度的伟大社会实践。西方国家企图葬送新生的社会主义制度，对苏联不断实施军事包围、经济封锁、政治颠覆和文化渗透。特别是第二次世界大战后，西方国家还结成阵营，对苏联进行全面"冷战"。面对外部强大的军事经济压力，苏联采取了一种赶超型的现代化发展方案。苏联在政治上采用高度集权体制，党政不分，个人集权，实行领导职务终身制、干部等级授职制；经济上采用高度集中的指令性经济体制，生产资料公有，实行按劳分配，用行政手段管理经济发展；优先发展重工业特别是军事工业，以剥夺农民的方式发展现代工业。这一模式短期内有利于集中有限人力物力，调动一切资源开展现代化建设。事实上，苏联在其现代化建设初期曾创造惊人成就：仅用 12 年就基本实完成了由农业国向工业国的飞跃，工业总产值超越老牌帝国主义国家英国、法国和德国，工业总产值跃居欧洲第一位，世界第二位，在很短时间内就超越了英法等国上百年的经济发展水平，同时在教育、科技、文化方面也都走在世界前列，充分显现出苏联模式在现代化建设方面的短期优越性。

新中国成立后，我们缺乏搞社会主义建设的基本经验，由于苏联具有与我们相同的意识形态、相近的国情、相似的国际压力，苏联的现代化建设又取得巨大成功，因此借鉴苏联模式来推进我国现代化建设在当时几乎是一种必然选择。新中国成立初期，苏联模式对我国现代化建设也的确发挥了重要启发作用：国家兴建了大批重点工业企业，交通运输业发展迅速，国防能力大幅跃升，人民生活水平明显改善。凭借国家权力的高度集中，我们有效打破了国际封锁，为现代化建设提供了安全稳定的环境。我们选择苏联模式，也得到苏联东欧社会主义国家的政治认同，从而融入东方社会主义阵营，获得社会主义国家大量援助，加速了新中国的工业化进程。1950—1956 年，我国社会生产在经历抗美援朝这样的重大战争时期仍然得到了快速发展，社会主义制度全面建立。但苏联现代化建设模式的弊端同样是显而易见的：单一公有制和计划经济模式忽视了价值规律作用，最终导致经济结构失衡。国家经济经过一段时期快速提升后就陷入活力不足状态，发展出现僵化甚至停滞状态，阻碍了经济现代化水平的持续提高；国家权力集中在少数人手里，以党代政，造成权力得不到有效监督，权力寻租现象突出，导致人民民主权利得不到保障，政治现代化进程再次受阻；片面发展重工业造成资源极大浪费，并直接影响到人民生活水平的提高，社会主义优越性得不到有效体现，促进国家现代化的动力开始下降。诸如此类问题，显示出以苏联模式实现现代化，在中国也是一条走不通的道路。20 世纪 50 年代中期，毛泽东就提出"以苏为鉴"思考，寻求走中国自己的道路来实现现代化，并明确提出了"四个现代化"的发展目标。1978 年，中国进入改革开放新时期，全面突破了苏联模式影响和"左"的思想束缚，最终走上中国式现代化的发展道路。

摆脱了苏联模式的中国式现代化道路，不再采取权力高度集中的计划经济发展模式，而是建立社会主义与市场经济紧密结合、实现优势互补的现代经济体系；不再是国家权力集中于少数领导人手中，而是以党内民主促进人民民主，充分彰显人民至上理念的现代政治体系；不再是权大于法、以言代法的人治模式，而是国家治理体系不断完善、国家治理水平不断提高的现代法治体系；不再是片面地以重工业特别是军事工业推进现代化模式，而是经济、政治、文化、社会、生态"五位一体"全面发展的现代化总体布局。中国式现代化，不再走封闭僵化的老路，超越了苏联的现代化模式。

（三）中国式现代化对新兴市场国家现代化道路的创新

第二次世界大战后，大批殖民地摆脱前宗主国统治，成为新兴的民族主义国家，并开始探索本国现代化发展道路。部分国家和地区在现代化建设中取得了明显成功，挤入以西方世界为中心的现代国家行列，韩国、新加坡、南美诸国、中东石油国家、南非、俄罗斯及东欧部分国家在现代化建设中各有特色，成就引人注目。韩国、新加坡在 1970—1990 年利用发达国家转移劳动密集型产业机会，大量吸引西方资金和技术，利用本地廉价劳动力优势成功跻身发达地区之列；石油国家中的沙特、阿联酋、阿曼、科威特、卡达尔、委内瑞拉等国依靠特有资源禀赋获得了巨额财富，但这些国家大多还没有完成第一次现代化，伊朗、伊拉克等国一度借助石油资源强劲推进现代化进程，建设成就也十分耀眼，但最终因战争中断了其现代化进程。南美的巴西、阿根廷、乌拉圭、哥伦比亚和智利等国在 20 世纪中后期以新自由主义经济学说推进现代化建设，虽一度取得较快发展成就，但由于社会分配不均，造成贫富差距激剧扩大，最终陷入经济衰退的"拉美陷阱"。亚洲"四小虎"曾学习韩国、新加坡经济现代化方式，也曾取得较好发展成绩，但在 1998 年"亚洲金融危机"中惨遭摧残，至今仍步履蹒跚。东欧国家早期曾采用苏联模式推进现代化未获成功，在政治剧变经济转轨后，捷克、斯洛伐克、匈牙利、波兰、罗马尼亚、克罗地亚、斯洛文尼亚及波罗的海三国依靠大量举债获得了较明显经济成就，现代化发展水平也达到高收入甚至接近发达国家水平，但其他国家和地区包括继承了苏联主要遗产的俄罗斯则在现代化进程中一波三折，至今未能完成。南非现代化起步于殖民时代的"矿业革命"，第二次世界大战期间及战后，其制造业发展势头良好，并建立起较发达的现代工业体系，成为南半球工业化程度最高的发展中国家。然而，由于长期的种族隔离政策诱发黑人运动，南非社会动荡不安，现代化建设出现曲折。1994 年黑人领袖曼德拉执政后虽曾取得一些经济建设成就，但曼德拉政府及其后任对黑人人权的过度保护和宽松的移民政策，导致种族矛盾加剧和排外事件不断，政局不稳，社会动荡，其现代化进程曲折多难。

总体来看，在新兴市场国家中，韩国、新加坡是真正完成了第一次现代化的国家，其他国家则在现代化进程中徘徊曲折。韩国、新加坡因人口少而经济体量不大，易受国际市场影响，现代化发展仍然充满各种未知风险。各新兴市场国家在政治方面主要采取威权主义体制推进现代化进程，因而政治安全状态易受国家领导人个人能力、素质和决策影响；在经济方面大多采用以私有化为核心的新自由主义政策，结果造成贫富分化加剧、外国资本控制本国经济、社会动荡不安；在文化领域则出现西方文化大肆入侵，引发本国传统文化与西方文化的严重冲突。而我国把马克思主义与中国国情、与中国传统文化相结合方式，既吸取世界各国现代化特别是新兴市场国家现代化建设的一些成功经验，又保持本国鲜明特色，坚决维护国家主权独立，充分发挥社会主义和市场经济的各自长处，充分利用全球化带来的种种机遇，成功实现了第一次现代化。中国的现代化道路，既具有世界现代化的一般特征，更有着本国鲜明特色，保持了中国的政治、经济和文化主权的独立性，取得了现代化进程中政治长期稳定和经济持续发展的巨大成就，同时推进了社会共同富裕，是一条不同于其他发展中国家的现代化道路。

二、中国式现代化对发展中国家实现现代化路径选择的历史启示

对后发现代化国家而言，中国式现代化的发展道路无疑具有重要的启示价值，因为中国式现代化提供了一条有别于西方发达国家的现代化发展道路，是能让后发现代化国家既保持自身独立又能快速实现现代化的有效途径。中国现代化发展的成功对于发展中国家而言，至少在以下五方面具有借鉴价值。

（一）始终坚持以经济建设为中心推进国家发展

"文化大革命"结束后，我们党深刻反思"十年动乱"违背发展规律、脱离经济发展中心而使国家现代化建设遭受严重挫折的历史教训，最终确立了以经济建设为中心的指导思想。党的十一届三中全会以来，我们党领导全国人民始终扭住经济建设这个中心，取得了经济建设的巨大成就。邓小平反复强调："离开了经济建设这个中心，就有丧失物质基础的危险。其他一切任务都要服从这个中心，围绕这个中心，决不能干扰它，冲击它。"① 我国以经济建设为中心的现代化跨越的历史经验充分说明，以经济建设为中心是我国社会主义现代化建设的必由之路，是推动中华民族实现从站起来、富起来到强起来的根本途径，未来我们要建成社会主义现代化强国，仍必须坚持以经济建设为中心，努力建设高质量发展的现代化经济。习近平总书记指出："以经济建设为中心是兴国之要，发展仍是解决我国所有问题的关键。"② 发展中国家在现代化建设中，也应当始终遵循这一规律。没有经济的现代化，就不可能有其他方面的现代化。

（二）努力探索适合本国国情的现代化发展道路

采取什么样的发展道路，是各国现代化建设面临的重大难题。西方国家

---

① 邓小平. 邓小平文选：第2卷［M］. 北京：人民出版社，1994：250.
② 中共中央党史和文献研究院. 习近平关于尊重和保障人权论述摘编［M］. 北京：中央文献出版社，2021：47.

率先实现现代化，导致一些发展中国家产生了"现代化即西方化"的认识误区。西方现代化道路曾经充满战争、掠夺与奴役，今天依然经常发动战争维护其霸权地位，依靠科技经济优势欺压和剥削别国人民，发展中国家既不具备走这种道路的能力，血腥的现代化道路更不符合人类文明发展方向。在一些国家发展彷徨之际，西方精英曾为他们开出"华盛顿共识"的现代化"药方"。1990年，当一些债务缠身的拉美国家急需进行经济改革，一些政治剧变后的东欧国家急需进行制度转轨时，美国国际经济研究所、国际货币基金组织、世界银行、美洲开发银行和美国财政部的研究人员提出以"休克疗法"作为激进转轨的政策工具，以自由化和私有化为取向推进各国经济社会改革。其结果是造成拉美国家陷入发展陷阱，东欧国家债台高筑，各国政府管控乏力，外国资本趁势攻城略地，一些国家人民深陷困难，经济两极分化，政治腐败严重，社会动荡不安。中国在改革开放中，努力探索适合本国国情的发展道路，艰苦奋斗、全面改革、主动创新、大胆试验、逐步开放，坚决捍卫国家主权和利益，形成了不同于新自由主义发展模式的"北京共识"，创造了中国经济持续发展和社会长期稳定的"两大奇迹"。中国特色社会主义发展道路，是基于本国国情而探索出的中国式现代化发展道路。因此，发展中国家搞现代化建设，首先就应当搞清楚本国国情，按照本国特点探索和发展现代化，绝不能盲目仿效和照搬西方的现代化道路。一些落后国家照搬西方政治经济模式来发展现代化，已经反复证明了这种模式是失败的。

（三）不断促进社会平衡发展共同富裕全面进步

在中国现代化建设中，我们既注意发展的重点，又重视各方面的协调发展。早在新中国成立初期，我们党在筹划以工业化促进现代化发展战略时，就提出了实现工业、农业、交通运输业和国防"四个现代化"目标（1954年提出，后于1964年将"交通运输业"转换为"科学技术"）。随着我们对社会主义建设规律的认识不断深化，我们党将现代化建设的内容由经济领域扩展到政治、文化、社会、生态等各个领域，提出了"五位一体"的总体布局，不断提升发展的全面性、协调性和平衡性，促进经济与社会持续、稳健、和谐发展，推进人民共建、共享、共富，极大地提高了人民的获得感、幸福感和安全感。特别是中国的精准扶贫战略，让全体中国人民历史性地告别了绝对贫困状态。还值得注意的是，后发现代化国家要在短时期内赶上发达国家现代化水平，就不能走西方线性发展、渐次发展的串联式现代化道路，而应采取将工业化、信息化、城镇化、农业现代化叠加发展的并联模式。中国并联式的现代化发展道路，促进了社会平衡发展，也实现了"时空压缩"条件下对西方的"换道超车"，以较短时间完成了发达国家近200年才完成的第一次现代化进程。这些宝贵经验，对于未摆脱欠发达状态的国家现代化建设事业而言，无疑有着不可忽略的历史借鉴意义。

（四）深入开展反腐败斗争确保政府清廉政风清明

中国在推进国家现代化的进程中，始终坚持党的领导，大力发展全过程人民民主，充分发挥协商民主与选票民主的各自优势，以党内民主带动人民民主，走出了一条适合中国国情的社会主义民主政治道路。在中国政治现代化建设中，我们党把反腐斗争始终放在突出位置，坚持刀口向内，全面正风反腐，以自我革命方式努力提升党的先进性纯洁性，不断加强执政能力建设，坚持完善党和国家监督体系，一体化推进不敢腐、不能腐、不想腐的体制机制建设，确保党风政风清明，政府廉洁高效，全面推进国家治理体系和治理能力的现代化发展，让执政党在人民心中有良好形象和崇高威望，从而能集中力量办大事，国家现代化建设得以在社会稳定的条件下顺利进行。

（五）全面加强国际合作营造有利自身发展的国际环境

中国人民自古热爱和平，"和"是中华文化的核心理念之一。今天搞现代化建设，没有和平的国际环境是不可能成功的。我们党对内追求建设和谐社会，对外追求维护世界和平。中国现代化的建设成就，很大程度上得益于我们获得的"和平红利"。新中国成立以来，我们坚持以和平共处五项基本原则来处理对外关系，创造性地用"一国两制"方式来解决香港、澳门等历史遗留问题，提出"搁置争议，共同开发"倡议解决国际争议，提出"一带一路"倡议来推动各国共同发展，始终按事情本身的是非曲直来确定中国外交立场，坚持国家不分大小强弱一律平等，反复阐明中国永远不称霸，率先宣布不首先使用核武器、不对无核国家和地区使用或威胁使用核武器。中国政府的和平诚意，让我们赢得了几十年的国际和平环境。同时，中国政府把国内国际两个大局结合起来，通过中国的发展来推动世界的繁荣，而不是以邻为壑，以牺牲别国利益来发展自己。当然，任何国家也不能强迫我们吞下损害中国主权和发展利益的苦果，维护国家核心利益是我们党坚定不移的原则立场。我们在推动深度融入全球化进程中，充分利用国际国内"两种资源、两个市场"来推进现代化，同时欢迎别国搭乘中国发展的"便车"，为中国现代化建设营造了良好的外部环境。一些发展中国家在现代化建设中出现各种曲折，缺乏和平有利的国际环境往往是重要原因之一。有的国家的重要主权也受西方大国控制，也有少数发展中国家搞地区霸权主义，冲突和战争经常发生，现代化建设出现波折也就难免。中国的和平外交经验与理论，对于发展中国家如何推进现代化发展也同样具有重要指导价值。

三、中国式现代化对人类文明发展的时代价值

中国式现代化，不仅对发展中国家推进现代化建设有重要启示意义，对于整个人类文明发展而言，也有着不可估量的时代价值。中国式现代化的伟大创举，不仅破解了当今人类社会发展面临的诸多共同问题，也打破了"现代化即西方化"的路径依赖，为人类整体实现现代化开辟了新的发展道路。

（一）深化了对人类社会发展规律的理性认识

历史唯物主义认为，人类社会是不断变化发展的，而这种变化发展有其内在客观规律。人们不能改变或废除这些规律，但可在实践中认识、掌握这些规律，并在实践中遵循和利用这些规律来改造社会和获得自由。人类社会的现代化建设同样有其特定的历史规律，但对现代化规律的认识受认识水平的约束，运用这些规律还受特定利益及历史条件的影响。中国在几十年时间里走过西方几百年现代化的历程，实现从贫穷落后到繁荣富强的历史蝶变，是在不断深化对人类社会发展规律的理性认识中完成的。作为全球性运动的现代化，其方式多样性是历史的必然。根据本国国情寻找自身现代化发展道路，是现代文明的应有特征。20 世纪的西方式现代化，虽然让少数国家进入了发达行列，但也导致整个人类世界剧烈震荡，危机不断，战乱不休，发展失衡，贫富分化，社会失控。我们党深刻洞察资本主义现代化方式的弊端，准确把握时代主题和基本国情，坚持把国家发展进步的命运牢牢掌握在自己手中，紧紧依靠人民，艰苦奋斗，守正创新，既坚持科学社会主义基本原则和各国现代化的一般规律，又依据历史条件的变化赋予中国现代化发展的民族特色、时代特色。中国式现代化，是我们党把马克思主义与当代中国实践相结合、与中华优秀传统文化相结合，以全新视野深化对人类社会发展规律认识并在长期探索、反复比较基础上的科学选择。中国式现代化，从理论和实践结合角度上系统回答了如何在中国这样一个人口多、底子薄的东方

大国建设现代化的历史课题，擘画了以社会主义道路创造人民美好生活、实现中华民族伟大复兴的美好前景。

（二）开辟了经济落后的人口大国实现现代化的独特路径

从历史起点上看，我们是由一个经济十分落后的半殖民地半封建社会在取得民族独立后才开始进行现代化建设的一个超大型国家，超重的历史惯性、超广的国土空间和超大的人口规模，导致中国现代化从一开始就有着与西方世界和其他发展中国家迥异的"大国之难"。在现代化道路的选择上，我们曾经以"洋务运动"学习西方工业化，以"戊戌变法""辛亥革命"仿效西方政治民主化，以"新文化运动"追随西方文化科学化，以"新生活运动"模仿西方社会世俗化，但因缺乏科学理论指导，又脱离中国实情，最终无一不以失败告终。新中国成立后，我们也曾学习和借鉴苏联现代化建设经验，虽曾取得较大成就，但高度集权的政治经济模式很快显现出其弱点和不足。改革开放后，我们党立足于中国处于社会主义初级阶段的最大国情，把马克思主义与中国国情、与中华优秀传统文化紧密结合，不断在改革实践中探索总结，与时俱进地推进马克思主义理论创新，最终形成了以中国特色社会主义推进中国现代化、实现中华民族伟大复兴目标。改革开放特别是党的十八大以来社会主义建设取得的历史成就和发生的历史性变革充分证明，中国式现代化道路是实现中华民族伟大复兴的必由之路。"现在，我们比历史上任何时期都更接近中华民族伟大复兴的目标，比历史上任何时期都更有信心、有能力实现这个目标。"[①] 到 2022 年，我国经济总量达到 120 万亿元，稳居世界第二位；人均 GDP 也达到 8.57 万元，达到了世界银行高收入国家人均 1.257 万美元的标准。同时，在世界 500 多种主要工业产品中，有 220 多种来自中国的产品产量居世界第一，我国是全世界工业门类最齐全的国家；高科技领域也走向自立自强，进入创新型国家行列，5G 通信、大数据、高铁、航天、深海探测、杂交水稻等大批科技成果领先全球；全过程人民民主展现出强大生命力，人民群众的获得感、幸福感、安全感大幅提升；国家治理体系和治理能力现代化水平不断提高，法治中国、平安中国、健康中国、数字中国、美丽中国建设取得重大进展。我们党同时规划了未来分两步走建设现代化强国，实现中华民族伟大复兴的中国梦。中国实现第一次现代化，让占全球人口近 1/5 的中国人民过上了更为幸福的生活，中国

---

① 习近平. 习近平著作选读：第 1 卷 [M]. 北京：人民出版社，2023：62 - 63.

14 亿人口总量超过所有发达国家人口总和，这一成就本身在人类现代化发展史上就具有里程碑意义。纵观中国共产党领导人民建设社会主义的历史进程，我们可以自豪地说，中国已成功开辟了经济文化落后的人口大国实现现代化的独特路径，创新了人类现代化的文明形态。

（三）实现了从物的现代化到人的全面现代化的历史超越

与西方现代化的单向度目标不同的是，中国式现代化是一种协调全面发展的现代化。中国的发展路径既遵循了世界现代化的一般规律，又紧密结合本国国情、人民期盼和党的意志，创造中国现代化发展的特殊道路。中国式现代化，"突破了西方现代化发展的单一文明形态，实现了从物的现代化到人的现代化，从经济的现代化到全面的现代化的飞跃"[①]。西方现代化始终遵从"资本逻辑"，讲求物质利润最大化，是一条"物本"现代化发展道路；中国式现代化则遵从"人民逻辑"，讲求以人民为中心，是一条"人本"现代化发展道路。西方的私有制让少数人在现代化中获得最大物质利益；中国则坚持公有制主体地位，同时发展多种所有制经济，兼顾效率与公平，坚持在现代化发展中实现全体人民共同富裕。西方物欲式的现代化导致人们精神贫乏，思想颓废，吸毒、淫乱、犯罪、自杀等社会病无药可求，种族冲突、社会撕裂、政治极化等问题难以遏止；中国式现代化则强调物质文明与精神文明协调发展，以社会主义核心价值观凝聚人民意志，不断巩固马克思主义意识形态阵地，努力建设中华民族共同体，同时通过高质量的思想文化教育来促进人的现代化转型，培养和造就大批能担当民族复兴大任的时代新人。因此，中国式现代化的目标不仅仅是实现经济发展、科技昌明和制度健全，更包括人民精神富裕，民族团结进步，国家意志统一，全体人民全面自由发展。习近平反复强调，"现代化的本质是人的现代化"[②]。人的现代化，既是现代化的前提，也是现代化的目标和归宿，更是对西方物质主义现代化的历史超越。

（四）突破了向自然无限索取的人类中心主义的思维定式

"人类中心主义"是西方文化的核心内容之一。早在古希腊时期，柏拉

---

① 宋雄伟. 立足中国式现代化　构建中国政治学话语体系 ［N］. 光明日报，2022－01－14（11）.

② 中共中央文献研究室. 十八大以来重要文献选编：上 ［M］. 北京：中央文献出版社，2014：594.

图就提出了"人是万物的尺度"观念；中世纪的欧洲神学认为，世界是上帝为了人而创设的，人才是宇宙中心，因此，人可以征服、利用和统治自然界；近代欧洲哲学家康德也强烈主张"人是目的"。中国文化则自古主张"天人合一""道法自然"，强调人与自然的和谐共生。在西方现代化的发展历程中，其物质主义的现代化道路，决定了其生产方式必定是通过对自然界无限索取以满足人的欲望。英国工业革命以来，自然界成为先发资本主义国家任意索取的原料仓库，他们不仅对本国自然资源进行竭泽而渔的开发，而且通过殖民扩张对全球自然界巧取豪夺。随着现代科学技术的发展，西方发达资本主义国家对全球资源的掠夺能力不断强化，由此引发了全球生态异化和环境危机，造成人与自然的严重冲突，气候灾难、环境污染和生物多样性丧失成为难以克服的生态问题，自然环境甚至被破坏到不可修复的程度，全球生态自净能力显著下降，自然界新陈代谢出现断裂迹象。中国在早期学习西方工业化过程中，也曾提出"人定胜天"思想，虽然与自然界的斗争改善了人民生活，但过度向自然界的索取也引发了各种生态问题。进入 21 世纪以来，我们党深刻认识到生态环境没有替代品，要实现经济社会的可持续发展，必须走科学发展道路，促进人与自然的协调发展。在坚持以经济建设为中心的现代化发展中，我们党努力吸取中华传统文化智慧，推进传统文化的创造性转化和创新性发展，把"天人合一"思想转化为"人与自然命运共同体"思维，与时俱进地提出建设"美丽中国"目标，超越了西方"人类中心主义"的思维定式，重构了人与自然关系，走出了一条人与自然和谐共生的现代化发展之路。

（五）破解了后发现代化国家执政党兴衰成败历史周期率

后发现代化国家在挣脱西方殖民体系后，大多选择西方所谓的民主体制作为政治架构，以"多党制""普选制""三权分立"为基本政治形态。然而，这些国家并不能摆脱受西方控制的命运，社会经济发展仍普遍落后。目前全球 46 个最不发达国家，除极少数还保留君主制和采用有别于西方的政体外，大多沿袭了西方"民主制"。但这些国家政局不稳、社会动荡、战争频发成为常态，数亿人民仍在生存线上挣扎。① 即使是摆脱了最不发达状态的一些后发现代化国家，也同样出现政权更迭频仍、社会对抗等严重问题，除少数国家因"强人政治"而保持过有限时期的相对稳定外，大多数国家

---

① 管克江."为最不发达国家创造一个繁荣的未来"［N］.人民日报，2023－03－24（15）.

的执政党也如走马灯一般不停变换。甚至连苏联、东欧社会主义国家的共产党，也在西方和平演变与自我蜕变中丧失执政权。他们选择西方政体后大多也出现社会动荡、冲突不断、战争四起现象，不稳定的政局和不连续的政策，导致人民流离失所，经济社会发展困难。中国共产党在现代化建设中把党的自身建设放在第一位，牢记初心使命，坚持以人民为中心，发展全过程人民民主，不断进行党的自我革命，始终保持党的先进性和纯洁性，努力提高执政能力和领导水平，创造了当今世界执政党中连续执政时间最长的政治奇迹，跳出了后发现代化国家执政党兴衰成败历史周期率。邓小平曾反复强调："中国要摆脱贫困，实现四个现代化，最关键的问题是需要稳定。"①"中国不能乱，这个道理要反复讲，放开讲。"② 中国社会长期保持稳定，为国家现代化发展提供了优越的政治条件。国家稳定，经济建设就有了可靠政治保证，人民对美好生活的向往也就能真正实现。中国政治现代化水平的不断跃升，不仅对后发现代化国家的执政党建设有巨大借鉴价值，对发达国家的政治建设也具有重要参考意义。

（六）推动了维护国际和平的人类命运共同体建设

营造和平有利的国际环境，同样也是中国式现代化成功的秘诀之一。长期和平稳定的周边环境，不仅让人民不受战争蹂躏，也为我国现代化建设提供了良好条件。我们坚持在平等互利、合作共赢基础上与世界所有国家建立外交关系，坚持睦邻友好关系，以邻为伴，与邻为善，坚持多边主义和独立自主，主张用和平方式解决历史遗留问题和国家间冲突，坚持走和平发展道路。中国反复强调不称霸，高扬反霸旗帜，坚持按事件本身是非曲直来处理国际关系和世界事务，坚决维护国家主权和核心利益，为国家现代化建设创造了有利国际条件。中国恪守维护世界和平、促进共同发展外交宗旨，积极承担大国国际义务，在国际维和斗争中担当重要角色，对发展中国家给予力所能及援助，为人类发展作出了独特贡献。为了建设持久和平、普遍安全、共同繁荣、开放包容、清洁美丽的世界，中国政府反复呼吁各国人民同心协力构建人类命运共同体，努力以中国发展带动各国共同繁荣，以各国繁荣来助推中国发展。今天，世界各国人民生活在同一个地球村里，彼此生活交汇，无法孤立独存，建设更加美好世界也是各国人民的共同愿望。习近平

---

① 邓小平. 邓小平文选：第3卷 [M]. 北京：人民出版社，1993：348.
② 邓小平. 邓小平文选：第3卷 [M]. 北京：人民出版社，1993：286.

总书记强调："当今世界，各国相互依存、休戚与共。我们要继承和弘扬联合国宪章的宗旨和原则，构建以合作共赢为核心的新型国际关系，打造人类命运共同体。"① 中国政府提出的"打造人类命运共同体"倡议，产生了广泛国际影响，越来越成为国际社会共识，也为人类社会未来发展贡献了独特的中国智慧和中国方案。

---

① 习近平. 习近平谈治国理政：第2卷［M］. 北京：外文出版社，2017：522.

从伟大建党精神看中国共产党为什么能

肖雄文①

（宜宾市翠屏区委党校　宜宾　644002）

[摘　要] 坚持真理、坚守理想，践行初心、担当使命，不怕牺牲、英勇斗争，对党忠诚、不负人民是中国共产党的伟大建党精神，伟大建党精神是中国共产党的精神之源，为中国共产党带领全国各族人民克服前进道路上的艰难险阻提供了不竭的内生动力。坚持真理、坚守理想，铸就了中国共产党的思想本质；践行初心、担当使命，提供了中国共产党的行动指南；不怕牺牲、英勇斗争，体现了中国共产党的意志品格；对党忠诚、不负人民，昭示了中国共产党的价值追求。

[关键词] 中国共产党；伟大建党精神；党的二十大

回首百年，风雨兼程，伟大的中国共产党从小小红船启航，已成长为民族复兴大业征途上的巍峨巨轮。历史证明，中国共产党能领导中国人民从站起来到富起来、强起来，能带领中华民族实现伟大复兴。党的十九届六中全会强调，要"从党的百年奋斗中看清楚过去我们为什么能够成功、弄明白未来我们怎样才能继续成功，从而更加坚定、更加自觉地践行初心使命，在新时代更好坚持和发展中国特色社会主义"②。而在此前的庆祝中国共产党成立100周年大会上，习近平总书记指出，"一百年前，中国共产党的先驱们创建了中国共产党，形成了坚持真理、坚守理想，践行初心、担当使命，不怕牺牲、英勇斗争，对党忠诚、不负人民的伟大建党精神"③。这一论断

---

① 肖雄文，宜宾市翠屏区委党校科研股股长。

② 中国共产党第十九届中央委员会第六次全体会议公报 [M]. 北京：人民出版社，2021：3-4.

③ 习近平. 在庆祝中国共产党成立100周年大会上的讲话 [M]. 北京：人民出版社，2021：8.

精辟概括了伟大建党精神的深刻内涵。

党的二十大报告再次强调"伟大建党精神"，并进一步要求"弘扬以伟大建党精神为源头的中国共产党人精神谱系"①。伟大建党精神是中国共产党精神谱系的固根之魂，是中国共产党"为什么能"的精神密钥，在新时代为我们实现党的第二个百年奋斗目标提供了不竭力量源泉。

一、"坚持真理、坚守理想"：中国共产党之所以能的思想本质

"坚持真理"就是坚持马克思主义，就是要坚持马克思主义中国化的理论成果。中国共产党从诞生之日起，就把马克思主义鲜明地写在自己的旗帜上，把实现共产主义确立为最高理想。在近代中国最危急的时刻，马克思主义的出现激活了中国几千年来传统文化中的庞大能量，为中华民族走向复兴提供了思想指引。在波澜壮阔的百年奋斗历程中，中国共产党始终保持着对真理的坚持，马克思主义如同一盏灯塔，始终照亮着中国共产党人的奋斗之路，让我们党在错综复杂的局势中能够正确把握方向。在对真理的坚守中，在对社会主义和共产主义的不断追求中，我们凝聚起最坚实的思想基础，迸发出无穷的生命力，创造了举世瞩目的成就。可以说，中国共产党的百年历史，就是一部马克思主义与中国具体实际相结合的理论探索史。正如习近平总书记在党的二十大报告中谈及的："推进马克思主义中国化时代化是一个追求真理、揭示真理、笃行真理的过程。"② 中国共产党人始终运用马克思主义的立场、观点、方法去思考和解决问题。中国共产党结合中国具体实际，沉淀出毛泽东思想、邓小平理论、"三个代表"重要思想、科学发展观和习近平新时代中国特色社会主义思想等马克思主义中国化的理论成果，指导着中国经济、政治、文化、社会等方面发生深刻的变化。其中，党的十八大以来，以习近平同志为核心的党中央深刻认识到马克思主义的重要意义，指出"背离或放弃马克思主义，我们党就会失去灵魂、迷失方向"③。

---

① 习近平. 高举中国特色社会主义伟大旗帜　为全面建设社会主义现代化国家而团结奋斗——在中国共产党第二十次全国代表大会上的报告［M］. 北京：人民出版社，2022：44.

② 习近平. 高举中国特色社会主义伟大旗帜　为全面建设社会主义现代化国家而团结奋斗——在中国共产党第二十次全国代表大会上的报告［M］. 北京：人民出版社，2022：16.

③ 习近平. 在庆祝中国共产党成立95周年大会上的讲话［M］. 北京：人民出版社，2016：9.

习近平新时代中国特色社会主义思想作为当代中国最为鲜活的马克思主义，是中国共产党推动马克思主义在新时代不断发展的最新成果，指引着中国走向未来、实现复兴。历史雄辩地证明："中国共产党为什么能，中国特色社会主义为什么好，归根到底是因为马克思主义行！"①

"坚守理想"，就是坚守"对马克思主义的信仰，对社会主义和共产主义的信念"②。正是因为有坚定理想信念的支撑，在无数次面对危机和挑战的艰难时刻，中国共产党才能够经受住考验，筑起了坚强的领导核心，铸就了百年后欣欣向荣的繁荣景象。只有在坚持真理中才能坚定理想信念，而只有坚守马克思主义信仰、坚守共产主义远大理想，才能确保党和国家的伟大事业不偏离正确的方向。在党的领导下，中国人民创造了改革开放和社会主义现代化建设的伟大成就，一个个成果都昭示着中国特色社会主义道路、理论、制度、文化的先进性，诠释着中国共产党"为什么能"的内在动力，彰显着中国共产党的信仰力量。

二、"践行初心、担当使命"：中国共产党之所以能的行动指南

中国共产党的初心和使命就是为中国人民谋幸福，为中华民族谋复兴。"践行初心、担当使命"是"坚持真理、坚守理想"在中国的具体实践，推动着伟大建党精神从理想走向现实。总结历史经验，让"初心"和"使命"成为中国共产党行动和实践方向的罗盘。习近平总书记指出："牢记和践行为中国人民谋幸福、为中华民族谋复兴的初心使命，是贯穿我们党百年奋斗史的一条红线。"③ 这一初心和使命从救亡图存的家国情怀中萌芽，在开天辟地的建党伟业中生发，于筚路蓝缕的奋斗历程中淬炼，在创造辉煌的新时代中升华。回顾党的光辉历史，自成立之日起，中国共产党就作为使命型政党登上历史舞台，为中国人民谋幸福、为中华民族谋复兴的初心使命始终是中国共产党人一以贯之的行动指南。无数共产党人用行动乃至生命践行了中

---

① 习近平. 在庆祝中国共产党成立100周年大会上的讲话［M］. 北京：人民出版社，2021：13.

② 中共中央文献研究室. 十八大以来重要文献选编：上［M］. 北京：中央文献出版社，2014：39.

③ 习近平. 用好红色资源　赓续红色血脉　努力创造无愧于历史和人民的新业绩［J］. 求是，2021（19）：7.

国共产党的初心使命，他们舍生忘死、前赴后继，担当民族脊梁，使新时代的中国比历史上任何时期都更接近、更有能力去实现中华民族伟大复兴。无论是在艰苦卓绝的革命战争年代，还是在艰难探索的社会主义建设时期，抑或是在意气风发的改革开放新征程中，初心使命始终是激励共产党人前赴后继、英勇奋斗的根本动力。任由惊涛骇浪拍岸，中国共产党始终初心不改、使命不移，使中华民族历经磨难迎来了从站起来、富起来到强起来的伟大飞跃，创造了一个又一个的人间奇迹。而也正是对初心和使命的坚守，让中国共产党把人民至上放在了最高的位置，以人民和民族利益为准绳，赢得了人民的拥护和支持，凝聚起最团结的力量，向实现中华民族伟大复兴这一目标不断奋进。

历史、现实、未来是相通的。"践行初心、担当使命"不仅是一句发人深省、振聋发聩的行动口号，更是中国共产党人身先士卒的行动表达。党的二十大报告再次强调，要"在新的征程上更加坚定、更加自觉地牢记初心使命、开创美好未来"①。第一个百年奋斗目标已经完成，中国共产党已经踏上了建设社会主义现代化国家的新征程，中国共产党将继续担负起为人民谋幸福的重担，善始善终、善作善成，推进中华民族的伟大事业不断发展，在新的赶考路上，初心和使命将继续化为中国共产党前行的根本动力，擘画出中国特色现代化国家的宏伟图景。

三、"不怕牺牲、英勇斗争"：中国共产党之所以能的意志品格

"不怕牺牲、英勇斗争"就是坚持优良作风和斗争精神，集中展现了中国共产党以昂扬振奋、风雨无阻的精神状态克服艰难险阻的良好风貌，是"坚持真理、坚守理想""践行初心、担当使命"的坚强意志品格的体现。自成立以来，中国共产党就遭受帝国主义势力的打压和国民党反动派的"围剿"。但共产党人始终不怕牺牲、英勇斗争，坚持革命，在危机中发展壮大。为有牺牲多壮志，敢教日月换新天，舍命且拼命是中国共产党的精神底色。李大钊在刑场上谈笑风生，振臂高呼"共产党万岁"，方志敏在狱中写下饱含深情憧憬的《可爱的中国》，赵一曼面对日寇的折磨坚强不屈，抗

---

① 习近平. 高举中国特色社会主义伟大旗帜 为全面建设社会主义现代化国家而团结奋斗——在中国共产党第二十次全国代表大会上的报告［M］. 北京：北京：人民出版社，2022：3.

洪的子弟兵用血肉筑起堤坝，抗疫的白衣天使出发前写下遗书……"不怕牺牲、英勇斗争"的精神风范穿越时空阻隔，视死如归的精神深入每一名党员的灵魂。正如习近平总书记所说："敢于斗争、敢于胜利，是中国共产党不可战胜的强大精神力量。"① 在百年的奋斗历程中，中国共产党一路披荆斩棘，历经无数坎坷和磨难，战胜无数风险和挑战，创造了彪炳史册的伟大成就。世界上没有哪个党像中国共产党这样，遭遇过如此多的艰难险阻，经历过如此多的生死考验，付出过如此多的惨烈牺牲。也没有哪一个政党在面对巨大挑战时能够用壮士断腕、刮骨疗毒的勇气进行自我革命。中国共产党无论遭遇怎么样的挫折磨难，都始终保持着义无反顾的大无畏精神，不怕牺牲，励精图治，取得了一个又一个胜利。百年党史就是中国共产党在风雨如晦中勇敢无畏的百年奋斗史，就是共产党人接续奋斗、不怕牺牲的英雄史诗。

党的二十大报告要求"坚持发扬斗争精神。增强全党全国各族人民的志气、骨气、底气"②。正是凭借着"不怕牺牲、英勇斗争"的坚强意志，中国共产党才能够在斗争中不断发展、在斗争中不断壮大，在斗争中历练出不畏困难、不怕牺牲的风骨，才能够在历史的洪流中屹立不倒、挺立潮头。这是中国共产党无所畏惧、无坚不摧、无往不胜的重要品格。当前，新时代的中国正处于最好的发展时期，但同样也面临着前所未有的挑战。反腐败斗争正在推进，意识形态领域斗争激烈，国家利益的斗争一刻也没有停息。牺牲因无畏而崇高，斗争因英勇而伟大。"我们党正带领人民进行具有许多新的历史特点的伟大斗争"③，中国共产党必须继续发扬不怕牺牲、英勇斗争的精神，实现人民对美好生活的向往，向历史、向时代、向人民交上满意的答卷。

四、"对党忠诚、不负人民"：中国共产党之所以能的价值追求

"对党忠诚、不负人民"，就是无条件地绝对忠诚于党的信仰、党的组

---

① 习近平. 在庆祝中国共产党成立 100 周年大会上的讲话［M］. 北京：人民出版社，2021：17.

② 习近平. 高举中国特色社会主义伟大旗帜 为全面建设社会主义现代化国家而团结奋斗——在中国共产党第二十次全国代表大会上的报告［M］. 北京：人民出版社，2022：27.

③ 习近平. 在"不忘初心、牢记使命"主题教育总结大会上的讲话［M］. 北京：人民出版社，2020：10.

织、党的理论和党的大政方针，始终践行全心全意为人民服务的宗旨，这是中国共产党人首要的政治品质，是每名党员在入党时所立下的庄严承诺，也是中国共产党人的价值追求。"对党忠诚、不负人民"贯穿中国共产党百年历史始终，是对"坚持真理、坚守理想""践行初心、担当使命""不怕牺牲、英勇斗争"的高度凝练，是伟大建党精神的根本落脚点。对党忠诚不仅是口头承诺，更要在为人民服务中忠诚践行，不负人民正是中国共产党人用行动对入党誓词的有力回答，充分体现了党性和人民性的高度统一。中国共产党一路走来，经历了无数艰险和磨难，但没有被任何困难压垮，没有被任何敌人打倒，靠的就是千万党员的忠诚和亿万人民的支持。从革命时期到社会主义建设和改革时期，再到中国特色社会主义进入新时代，无数共产党人用行动将忠诚贯穿于自己的生命历程中，始终做到以党为先、以国为先、以人民为先。这种绝对的忠诚不掺杂任何杂质，为实现中华民族伟大复兴提供最为坚强的组织保证。

忠于党，即是忠于人民。中国共产党始终代表中国最广大人民的根本利益，中国共产党人把对党的忠诚体现在了不负人民的具体实践中，与人民同呼吸共命运，为了人民的利益一路攻坚克难、披荆斩棘，实现了从站起来、富起来到强起来的伟大飞跃。习近平总书记在党的二十大报告中再次宣告："江山就是人民，人民就是江山。中国共产党领导人民打江山、守江山，守的是人民的心。"① 全心全意为人民服务是中国共产党的根本宗旨，"我将无我、不负人民"② 是大国领袖的郑重承诺，也是每一名党员的永恒追求。新时代，中国的发展已经势不可挡，民族复兴的历史进程不可逆转，中国共产党始终牢记初心使命，坚持人民立场，把"人民拥护不拥护，人民赞成不赞成，人民高兴不高兴，人民答应不答应"③ 作为衡量党一切工作的根本尺度。反腐败斗争坚持"得罪千百人，不负十三亿"的原则，脱贫攻坚战坚持"一个也不能少"的原则，新冠疫情阻击战坚持"应收尽收、应治尽治、不漏一人"的原则……这无一不展现了中国共产党在任何时候都把群众利益放在第一位。中国共产党的历史是"不负人民"的最好见证，人民情怀是中国共产党的最大情怀。

---

① 习近平. 高举中国特色社会主义伟大旗帜　为全面建设社会主义现代化国家而团结奋斗——在中国共产党第二十次全国代表大会上的报告［M］. 北京：人民出版社，2022：46.

② 习近平. 习近平谈治国理政：第3卷［M］，北京：外文出版社，2020：144.

③ 中共中央政策研究室，中共中央文献研究室. 江泽民论加强和改进执政党建设（专题摘编）［M］. 北京：中央文献出版社，2004：447.

　　"对党忠诚"是党永葆先进性、纯洁性的保证，不负人民是党永葆青春、不断强大的保证。正是因为人民的衷心拥护，党和国家才会永远立于不败之地；正是因为党和人民的共同努力，党和国家的事业才会蓬勃发展。伴随着党的百年历史进程，"对党忠诚、不负人民"已经深深地融入党的伟大事业之中，为中华民族伟大复兴提供了最根本保证和最大赋能。

专题二　思想政治教育理论与实践

提炼展示好中华文明的独特精神标识

纪志耿 黄 维①

（四川大学马克思主义学院 成都 610207）

[摘 要] 中华文明是中华民族独特的精神密码，中华优秀传统文化是中华文明的智慧结晶。传承中华优秀传统文化，增强中华文明的传播力影响力，必须提炼展示好中华文明跨越时空、超越国界、富有永恒魅力、具有当代价值的精神标识。必须坚持守正与创新相统一、个性与共性相融洽、历史与现实相贯通、当前与长远相统筹，提炼展示好中华文明中蕴藏的人民至上的根本立场、天下为公的思想智慧、革故鼎新的重要方法，增加交流互鉴，增进自信自强，让中华文化和中华文明以中国特色、中国风格、中国气派屹立于世，为解决人类面临的共同问题贡献中国智慧与中国方案。

[关键词] 中华优秀传统文化；传播力影响力；中国智慧与中国方案

中华文明源远流长、博大精深，是中华民族独特的精神密码，是当代中国文化的根基，是中国文化创新的宝藏。中华优秀传统文化是中华文明的智慧结晶和精华所在，是中华民族的根和魂，是我们在世界文化激荡中站稳脚跟的根基。当前我国正处在大发展大变革大调整时期，国际国内形势的深刻变化使我国意识形态领域面临着空前复杂的情况，各种思想文化相互激荡，不同文明交流交融交锋更加频繁，进一步凸显了思想文化力量在综合国力竞争中的战略地位。在这样的时代背景下，如何加强对中华优秀传统文化的挖掘和阐发，使中华民族最基本的文化基因同当代中国文化相适应、同现代社会相协调，如何把中华文明中跨越时空、超越国界、富有永恒魅力、具有当代价值的精神标识提炼出来展示出来，就成为提升文化软实力，维护国家文

---

① 纪志耿，四川大学马克思主义学院教授、博士生导师，四川省中国特色社会主义理论体系研究中心特约研究员；黄维，四川大学马克思主义学院研究生。

化安全，增强中华文明传播力影响力的重大理论和实践命题。

一、提炼展示好中华文明跨越时空的精神标识

中华优秀传统文化是中华文明的智慧结晶，其中蕴含的天下为公、民为邦本、为政以德、革故鼎新、任人唯贤、天人合一、自强不息、厚德载物、讲信修睦、亲仁善邻等思想，是中国人民在长期生产生活中积累的宇宙观、天下观、社会观、道德观的重要体现，具有超越时空、跨越古今的价值意蕴，蕴含了中国特色社会主义文化的立场观点和方法。中华文明彰显了人民至上的根本立场。在历史的长河中，"人民至上"是马克思主义的出场语境与价值遵循，也是中华文明最深层次的精神追求与思想内核。"讲仁爱、重民本是中华文明精神特质的主干。"① 长期以来，中华优秀传统文化将"讲仁爱、重民本"奉为圭臬，形成对于国家、社会乃至家庭、个人而言具有普遍规范性、强大约束力的道德伦理准则。"民为贵，社稷次之，君为轻"体现了国家层面的价值要求，"孝悌也者，其为仁之本与"体现了家庭成员的伦理准则，"推己及人"则体现了对于个体的道德规范。中华文明蕴含着天下为公的思想智慧。中华优秀传统文化中"大道之行、天下为公"的社会理想根植于中国人的精神世界，成为知识分子和先进阶层矢志不渝的奋斗目标；"为政以德、天下归心"的执政理念贯穿于各个鼎盛时代治国理政的始终，成为奉行至今依然有效的治国方略；"以和为贵、亲仁善邻"的处世之道活跃于各个时期的对外工作实践中，成为具有中华基因的外交理念和追求。中华文明体现了革故鼎新的重要方法。在时代更迭和社会变迁中，革故鼎新、与时俱进是中华文化永葆生机与活力的关键所在，也是中华文明生生不息、薪火相传的根本所在。从先秦时期的百花齐放、百家争鸣到西汉时期的罢黜百家、独尊儒术，到隋唐时期的"三教并行""三教合一"，再到明清之际的"离经叛道""经世致用"，以儒学为主体的中华传统文化在应时处变中不断升华，在兼收并蓄中历久弥新，成为革故鼎新的生动写照。

提炼展示好中华文明的独特精神标识必须坚持守正与创新相统一。要科学认识中华优秀传统文化的价值功能，坚持马克思主义指导思想，结合当前社会发展实际，助力中华优秀传统文化深度嵌入中国现实语境，在"变"与"不变"之间寻求动态平衡。要推动中华优秀传统文化同当代文化相适

---

① 邹绍清. 论中华文明的精神特质 [J]. 马克思主义研究，2022（7）：36.

应。中华优秀传统文化是社会主义先进文化的源头活水，两者辩证统一于历史发展与社会实践之中。在合理萃取中华优秀传统文化价值内核、思想精华的基础上，积极促进其与马克思主义思想精髓相贯通，与社会主义核心价值观相契合。在革故鼎新、守正创新的基础上，着力推动中华优秀传统文化实现创造性转化、创新性发展，更好构筑中国精神、中国价值、中国力量。要推动中华优秀传统文化同现代社会相协调。作为熔铸于中华民族血脉的文化基因，中华优秀传统文化构筑形成了中国人民特有的生活习惯与思维方式。在汲取中华优秀传统文化丰厚滋养的基础上，要积极推动中华文明的现代转型。通过丰富价值内涵、完善表达形式、创新传播方式等，促使中华优秀传统文化以人民群众喜闻乐见的形式融入日常生活之中，与文化教育、文艺作品、文娱活动有效衔接，不断满足人民日益增长的精神文化需求，实现中华优秀传统文化与时代的同频共振。

二、提炼展示好中华文明超越国界的精神标识

在长期的历史演进与社会实践中，中华民族逐渐形成具有独特魅力的文化体系，并在与其他文明相互交流、彼此借鉴的过程中逐步发展完善，形成超越国界、具有普遍意义的全人类共同价值。中华文明彰显着中华民族的独特魅力。"中华文化独一无二的理念、智慧、气度、神韵，增添了中国人民和中华民族内心深处的自信和自豪"[①]，使其与世界其他各民族文化相区分，在交流传播与国际交往的过程中展现出耀眼光辉与独特魅力。从中国的戏曲、文学、书法等文艺作品到中国的瓷器、服饰、丝绸等文化产品，再到中华美食、节日庆典、武术健身等文娱活动，"全面多元彰显中华文化之美"[②]，也充分展现了中国人民别具一格的审美旨趣。中华文明蕴含着全人类共同价值。和平、发展、公平、正义、民主、自由是全人类共同价值，源自世界人民普遍的生产生活实践，反映了其共同的利益诉求、价值追求以及目标导向，其与崇尚文化霸权主义的西方所谓"普世价值"有着本质区别。中华优秀传统文化是全人类共同价值的重要源泉。在对待人与自然关系时，中华文明强调天人合一、天人感应；在看待民族文化与外来文化关系时，中

---

① 中共中央文献研究室. 习近平关于社会主义文化建设论述摘编［M］. 北京：中央文献出版社，2017：15.

② 都晨. 提炼展示精神标识和文化精髓　全面多元彰显中华文化之美［N］. 人民日报，2021－09－30（9）.

华文明主张各美其美、美美与共；在处理本国与世界其他各国关系时，中华文明则提倡贵和尚中、天下大同。由此中华优秀传统文化为全人类共同价值的形成发展提供了丰厚滋养，对于构建人类命运共同体具有重要价值和意义。

提炼展示好中华文明的独特精神标识必须坚持个性与共性相融洽。要正确处理中华文明与其他文明的相互关系，既立足本国又面向世界，既保持个性又吸收共性。在厚植中华优秀传统文化沃土的基础上，以更加开放包容的心态接纳外来有益文化，积极推动中华文明与其他文明在交流互鉴中焕发新的生机与活力。要以中国特色、中国风格、中国气派屹立于世。中华优秀传统文化在世界各民族文化中是个性的存在。要结合中华文明探源工程等研究成果，加强对中华文明精神标识与文化精髓的提炼展示，使符合中华优秀传统文化属性的观点主张、价值理念以及文艺作品等走向海外，向世界人民展现可信、可爱、可敬的中国形象。在这一过程中也要坚守中华文化立场，时刻谨慎西方意识形态的渗透，避免沦为外来文化的附庸。要为解决人类问题提供中国智慧与中国方案。作为共性的存在，中华优秀传统文化蕴含着世界人民的价值共识，为畅通对话交流渠道提供了良好环境与有利条件，也为解决人类问题贡献了中国智慧与中国方案。其中"人类命运共同体"的提出对于解决人类问题有着重要价值，而中国式现代化道路也为世界各国发展提供了参考与借鉴。因此，要加强与世界各国的文化交流互鉴，以文化自信为基点充分展现中华文化的独特魅力，弘扬中华文明蕴含的全人类共同价值，以文明交流超越文明隔阂，以文明互鉴超越文明冲突，以文明共存超越文明优越。

三、提炼展示好中华文明富有永恒魅力的精神标识

艰苦奋斗是中华民族的优良传统与鲜明底色，也是中华优秀传统文化绵延不绝、富有永恒魅力的精神内核。在五千多年的历史长河中，中华民族披荆斩棘、历经磨难，创造了举世瞩目的伟大奇迹与令人惊羡的辉煌成就。这一切的发生都离不开自强不息的精神、坚韧不拔的品格、顽强拼搏的毅力以及开拓进取的勇气，它们构成了中华民族永续发展的动力源泉。中华优秀传统文化是党百年奋斗历程的精神支柱。回顾百年征程，中华优秀传统文化的奋斗基因始终贯穿于党的各个历史阶段，成为党带领中国人民走向胜利、创造辉煌的重要精神法宝。从新民主主义革命时期的浴血奋战、百折不挠到社

会主义革命和建设时期的自力更生、发奋图强，从改革开放和社会主义现代化建设新时期的解放思想、锐意进取到中国特色社会主义新时代的自信自强、守正创新，正是在奋斗精神的激励下，党带领中华民族筚路蓝缕、艰苦斗争，克服前进道路上的重重艰难险阻，成功书写伟大历史传奇，实现从站起来到富起来的历史性飞跃。中华优秀传统文化是党接续奋进、迈向新征程的力量源泉。在新征程上，机遇前所未有，挑战也日益严峻。而中华优秀传统文化的奋斗基因赋予了中华民族不断战胜前进道路上风险挑战的毅力与勇气、信心与决心，也将继续成为我们党带领中国人民勇往直前、迎难而上、开创未来、再创辉煌，实现从富起来到强起来历史性飞跃的力量源泉。

提炼展示好中华文明的独特精神标识必须坚持历史与现实相贯通。以史为鉴，可以知兴替。要牢固树立大历史观，切实从中华民族五千多年的文明史中汲取精神养分，从中国共产党的百年奋斗史中获取精神力量。由此才能做到既不忘本来又面向未来，不断增强中国人民的文化自觉与文化自信，大力推动我国从社会主义文化大国向文化强国的积极转变。讲好中国故事，厚植其文化基因与历史底蕴。中华优秀传统文化是中国故事的源头活水，而革命文化则是其重要组成部分，两者既一脉相承又推陈出新。由此讲好中国故事要善于从中挖掘生动鲜活的素材，提炼富有价值的内容，通过厚植其文化基因与历史底蕴，深化受众的理解认知、激发民众的情感共鸣，进而不断增强中国故事的吸引力与影响力。同时也要努力找准中国故事与当代社会的契合之处，立足于社会发展实际与人民现实需要，构建符合中国现实语境的价值体系、内容体系以及话语体系，促使中国故事真正深入人心。弘扬奋斗精神，不断增强其凝聚力与感染力。奋斗精神扎根于中华优秀传统文化的广袤沃土，赓续于党带领中国人民顽强拼搏的历史实践，也将成为推动当代社会向前发展的强大精神力量。由此弘扬奋斗精神要在承继优秀传统文化与革命文化的基础上不断推陈出新、革故鼎新。通过赋予奋斗精神新的时代使命、精神风貌以及价值内涵，积极推动其与时代精神相适应，不断激活其生机与活力，增强其凝聚力与感染力。

四、提炼展示好中华文明具有当代价值的精神标识

坚守中华文化立场，增强中华文明传播力、影响力，事关文化自信，事关文化自强，事关文化安全。近年来，随着各国交往日益密切，世界多元文化相互激荡，西方意识形态渗透加剧，历史虚无主义、"全盘西化论"等错

误思潮盛行一时，严重威胁我国文化安全，动摇党的执政根基。而中华优秀传统文化是夯实中国人民文化自信的坚实根基，也是推进文化自信自强的强大底气，对于构筑我国文化安全阵地防线具有重要价值意义。中华文明是夯实文化自信的坚实根基。文化自信建立在文化自觉的基础上，表现为社会主体对于本民族文化价值、生命力的充分肯定和高度认同。当前，文化愈发成为国家稳定与民族团结的重要基石，成为综合国力竞争的重要因素。坚定文化自信既是提升文化软实力和文化影响力的必然要求，也是维护文化安全、应对外部风险挑战的迫切需要。但文化自信也并非空中楼阁，中华优秀传统文化作为中华文明的精华所在，是夯实文化自信的坚实根基，赋予了中华民族在世界多元文化面前不卑不亢的正确心态，以及在西方腐朽落后思潮侵蚀下始终保持理性认知和清晰头脑的信心与定力。中华文明是推进文化自信自强的强大底气。从文化自信到文化自信自强是历史必然趋势，也是社会前进方向。坚定文化自信有助于增强中国人民攻坚克难、自立自强的毅力和勇气，激发全民族文化创新创造活力，进而汇聚形成推进文化自强的磅礴伟力。因此，"文化自信的使命是文化自强"①，坚定文化自信必然会指向文化自强。中华优秀传统文化作为最深厚的文化软实力，是推进文化自信自强的强大底气，赋予了中国人民高度的文化自信，以及文化强国建设取之不尽、用之不竭的文化资源。因此，唯有从中华优秀传统文化中汲取丰厚滋养，才能助推文化自信向文化自信自强的积极转变与稳步迈进，进而朝着第二个百年奋斗目标踔厉奋发、砥砺前行。

提炼展示好中华文明的独特精神标识必须坚持当前与长远相统筹。要从中华民族伟大复兴战略全局出发，重新唤醒中华文明的时代价值，不断激活中华优秀传统文化的创造活力，为构筑文化安全的阵地防线，助力我国从社会主义文化大国向文化强国的转变，凝心聚力、保驾护航。要以维护国家文化安全为价值遵循。维护文化安全与建设文化强国互为条件和因果，两者构成相辅相成、同向发力的辩证统一关系。其中，维护文化安全既是建设文化强国的必要前提与重要保障，也是其基本目的与衡量标准。基于此，要积极推动中华优秀传统文化担负起维护文化安全的历史使命与时代重任。通过发扬中华传统美德、传播中国价值理念、繁荣优秀文艺作品等，促使中华优秀传统文化深度嵌入人民的日常生活与国际社会交往之中，在潜移默化中培育

① 李永胜，张紫君. 文化自觉、文化自信、文化创新与文化自强 [J]. 北京工业大学学报（社会科学版），2019（6）：90.

国人高度的文化自信，增强自觉抵御各种错误思想侵蚀与毒害的能力。要以助力文化强国建设为目标导向。建设社会主义文化强国亟须从中华优秀传统文化中获得丰厚的思想资源、丰润的道德滋养以及强大的精神支撑。基于此，弘扬中华优秀传统文化必须扎根于中国特色社会主义伟大实践，在坚持守正创新的基础上用好用活传统文化资源，通过对其陈旧表现形式加以改造，对其过时价值内容加以革新，促使其基本文化基因在新时代土壤中重新焕发光彩。由此助力文化强国建设，不断夯实中华民族伟大复兴之路。

（原文发表于《前线》2023 年第 2 期。本文略有删改）

论我国意识形态的国际竞争力及其提升策略①

李辽宁　张　婕②

（四川大学马克思主义学院　成都　610200）

[摘　要] 做好意识形态工作需要统筹国内国际两个大局，既要提高意识形态的国内影响力，也要提高意识形态的国际竞争力。从内在结构来看，意识形态系统由"价值－观念体系""认知－解释体系""制度－规范体系"和"行动－传播体系"等要素构成，在具体运行中表现为价值引领力、制度规范力、认知解释力和行动传播力，这些力相互依存、相互影响。由此"四力"出发，可以对中西方意识形态进行比较，研判我国意识形态安全所面临的总体态势。提升我国意识形态的国际竞争力，需要聚焦意识形态的结构要素，以"凝聚人心"铸意识形态之"魂"，以"融通中外"塑意识形态之"形"，以"制度之规"维意识形态之"稳"，以"集智传播"显意识形态之"能"，协同推进我国意识形态国际竞争力的整体性提升。

[关键词] 意识形态；结构要素；国际竞争力；提升路径

习近平总书记在党的二十大报告中指出，建设具有强大凝聚力和引领力的社会主义意识形态，要"增强中华文明传播力影响力"③，"加强国际传播能力建设，全面提升国际传播效能，形成同我国综合国力和国际地位相匹配

①　本文系国家社科基金重大招标项目"推动青年理想信念教育常态化制度化研究"（项目号：20ZDA054）、四川大学学习贯彻党的二十大精神专项研究重点课题"新时代建设具有强大凝聚力和引领力的社会主义意识形态研究"（项目号：MYJSJS202203）的阶段性成果。

②　李辽宁，四川大学马克思主义学院教授、博士生导师；张婕，四川大学马克思主义学院博士研究生。

③　习近平. 高举中国特色社会主义伟大旗帜　为全面建设社会主义现代化国家而团结奋斗——在中国共产党第二十次全国代表大会上的报告 [M]. 北京：人民出版社，2022：45.

的国际话语权"①。这一重要论述对于新时代新征程增强社会主义意识形态的国际竞争力提出了新要求。为此，社会主义意识形态建设需要统筹国内国际两个大局，对内要做好对民众的宣传教育，对外要加强国际传播。加强国际传播能力建设，可以从意识形态内在结构切入，阐明意识形态竞争力之构成，从"内生式"拓展与"外延式"建构两方面着手，协同推进我国意识形态国际竞争力的提升。

一、意识形态的内在结构及其竞争力构成

自"意识形态"概念诞生以来，学界的研究成果可谓汗牛充栋，学者们对这个概念本身的解读也是见仁见智。近年来学界对于"意识形态"的内涵和性质逐步达成一些共识，认为"意识形态"有三种不同的性质和用法，即贬义的（虚假意识）、褒义的（科学意识形态）和中性的（一般意识形态）。在此，我们采用中性的用法。所谓意识形态，是指与一定社会的经济和政治直接相联系的观念、观点、概念的总和，包括政治法律思想、道德、文学艺术、宗教、哲学和其他社会科学等意识形式。作为一种思想上层建筑，意识形态对于政治上层建筑和经济基础具有重大的反作用，这种反作用通过由内而外的四种形式的作用力体现出来。

（一）意识形态的结构要素分析

意识形态作为观念上层建筑，是一个具有严密的内在逻辑体系，能够自觉系统地反映社会客观存在的深层社会意识。在意识形态系统中，存在着从"价值-观念体系""认知-解释体系""制度-规范体系"至"行动-传播体系"这一由内而外的分层构成。这些要素层层相嵌、耦合共生（如图1所示）。

---

① 习近平. 高举中国特色社会主义伟大旗帜 为全面建设社会主义现代化国家而团结奋斗——在中国共产党第二十次全国代表大会上的报告［M］. 北京：人民出版社，2022：46.

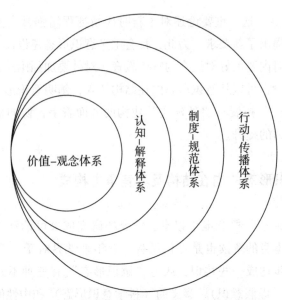

图1 意识形态内在结构的四维要素

第一，价值－观念体系。在意识形态系统中，最里层是由一系列的价值和观念构成的体系，其内核是核心价值观。核心价值观是一定社会、民族、国家赖以存在的精神基础。因此，当一个国家的主导意识形态被削弱或颠覆时，就会危及统治阶级的根基。正如马克思所指出的："如果从观念上来考察，那么一定的意识形式的解体足以使整个时代覆灭。"① 意识形态具有历史性、时代性、民族性和阶级性，总是与一定的社会历史条件相联系。不同性质的国家拥有不同的意识形态，同一国家的不同历史时期意识形态也会有差异。自资本主义产生以来，自由主义是资本主义国家的主导意识形态。当代中国是以马克思列宁主义为指导的，这是一种科学的意识形态，其科学性已经被中国共产党的百年历程证明。

第二，认知－解释体系。意识形态既是价值观念，也是认知和解释的工具。美国人类学家格尔兹指出："没有意识形态，我们几乎就没有善恶观，没有法律和秩序，没有停靠的锚地和港湾。意识形态造就了我们行为的动力、态度和生活于其中的政治制度，意识形态形成了我们的价值观念。"② 在社会政治领域，意识形态是统治阶级维护自身合法性的理论基础。西方

---

① 中共中央马克思恩格斯列宁斯大林著作编译局. 马克思恩格斯全集：第30卷 [M]. 北京：人民出版社，1995：539.

② 王立新. 意识形态与美国外交政策：以20世纪美国对华政策为个案的研究 [M]. 北京：北京大学出版社，2007：9.

马克思主义早期代表人物之一卢卡奇指出："甚至在资本主义陷入致命危机的时候，广大无产阶级群众依然感到资产阶级的国家、法律和经济是他们生存的唯一可能的环境。在他们看来，应该在许多方面进行改进（'生产组织'），但是它仍然是社会的'自然'基础。这是合法性的意识形态基础。"① 正因如此，他认为在领导无产阶级革命过程中，必须首先从思想上激发无产阶级的自觉意识，这是无产阶级取得革命胜利的前提。

第三，制度－规范体系。意识形态和制度规范是互为表里的关系：作为一种价值观念，意识形态渗透在制度和规范之中，是人们的思想和行为的基本遵循，并对整个社会运行和国家治理提供方向指导。制度规范是一种硬权力，总是体现出一定的价值诉求，并对相对立的价值观念进行约束或惩戒，以维护特定的秩序。制度－规范体系是分层分类的，大到国家层面的根本制度、基本制度和重要制度，小到不同领域的具体制度规范，都体现了制定者的价值理念，受到国家主导意识形态的制约。在当代中国，马克思主义是我国的主导意识形态，习近平新时代中国特色社会主义思想是当代中国马克思主义、21 世纪马克思主义。中国特色社会主义制度是维护和实现国家主导意识形态的重要制度保障。

第四，行动－传播体系。意识形态作为系统化、理论化的观念体系，既是人们行动的指南，也是推动社会变革的精神力量。意识形态的力量是与人们对其认同程度成正比的。在具体行动中，意识形态认同转化为共同理想、共同目标和共同价值观。为此，需要加强主导意识形态的传播和教育，使之获得民众的广泛认同和积极参与。在当代中国，社会主义核心价值观是主导意识形态的核心，弘扬和践行社会主义核心价值观是全体社会成员的共同责任。因此，在国家治理和社会生活的方方面面都要体现社会主义核心价值观的原则要求，"形成有利于培育和弘扬社会主义核心价值观的生活情景和社会氛围，使核心价值观的影响像空气一样无所不在、无时不有"②。

以上四个层面是相辅相成、不可分割的。其中，价值－观念体系是核心，决定着意识形态的性质和立场，对其他三个层面具有指导和统摄作用；认知－解释体系是基础，是意识形态能够获得民众理解和认同的前提；制度－规范体系是关键，为意识形态从理念转化为人们的行动提供制度保障；行动－传播体系是落脚点，也是意识形态"改变世界"并扩大影响力的重

---

① 卢卡奇. 历史与阶级意识［M］. 杜章智，任立，燕宏远，译. 北京：商务印书馆，2017：313－314.

② 习近平. 习近平谈治国理政：第 1 卷［M］. 北京：外文出版社，2018：165.

要条件。

（二）意识形态竞争力的四维向度

从关于意识形态结构要素的讨论中，我们可以研判意识形态竞争力的生发点。根据意识形态四个层面的结构要素，我们将其竞争力归结为四个方面，即价值引领力、认知解释力、制度规范力和行动传播力。

第一，价值引领力，即意识形态对人们的思想观念和价值理念层面的引导力和带动力。人们的行动、社会的发展总是为了满足特定的利益诉求，实现特定的价值目标，而这个价值目标就内涵在意识形态之中。意识形态价值引领力的大小，一方面取决于意识形态的价值立场，即意识形态"替谁说话"。剥削阶级和被剥削阶级的价值立场是冲突的，如果双方找不到利益平衡点，其价值冲突就始终存在，意识形态的价值引领作用就无从谈起。另一方面取决于意识形态的社会认同度，即民众在内心上认同的意识形态的价值目标是可以实现的。即使是非科学的意识形态，如果民众认为其具有真理性，其对民众也有引领作用；相反，即使是科学的意识形态，如果不能得到民众的真心认同，其价值引领力也会大打折扣。

第二，认知解释力，即意识形态以理论形式揭示事物发展规律以实现释疑解惑的作用力。意识形态是一套解释系统，内含着对于事物发生发展规律的理性认识。作为社会意识的高级形式，意识形态是一种理论化、系统化的世界观和方法论。意识形态认知解释力的强弱，主要取决于三个方面：一是意识形态理论体系的科学性和逻辑的自洽性，即其是否能正确揭示事物发展的矛盾和规律，从而化解人们思想认识上的疑难。二是意识形态的话语系统能否被人们掌握，成为人们认识世界和改造世界的思想武器。三是意识形态自身的包容性和开放性，能否根据时代进步而与时俱进地创新发展。意识形态的认知解释力越强，就越容易被人们认可和接受，其生命力就越强；反之，意识形态缺乏说服力时，意识形态危机便悄然而至。

第三，制度规范力，即意识形态以制度形式对人们行动和社会发展加以规范的能力。俗话说，国有国法，家有家规。在意识形态对于行动的引领作用中，内含着行动的边界，制度就是对这种边界的确认，以及对打破边界的行动加以制约。制度规范力的大小取决于几个方面：一是制度本身的科学性与合理性，即制度本身符合现实需要，对于人们的行动和社会发展具有指导作用，同时制度之间能够保持协同，形成合力。二是制度的伦理性与亲和力。制度是一种硬权力，表现在对那些违反制度的行为进行惩戒；同时制度也具有软权力性质，其内容和权力行使方式要体现以人为本的精神。三是制度的执行力。制度在执行过程中要体现公平公正公开的原则，才能得到民众的真心拥护和自觉遵守。

第四，行动传播力，即意识形态激发人的行动和促进社会发展并产生辐射作用。作为一种软权力，意识形态为人们的行为、社会运行和国家治理提供指导，在此过程中自身也得到传播。意识形态行动传播力的大小，主要取决于几个因素：一是意识形态在指导实践中的成效。成效越好，意识形态就越具有说服力。二是主体传播意识形态的能力和素养。做得好还要说得好。传播主体的能力和素养对于传播的效果具有举足轻重的作用。三是意识形态传播的渠道、载体和方式。传播的渠道越多，载体越先进，传播方式越符合受众的特点，传播效果就越好。四是传播受众对意识形态的态度。意识形态传播的目的在于获得更多的认同和支持，而受众对于意识形态的态度将直接关涉意识形态传播的效果。

需要注意的是，意识形态竞争力的四个维度是密切关联、相互影响的（如图2所示）。其中，价值引领力作为意识形态竞争力的首要"发力点"，是认知解释力、制度规范力和行动传播力得以形成的基本前提；认知解释力和制度规范力既受到价值引领力的制约，又从"释疑解惑"和"规制边界"的维度发挥着重要的桥梁纽带作用；行动传播力作为意识形态竞争力的"落脚点"，是价值引领力、认知解释力和制度规范力作用得以充分彰显的关键。从这个意义上讲，行动传播力是其他三种力发挥作用的现实呈现。

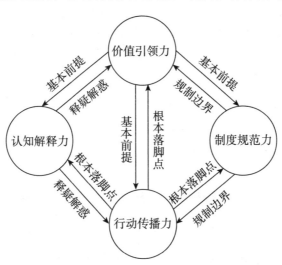

图2　意识形态竞争力的四维向度及其相互关系

二、在中西比较中研判我国意识形态的国际竞争力

所谓意识形态的国际竞争力，就是指一个国家的主导意识形态在与他国意识形态进行比较时所呈现的相对优势或不足。建设具有强大凝聚力和引领力的社会主义意识形态不仅对国内层面增强主导意识形态建设提出了更高要求，也为应对国际领域意识形态斗争、争取国际话语权提供了目标指引。提高意识形态的国际竞争力，就是要提高其价值引领力、认知解释力、制度规范力和行动传播力。在此，我们从意识形态竞争力的四个维度出发，对中西方意识形态的差异性进行比较，以研判我国主导意识形态所面临的总体态势。

（一）价值引领力比较：人民至上与资本至上

价值观是以世界观为基础的，世界观决定价值观。中国共产党以马克思主义为指导，始终坚持"人民至上"的价值观，把无产阶级乃至全人类的解放作为自己的奋斗目标。马克思、恩格斯指出："共产党人可以把自己的理论概括为一句话：消灭私有制。"① 毛泽东指出："应该使每个同志明了，共产党人的一切言论行动，必须以合乎最广大人民群众的最大利益，为最广大人民群众所拥护为最高标准。"② 邓小平提出检验党员领导干部工作业绩的根本标准，即"人民拥护不拥护，人民赞成不赞成，人民高兴不高兴，人民答应不答应"③。习近平指出："人民对美好生活的向往，就是我们的奋斗目标。"④ 这些话语清晰表达了中国共产党人的价值追求，印证着社会主义意识形态的"人民性"特质。与此不同，资本主义意识形态体现为"资本性"。"资本无法和大众'共命运'。"⑤ 正如马克思指出："资本来到世间，从头到脚，每个毛孔都滴着血和肮脏的东西。"⑥ 尽管资本主义意识形

---

① 中共中央马克思恩格斯列宁斯大林著作编译局. 马克思恩格斯文集：第 2 卷［M］. 北京：人民出版社，2009：45.

② 中共中央文献编辑委员会. 毛泽东选集：第 3 卷［M］. 北京：人民出版社，1991：1096.

③ 江泽民. 论党的建设［M］. 北京：中央文献出版社，2001：194.

④ 习近平. 习近平谈治国理政：第 1 卷［M］. 北京：外文出版社，2018：4.

⑤ 郑永年. 西方民主演变为"福利拍卖会"［EB/OL］.（2018 - 01 - 24）［2023 - 01 - 01］. https://baijiahao. baidu. com/s?id=1590439193577912175&wfr=spider&for=pc.

⑥ 中共中央马克思恩格斯列宁斯大林著作编译局. 马克思恩格斯文集：第 5 卷［M］. 北京：人民出版社，2009：871.

态以"学术""文明"之名，将自己包裹成不分领域、超越民族国家的所谓"普世价值"，但其话语背后是赤裸裸的霸权。塞缪尔·亨廷顿直言："普世主义是西方对付非西方社会的意识形态。"① 一言以蔽之，"人民至上"还是"资本至上"是中西方两种制度、两种意识形态的本质差异，二者在根本上是矛盾冲突的。正因如此，在"资本至上"的西方主流舆论中，"人民至上"的社会主义意识形态必然受到排挤和打击。

（二）认知解释力比较：中国化马克思主义话语体系与西方自由主义话语体系

意识形态的认知解释力主要依托其特定的话语体系来实现。正如意识形态反映了阶级利益和阶级要求，话语体系也反映了一定阶级或群体的利益诉求。话语体系主要包括"主题选择""分析框架"和"语言使用"。一是主题选择。中国化马克思主义话语体系以马克思列宁主义为指导思想，以中国特色社会主义的伟大实践为基本内容，以"实现中华民族伟大复兴"和推动构建人类命运共同体为时代主题；西方自由主义话语体系宣扬以理性为基础的个人自由，以维护资本主义私有制为根本目的，是西方国家推行全球私有化与自由化的重要支撑。二是分析框架。马克思主义从"现实的人"出发，以人与人之间结成的生产关系和阶级关系为基础展开对资本主义的批判，由此构建了实现无产阶级解放和人类解放的马克思主义话语体系；西方自由主义话语体系是资本主义生产关系在话语逻辑上的表现，它不是从现实的人出发，而是从抽象的人性出发，宣扬所谓"自由""民主""人权"。三是语言使用。中国共产党在百年奋斗中创造出富有中国特色的话语体系。譬如新民主主义革命理论的话语体系、人民民主专政理论的话语体系、社会主义市场经济理论的话语体系、"三个代表"重要思想的话语体系、科学发展观的话语体系②以及习近平新时代中国特色社会主义思想的话语体系等，体现出与中国实际相契合、与时代发展相承接的鲜明特色。相比之下，西方自由主义话语体系的核心是维护资本主义私有制。为了适应霸权主义的需要，资本主义话语体系从原来的"民主""自由""人权"等话语中，衍生出"普世价值""人权高于主权""先发制人的打击""基于规则的国际秩

---

① 塞缪尔·亨廷顿. 文明的冲突与世界秩序的重建［M］. 周琪，刘绯，张立平，等译. 北京：新华出版社，2010：45.

② 参见：卢国琪. 马克思主义中国化的十大创新话语体系［J］. 马克思主义研究，2013（4）：25.

序""美国优先"等霸权话语。不难看出，受到价值引领力的制约，中国化马克思主义话语体系和西方自由主义话语体系具有根本性差异。由于西方长期垄断着国际社会的舆论话语权，马克思主义话语体系仍然受到西方自由主义话语体系的围攻，这也是我们迫切需要加快构建中国特色哲学社会科学的学术根由。

（三）制度规范力比较：中国特色社会主义制度与西方资本主义制度

意识形态的制度规范力，主要表现为制度的完善度、实施的效果以及由此带来的社会认同。一是制度的完善度。制度总是在不断完善中走向成熟的。改革开放以来，中国特色社会主义制度在中国化马克思主义的理论探索、中华优秀传统文化的理论滋养和中国特色社会主义的伟大实践中逐渐形成了以根本制度、基本制度和重要制度为基本内容的具有强大生命力与创新力的科学制度体系。相比之下，西方政治制度模式表现为分权制。马克思指出："资产阶级通常十分喜欢分权制，特别是喜欢代议制，但资本在工厂法典中却通过私人立法独断地确立了对工人的专制。"① 号称已建立成熟完善的西方民主体制背后蕴藏的是无法克服的深层危机。二是制度的实施效果。中国特色社会主义制度在各个领域均取得了显著成效。以脱贫攻坚为例，在中国这样一个人口众多的国家，能够在短时期内解决横亘中华民族几千年的贫困难题，充分彰显了中国制度的显著优势。相比之下，西方政治制度曾经发挥了"非常革命"的作用，但是随着生产力的发展，其"制度异化"现象日渐显露。以美国为例，自1964年总统选举以来，美国政党制度存在"两党频繁交替执政""金融寡头僭主政治""无党派独立人士增多"以及"各种利益集团蜂拥而上"等诸多迹象②。这是资本主义基本矛盾激化在政治上的必然结果③。三是制度的社会认同。若干调查数据显示，中国人民对党和政府的满意度接连攀升④；相比之下，西方国家内部的党争不断、社会不睦、经济不振等一系列乱象严重损害了西方政府的公信力及民众认同度。在这方面的比较中，我国意识形态表现出强劲的竞争力。然而，由于当今世

① 中共中央马克思恩格斯列宁斯大林著作编译局. 马克思恩格斯全集：第44卷［M］. 北京：人民出版社，2001：488.

② 参见：李存训. 战后美国政治制度的演变［J］. 美国研究，1988（2）：85.

③ 参见：辛向阳. 当代资本主义政治制度的危机分析［J］. 国外社会科学，2012（5）：28.

④ 参见：尹双红. "最广泛、最真实、最管用的民主"（一见）［N］. 人民日报，2022 - 10 - 22（5）.

界仍然处于资本主义占主导的时代，西方国家是现行国际秩序的主要制定者和最大受益者。因此，尽管中国特色社会主义制度在国内显现出巨大优势，但在国际层面，我们在塑造国际制度方面的话语权远远落后于西方，制度规范力的"应然优势"还没有转化为"现实优势"。

（四）行动传播力比较：中国价值观国际传播与西方自由主义传播

行动传播力的强弱决定了一国意识形态辐射力的远近、国际话语权的大小以及国际影响力的高低。在此，我们以拉斯韦尔（Raswell）的"五 W 模式"① 来比较分析。一是传播主体。中国对外传播的主体力量是国内政府机构和主流传播媒体，民间个人和非官方组织从事的对外传播活动数量少且规模小。相比之下，西方传播主体种类多元、样态丰富，公共外交传播发展成熟。特别是美国，凭借超强的资金和技术优势，长期以来占据国际舆论场的话语霸权，俨然将伊莱休·卡茨口中"大众传播的个人"② 变成了"人人都是大众传播者"。二是传播内容。中国以推动构建"人类命运共同体"为价值目标，以"和平合作""开放包容""互利共赢"为核心概念，致力于通过自身发展为全球发展作出贡献；而西方国家则善于运用语言"包装"，隐匿话语传播背后的"意识形态"，编造了一个又一个"绝对真理"，以此干涉他国内政，制造分裂对抗。三是传播方法和渠道。与西方媒体喜好"抨击针对""先入为主""强势主攻"的报道特点相比，中国主流媒体报道主要是"正面宣传""友谊第一""防守反击"。在传播渠道上，中国的对外传播以官方渠道居多，而西方国家则以"渗透性"宣传为主，往往看不到政府的直接介入。四是传播对象。青年群体是西方意识形态渗透的重点。青年群体思维活跃度高、猎奇心理强，西方媒体善于利用舆论战术，将资产阶级的价值观念裹挟进快餐文化、电影文化、娱乐文化、消费文化之中，以此迎合其接受心理。在这方面，西方拥有更丰富的实践经验。五是传播效果。在西方话语垄断下的国际传播格局中，中华文明作为西方社会单方树立的"他者镜像"，一直以来处于被动的对立叙事之中，中国在很多方面只是被动地扮演了"他者"角色，而非主动诠释"自我"。傅莹指出："面对外界

---

① 拉斯韦尔. 社会传播的结构与功能 ［M］. 何道宽，译. 北京：中国传媒大学出版社，2012：35.

② 卡茨，拉扎斯菲尔德. 人际影响：个人在大众传播中的作用 ［M］. 张宁，译. 北京：中国人民大学出版社，2015：21－23.

的指责和猜测，中国人一直在苦苦解释。"① 这种"苦苦解释"表明了中国在国际舆论中所处的被动状态。由此可见，在行动传播力的比较中，我国意识形态存在明显弱势。

基于以上原因，我国意识形态的优势较多地体现在国内层面、应然层面，而在国际舆论场中，社会主义意识形态的优势还没有得到应有的彰显。究其原因，在于社会主义和资本主义两种社会制度、两种意识形态的根本差异和对立性矛盾。换句话说，无论社会主义意识形态如何先进，但是在资本主义意识形态看来，其都是以对立的角色存在。这也是我们时常陷入"有理说不出、说了传不开"困境的根本原因。

三、提升我国意识形态国际竞争力的具体策略

意识形态国际竞争力的提升，关乎马克思主义真理旗帜、关乎国家经济政治安全、关乎国家发展方向和前途命运。因此，我们要聚焦意识形态竞争力的结构要素，遵循"铸魂""塑形""维稳""显能"的逻辑理路，全面提升我国意识形态的国际竞争力。

（一）以"凝聚人心"铸意识形态国际竞争力之"魂"

人心向背是决定一个政党、一个政权盛衰的根本因素。国际意识形态之争，从根本上讲是关乎"人心向背"的集对经济、军事、政治等的反映于一体的多维利益之争。提升意识形态的国际竞争力，关键是"凝聚人心"。为此，一是要站稳"人民性"价值立场，即意识形态的全部工作是以服务人、塑造人、激发人的主观能动性为价值目标。同时要根据社会主要矛盾变化来调适和建构新的意识形态工作体系，将意识形态的宣传教育与满足人民群众的实际需要结合起来，彰显意识形态工作的"人民性"特质。二要彰显"真理性"价值，推动意识形态转化为现实的"物质力量"。近年来，西方资本主义国家所面临的深层次危机引发越来越多西方有识之士的反思。与此相对应，我国取得的历史性成就彰显马克思主义的真理力量和实践伟力。在此背景下，用马克思主义解答"时代之问"、破解"时代谜团"、应对"时代危机"的呼声愈来愈高。这要求我们进一步将马克思主义与中国实际

① 傅莹. 讲实实在在的中国故事是最有说服力的［EB/OL］.（2018－03－17）（2018－03－17）［2023－01－01］. https://news. sina. com. cn/c/nd/2018－03－17/doc－ifyshfuq8720891. shtml.

相结合、与中华优秀传统文化相结合，提高中华文化软实力，丰富发展中国化时代化的马克思主义理论，将其转化为改造世界的强大物质力量。三要表征"共同性"价值特质，以全人类共同价值浸润人类文明新形态。当代中国意识形态具有鲜明的开放性和包容性，不仅具有"中国特色"，更具有"世界意义"，其真理性和价值性远远超越西方所谓"普世价值"。面向未来，我们要进一步弘扬全人类共同价值，为营造更加有利的国际环境、推动构建人类命运共同体提供价值支撑，为世界和平发展、引领人类进步提供强大精神力量。

（二）以"融通中外"塑意识形态国际竞争力之"形"

无论哪一种话语体系，都是特定的意识形态的表达。面对西方的话语攻势，习近平总书记指出，要大力加强话语体系建设，特别是"要善于提炼标识性概念，打造易于为国际社会所理解和接受的新概念、新范畴、新表述"①。具体说来，一是要创新中国特色哲学社会科学，建构中国自主的话语体系。所谓"自主"，便是要掌握主动权。其核心在于立足中华文化、挖掘价值内涵，构建中国的而非西方的、原创的而非效仿的、主动的而非被动的话语体系，从根本上转变"言非同西方之理弗道，事非合西方之术弗行"②的态势。唯有如此，中国话语方能拥有面向世界的底气。二是要构建具有共通性的概念范畴，打造具有国际传播力和影响力的话语体系。"话语的基本单位是概念范畴。"③我们要结合时代要求，进一步推出如"全人类共同价值""人类命运共同体""合作共赢"等新概念新范畴新表述。这些话语既包含着对世界如何发展的理论创见，也体现了世界各国人民的共同期盼，容易被民众认同和接纳。三是要创设具有共通性的话语场景，充分彰显中国话语带来的实践优势。话语体系的运用不仅是理论问题，更是实践问题。我们要善于把这些概念范畴放置在加强国际合作、维护世界和平、促进共同发展的话语场景中，让国外受众更全面地了解中国话语的基本原则和理论范式，感受中国话语为世界发展带来的正面效应，更好地讲好中国故事，传播中国价值观。

---

① 习近平. 在哲学社会科学工作座谈会上的讲话［M］. 北京：人民出版社，2016：24.
② 艾思奇. 艾思奇全书：第3卷［M］. 北京：人民出版社，2006：178.
③ 周栋. 中国特色社会主义话语体系初探［M］. 北京：人民出版社，2019：77.

（三）以"制度完善"维意识形态国际竞争力之"稳"

意识形态是统治阶级进行"思想整合""价值认同"和"利益协调"的工具。当意识形态以制度形式呈现于大众面前，它对于生活于其中的人们具有形式上的合法性，是人们必须遵守的准则和规范。在当代中国，坚持马克思主义在意识形态领域的指导地位的根本制度，是人民当家作主的本质要求。为此，一方面要坚持以"内"固本，完善意识形态"根本制度—基本制度—重要制度"三维联动机制。从根本制度来看，坚持马克思主义在意识形态领域的指导地位，是新时代以来的重大制度创新，需要常抓不懈、久久为功；从基本制度看，建立意识形态工作责任制是将根本制度对标落实的重要保障；从重要制度来看，要以政治、经济、文化、社会、生态等不同领域为目标，完善具体的制度安排，充分发挥意识形态服务国家建设、整合社会资源、稳定社会治理、凝聚国民共识的功能。另一方面要由"内"及"外"，以"全人类共同价值"为主旨积极参与全球治理，推动构建公平正义的国际秩序。全球化发展至今天，已经形成"你中有我、我中有你"的局面，世界所面临的共同挑战，比如气候变暖、环境污染、疫情防控、恐怖主义等，单纯依靠哪一个国家或者部分国家都难以真正解决，迫切需要世界各国的通力合作。作为世界上最大的发展中国家，中国在抵御金融风险、防控新冠疫情等方面展现了卓越能力和制度优势。面向未来，我们要在对外展示我国社会主义建设伟大成就的同时，主动联合全世界一切正义力量，积极参与国际规则、国际制度制定，为全球治理体系变革贡献更多中国智慧和中国主张。

（四）以"集智传播"显意识形态国际竞争力之"能"

在意识形态国际竞争力的四重维度当中，行动传播力作为根本落脚点，对意识形态国际竞争力提升具有显性化作用。结合传播学理论，我们可以将传播视为一个"智慧系统"，用"智慧"赋能传播主体、传播内容、传播方法、传播工具、传播对象，以智能化为牵引，增强国际传播能力。一是"主体集智"，形成主体间"共识性"传播。国际传播除发挥政府力量外，还要调动全社会的力量，构建以政府为主导，跨国公司、民众个人、海外力量等多元主体共同参与的国际传播体系，推进内宣力量与外宣力量相联动，形成"大宣传"格局。二是"内容集智"，打造标识性"故事化"传播。

习近平总书记多次强调，"要立足中国大地，讲好中国故事"①。这就要求我们加强革命文化、社会主义先进文化、中华优秀传统文化的一体化保护、发掘和传播，主动宣传介绍富有中国文化元素和精神标识的党史故事、地方故事、人民故事。三是"方法集智"，形成多元化"议题性"设置。既要坚决反对西方习惯性地造谣及抹黑，尤其防范"第三人效果"引发的舆论危机，又要主动出击，捕捉西方刻意回避的"双重标准""拉帮结派""虚伪民主"等关键问题，主动创设议题，转变舆情被动角色，捍卫反霸权的正义力量。四是"工具集智"，深化融媒体"数字化"革新。伴随数字化时代全面来临，谁掌握了前沿科技，谁就掌握了话语主动权。因此，我们要瞄准信息科技发展前沿，以人工智能、机器学习等先进技术为国际传播赋能，着力构建融媒新生态，完善中国特色全媒体传播体系。五是"对象集智"，形成信息流"精准化"传播。"国家不同，做法也不能一样。"② 要在区分不同"对象国"基础上，突出"重点区域与重点受众"，充分发挥"舆论领袖"在本国家和本地区的舆论影响力和号召力，提升国际传播实效。

四、结语

本文从意识形态的内在结构及其竞争力构成出发，对中西方意识形态的差异性进行比较，在科学研判我国主导意识形态所面临的总体态势基础之上，提出增强我国意识形态国际竞争力的可为之径。需要注意的是，意识形态问题从来都不是孤立存在的。作为社会经济和政治关系的集中体现，意识形态是一种"软实力"，常常受到经济、军事等"硬实力"的制约。随着中国经济实力、军事实力和科技实力的大幅提升，我国国际话语权和国际影响力也得到显著增强。提升意识形态国际竞争力不仅仅需要从意识形态本身着手，还需要不断增强我国经济社会发展的"硬实力"，推动"硬实力"与"软实力"齐头并进，使我国意识形态的国际竞争力纯度更高、硬度更强。

（原文发表于《思想教育研究》2023 年第 4 期。本文略有删改）

---

① 习近平. 习近平谈治国理政：第 4 卷［M］. 北京：外文出版社，2022：326.
② 中共中央文献研究室. 毛泽东年谱（一九四九——九七六）：第 6 卷［M］. 北京：中央文献出版社，2013：153.

川陕苏区红色歌谣的搜集整理及德育价值①

冯军成　宋彬渝②

（四川工业科技学院红色歌谣研究中心　德阳　618500）

[摘　要] 川陕苏区红色歌谣在各革命根据地红色歌谣中占据着十分重要的地位。受各种复杂因素影响，川陕苏区红色歌谣的搜集整理工作面临重重困境，其德育价值出现弱化倾向。基于此，以问题为导向，坚持理论与实践相结合的原则，全面认识到川陕苏区红色歌谣搜集整理工作的重要性，对搜集整理到的红色歌谣主要内容进行科学分类，阐明其德育价值等工作意义重大。

[关键词] 川陕苏区；红色歌谣；德育价值

党的二十大报告强调："以社会主义核心价值观为引领，发展社会主义先进文化，弘扬革命文化，传承中华优秀传统文化，满足人民日益增长的精神文化需求，巩固全党全国各族人民团结奋斗的共同思想基础，不断提升国家文化软实力和中华文化影响力。"③ 弘扬革命文化意蕴丰富，要把革命文化的地位提升到战略性工作层面。红色歌谣是革命文化的重要载体和重要内容，在中国共产党思想政治教育史上占据着重要地位，发挥了重要作用。受复杂因素影响，红色歌谣某种程度上出现"失声"现象。基于此，有必要以区域性红色歌谣为研究对象，提高对其搜集整理的重要性的认识，通过文献法对其内容进行分类。阐明其德育价值，对拓宽红色歌谣研究视域，推动川陕苏区红色歌谣的应用发展具有十分重要的意义。

---

① 本文系国家级大学生创新训练项目"川陕苏区红色歌谣的搜集整理及其德育价值研究"（项目号：S202213816065）结项成果。

② 冯军成，四川工业科技学院讲师；宋彬渝，四川工业科技学院本科生。

③ 习近平. 高举中国特色社会主义伟大旗帜　为全面建设社会主义现代化国家而团结奋斗——在中国共产党第二十次全国代表大会上的报告 [M]. 北京：人民出版社，2022：43.

一、川陕苏区红色歌谣搜集整理的重要性

红色歌谣指的是"中国共产党带领中国人民为实现历史任务在艰苦卓绝的斗争中创造出来的无产阶级革命文化，蕴含中华民族的优良传统和革命精神，是体现中国精神的歌谣"①。川陕苏区是全国第二大苏区，红色歌谣数量繁多，特色鲜明。当前，开展川陕苏区红色歌谣搜集整理基于以下三点思考。

（一）落实习近平总书记弘扬革命文化重要指示的需要

"革命文化，是以革命为思想内核和价值取向，以倡导、研究、阐释、传播、实施、奉行革命理念为主要内容的文化形态、文化现象、文化性状和文化追求。"② 在全国革命文物工作会议上，习近平总书记首次提出，"加强革命文物保护利用，弘扬革命文化，传承红色基因，是全党全社会的共同责任"③。革命文物是弘扬革命文化的载体。红色歌谣是革命文物，记录着革命历史，蕴含着丰富的革命情感，是弘扬革命文化不可或缺的载体。当下，川陕苏区红色歌谣的保护和利用工作有待加强。基于此，有必要开展川陕苏区红色歌谣的搜集整理工作。

（二）应对当前来自国内外错综复杂的风险挑战的需要

很长一段时间来，一些西方资本主义国家凭借强大的经济实力和军事实力，宣传所谓"真正的民主"，传播错误的社会思潮。其典型的表现为，历史虚无主义思潮正在以各种形态出现并影响着国民思想，其具有极强的隐蔽性和迷惑性。在国内，受这一思潮影响的人表现出精神懈怠，对中国特色社会主义现代化信心不足。分析原因，与革命文化教育弱化有一定关系。因此，我们需加强革命文化，从革命文化中汲取历史经验，传承革命精神，增强文化自信，建立文化强国。川陕苏区红色歌谣是革命文化的重要组成部

---

① 冯军成，刘钊. 红色歌谣融入高校思想政治理论课的困境与路径［J］. 新余学院学报，2018（3）：120.

② 雷家军，阎治才. 关于和谐文化与革命文化关系的几点思考［J］. 马克思主义与现实，2008（3）：190.

③ 习近平对革命文物工作作出重要指示强调 切实把革命文物保护好管理好运用好 激发广大干部群众的精神力量［EB/OL］.（2021 － 03 － 30）［2024 － 03 － 18］. http://www.xinhuanet.com/politics/leaders/2021 － 03/30/c_ 1127272899.htm.

分，我们对其进行搜集整理，正是出于应对各种风险挑战的需要。

（三）实现红色歌谣的创造性转化和创新性发展的需要

川陕苏区红色歌谣从本质上讲是无产阶级革命文化，应以弘扬革命文化为契机加强对川陕苏区的红色歌谣的搜集整理、学习研究和推广应用工作。德阳市哲学社会科学重点研究基地红色歌谣研究中心在调研过程中发现，川陕苏区红色歌谣地域性和时代性明显，但技术赋能要素不多，效能较弱。值得注意的是，《思想道德与法治（2021版）》与《中国近现代史纲要（2023版）》均将"红色歌谣"写入教材。发挥红色歌谣教育作用已是大势所趋。要真正开展好红色歌谣教育教学活动就必须通过搜集整理，研究提高红色歌谣与高校思想政治教育工作的契合性，这是红色歌谣实现创造性转化和创新性发展的现实需要。

二、川陕苏区红色歌谣的主要内容

党的十八大以来，红色歌谣的搜集整理工作得到各地不同程度的重视，取得了一定的成绩。运用文献法查找发现，搜集整理川陕苏区红色歌谣的著作有《川陕苏区红色歌谣选》（1981年）、《川陕根据地革命历史歌谣集》（1982年）、《川陕革命根据地革命历史歌谣集》（2022年），理论文章有《川陕苏区红色歌谣产生原因》（《井冈山大学学报》2010年第6期）、《川陕革命根据地时期红色歌谣的特点分析》（《四川文理学院学报》2020年第1期）、《川陕苏区红色歌谣基本特性探析》（《红色文化学刊》2023年第2期），硕士论文有《川陕苏区红色歌谣体现的军民关系研究》（西南交通大学，2020年）。从数量来看，共有20篇文章，其中硕士论文5篇，其他论文15篇（含在核心期刊发表的2篇）。这与中央苏区红色歌谣研究现状相比，无论是从数量上还是质量上都有较大差距。基于此，需要根据时代需要和社会发展，对川陕苏区红色歌谣进行系统的整理，对其主要内容进行科学分类。

（一）揭露敌对势力丑恶罪行

红色歌谣在革命战争年代一度成为人民群众表达革命思想、传递革命情感的重要手段。近代以来，帝国主义与国内的大地主大资产阶级勾结，人民群众生活在水深火热中。中国共产党广泛发动和武装人民群众，进行了轰轰烈烈的农民运动，被压迫了几千年的民众看到了希望，通过歌谣表达真实的想法。歌谣唱道："新军阀，瞎胡闹，救国救民做不到，贴标语，喊口号，伸着巴掌把钱要。""捐税重，捐税重，十个差人九个凶，十个农民九个穷，十个箱子九个空。""县长'紧搂'，乡长揩油，保长捞豆，百姓发愁。""军阀梳子梳，豪绅篦子篦，甲长排头刀子剃，收款委员来剥皮。"这些歌谣生动描写了民众对保甲制度和苛捐杂税的仇恨。翻阅红色歌谣相关文献，我们发现《川陕苏区红色歌谣选》（川陕革命根据地历史研究会编，1981年）、《川陕根据地革命历史歌谣集》（川陕革命根据地博物馆编，1984年）、《红军歌谣》（高文编，1982年）与《红色歌谣》（古田纪念馆，1979年编）在内容编排上以对红军的期盼为主题的叙事较多，反映了川陕地区的民众受到反动势力的压迫是极其沉重的。

（二）歌唱苏维埃和苏区建设

中华苏维埃共和国是中国共产党人在土地革命战争时期独立创建的第一个国家政体。中华苏维埃中央政府的建立，是中国共产党人创建人民革命政权的宝贵探索与尝试。红色歌谣《陕南红了半边天》唱道："三二年，腊月天，徐向前领兵进巴山。一仗打到汉中府。受苦人民心喜欢，陕南红了半边天。"红色歌谣《拥护苏维埃》唱道："要想把头抬，跟着贺龙来，工农联盟紧，拥护苏维埃。"这首歌谣歌唱的是人民群众跟着贺龙闹革命，实现工农联盟，为拥护苏维埃共和国做准备的场景。政权的建立，标志着一个崭新的政府开始尝试带领人民进行革命和建设，为实现人民群众利益而斗争。为稳固政权，中国共产党人开展扫盲运动、农民运动和戏剧运动，通过改进宣传方式团结群众和武装群众。实践证明，中国共产党人选择的思想政治教育方法是正确的。党政军民学自发创作了《学文化》《朱毛就是领头人》《农民协会是救星》《好人当民兵》《入了农会后》《工农团体坚如铁》等歌谣。中国共产党坚持人民群众是历史的主体这一原理，实现了由弱到强的进步。翻阅川陕苏区红色歌谣，不得不提到的是《八月桂花遍地开》，这首歌谣起源于鄂豫皖地区，当时是为庆祝苏维埃胜利创作的。红色歌谣研究中心调研发现，《八月桂花遍地开》（后更名为《庆祝苏维埃》）这首红色歌谣后来传到了川陕苏区，传唱较为广泛。除歌唱苏区政权建设外，还有歌唱苏区经济建设的歌谣。

（三）号召民众营造社会风尚

工农联盟是中国共产党执政的方式之一。追溯工农发展史，我国的工人阶级是直接在外国资本主义的发展和影响下生长起来的。一部分农民成为雇佣劳动者，带有浓厚的农民意识。农民和工人在当时人口比重大，是受压迫最深的阶层。鼓动最底层的劳动人民群众参加革命是历史的选择。1925 年，毛泽东在广东创办农民运动讲习所的时候，就曾发给从各省来的学员每人几张纸，要他们把自己所知道的民歌写出来，从中了解劳动人民的愿望和要求。1929 年古田会议决议中，毛泽东同志提出，由红军各级政治部负责并编选表现各种群众情绪的革命歌谣，作为部队的教材。中国共产党人创作了《识字运动歌》《努力春耕》《大家都要讲卫生》《十剪发》《妇女婚姻自由歌》等歌谣，全场景地展示了人民群众学习科学文化、尊重自然规律、讲究生活卫生、追求自由解放的情景。当时川陕苏区有大量文盲和烟民，中国共产党人通过歌谣向文盲和烟民讲明文化的重要性和抽大烟的危害性，极大地调动了民众参加革命的积极性。

（四）庆祝作战胜利和纪念日

第二次国内革命战争时期，各革命根据地进行了一系列的革命斗争。红色歌谣《第一次反"围剿"胜利歌》《第二次反"围剿"胜利歌》《第三次反"围剿"胜利歌》《四次反"围剿"到五次反"围剿"战斗歌》记录了这些斗争情况。《石塘胜利歌》唱道："三月初十天，红军有几千，说道石塘'几千烟'，不打不心甘。从下松岭过，石塘就打破，打死团丁几十个，枪支都缴过。红军真公平，并不乱捉人，单捉土豪并劣绅，公平又公开。"这首歌谣是在 1931 年春，国民党对江西革命根据地进行第二次"围剿"，赣东北红军在方志敏同志的率领下，从敌人空隙处穿插至闽北打下了石塘镇，老百姓在看到红军严明的纪律和良好的政策后传唱的。重要的纪念日或节日也被编进歌谣里，如《"二七"纪念歌》《"五一"纪念歌》《"八一"纪念歌》《十月革命纪念歌》《红军到川边》。比如《红军到川边》唱道："一九三三年，红军到川边。建立新政府，工农掌政权。"[①] 这一首首歌谣能让我们对红军入川概况有一定了解。

---

① 川陕革命根据地历史研究会. 川陕苏区红色歌谣选［M］. 北京：中国民间文学出版社，1981：27.

（五）塑造中国工农红军形象

中国工农红军是执行中国共产党政治任务的武装力量。在现存的红色歌谣史料中，有关中国工农红军的歌谣数量占比最大。就内容来看，包括当红军、送红军、迎红军、帮红军、红军生活、红军纪律、红军作战等内容。在红军与白军的作战中，红色歌谣多起到对白军的策反作用。通过梳理红色歌谣中关于红军的描写可以发现，这些歌谣塑造了正面的红军形象。形象是可以看到的，是由内在决定的。红色歌谣里的红军形象可以概括为：英勇作战的形象、艰苦奋斗的形象、爱好和平的形象、遵守纪律的形象、道德高尚的形象、机敏聪慧的形象、一心为民的形象。其中，"打""杀"这些字眼，描述了红军英勇作战的形象。红色歌谣《杀敌歌》《反攻歌》《冲锋歌》《冲锋曲》刻画了红军英勇作战的形象。需指出，红军形象不仅包括红军集体形象，还包括红军个人形象。《陇东红色歌谣》中就有大量歌颂刘志丹的歌谣，赣东北一带的红色歌谣中有大量的歌颂方志敏的歌谣，闽南红色歌谣多以歌颂彭湃为主。川陕苏区红色歌谣以歌颂徐向前、李先念为主，比如《徐司令上台讲过话》《徐总指挥来我家》《巴山来了徐向前》《红军有个李政委》，可以看出民众对于红军领导人的爱戴和信任，侧面反映出中国共产党的红军是人民的军队。

（六）反映广大民众追求美好生活

翻身求解放是民众的心声。在革命根据地，中国共产党建立了革命政权苏维埃，创建了红军。在国民党反动派的宣传话语中，共产党是吃人的，是主张"共产共妻"制度的，这些言论严重误导了普通民众。这些极其荒谬的言论被红军用具体行动进行了反驳。事实证明，红军是工农的队伍，是为了工农的利益而奋斗的。红军在民众口中被称为"神""天"，这些带有传统信仰色彩的词语以间接的方式在口语和文学作品中呈现。《日头一出红彤彤》唱道："日头一出红彤彤，来了朱德毛泽东，千年铁树开鲜花，工农做了主人翁。"这首歌谣虽未直接描写朱毛红军的战斗力，却从侧面描写了红军为使工农做主人翁作出的巨大贡献。整理红色歌谣不难发现，为实现婚姻自由，实现土地平分，建立苏维埃这些目标，民众不惜送儿、送郎去参加红军，在红军走后一些革命根据地遭受军阀反扑时，民众闭口不说红军去向。民众担负起运粮、织衣的角色，有力地配合了红军斗争。在中国共产党的领导下，民众有了主心骨，当红军进行战略转移后，他们自发组成游击队，在大巴山中斗争反抗反动势力的压迫。这是因为他们坚信美好生活是靠斗争赢得的。

三、川陕苏区红色歌谣的德育价值

德育是教育者有目的地培养受教育者的品德的活动。就其内容来看，包括理想和传统教育，辩证唯物主义世界观和人生观教育，爱国主义和国际主义教育，集体主义教育，劳动教育，民主、纪律和法治教育，道德品质教育，等等。近年来，红色歌谣被人们逐渐重视起来并加以应用，主要是从德育价值层面去考量的。

（一）有利于构建和谐社会

和谐社会体现为民主法治、公平正义、诚信友爱。搜集整理川陕苏区红色歌谣会发现《川陕苏区红色歌谣选》中有首《盼望救星共产党》，其唱道："盼星星，盼月亮，盼着救星共产党；云要散，天要亮，总有一天见太阳。苦难的日子啥，不久长，不久长。"从这些歌词可以看出，民众对于中国共产党的期待和信任。新时代，应对各种风险和挑战需要中国共产党的领导。历史证明，在革命最艰难的时刻，选择中国共产党是正确的。当前，在中国共产党的领导下，做好川陕苏区红色歌谣的搜集整理工作，从中领悟革命真理，学习革命理论，传承革命精神，建功新时代，有利于构建和谐社会。

（二）有利于传承革命文化

革命文化的传承工作是一个系统性的工作，要有传承的指导思想、传承的基本原则、传承的实施方案。以红色歌谣为例，德阳市哲学社会科学重点研究基地红色歌谣中心对近百年红色歌谣的研究进行梳理发现，红色歌谣的传承工作面临重重困境，亟待加强。目前，川陕苏区红色歌谣的传承工作主要体现为历史文献整理、思想政治教育教学、学术研究开展，但在文创产品设计、影视作品和乡村振兴的结合层面还不够。因此，要在搜集整理红色歌谣过程中深入挖掘其革命文化价值，例如，《十送红军》这是广为传唱的红色歌谣，以《十送红军》为切入点，开展红色故事宣讲、文创产品设计，发挥高校、地方部门的作用，打造《十送红军》IP，传承好革命文化。

（三）有利于推动经济发展

川陕苏区红色歌谣具有较强的地域性。近年来，高校思想政治理论课改革创新和文旅融合逐渐被重视起来。井冈山和湘潭两地利用红色旅游资源，开展红色寻访活动，加强党史学习教育，助推文创等产品创新发展，带动了当地人民群众致富。川陕苏区可借鉴其他革命老区的先进经验，为努力开发红色歌谣的市场价值和经济价值做准备，加快经济发展步伐。川陕苏区两地强强联合，开展区域性研究，将理论研究成果转化为实践应用成果，在文化产业和文化事业上取得一定成绩，既能得到相关上级单位的财政支持，也能带动当地群众致富。

（四）有利于培育时代新人

川陕苏区红色歌谣进高校已成为一个趋势。近年来，红色歌谣在高校思想政治理论课教育教学活动中日益受到重视，并以有效载体为切入点，持续推动红色歌谣进入课堂。让学生通过听歌谣、学歌谣、唱歌谣、品歌谣、创歌谣等多种形式，感悟精神力量，理解革命真理，培养良好品质，从而铸牢理想信念之基。

四、结语

川陕苏区红色歌谣记录着川陕革命根据地的历史，蕴含着丰富的革命情感和精神，是开展革命传统教育不可或缺的重要教育资源。因此，应高度重视川陕苏区红色歌谣这一新课题。具体来说，要重视川陕苏区红色歌谣的搜集整理工作，继续提高政治站位，从政党治理现代化的角度去重视川陕苏区红色歌谣的搜集整理工作，从区域资源开发角度深化川陕苏区红色歌谣搜集整理工作，从文化市场运行角度提升川陕红色歌谣搜集整理的价值效度，从国际视野推动川陕苏区红色歌谣研究的高质量发展，推动区域经济持续发展，发挥其资政育人功能。

铸牢中华民族共同体意识的三维阐释①

谭莉莉　陶有利②

（重庆理工大学马克思主义学院　重庆　40054）

[摘　要] 党的十八大以来，以习近平同志为核心的党中央从中华民族伟大复兴的发展全局出发，深刻总结党的民族工作历史经验，创造性地提出了"铸牢中华民族共同体意识"这一重大的原创性论断。其是马克思主义民族理论中国化的最新成果，是新时代民族工作的鲜明主线，更是实现中华民族伟大复兴的伟大觉醒、战略抉择和必由之路。我们要从党的百年奋斗进程中把握铸牢中华民族共同体意识的历史逻辑、理论渊源与实践指向，助力中华民族共同体意识植根全国各族人民心灵深处，助推新时代党的民族工作高水平高质量发展。

[关键词] 铸牢中华民族共同体意识；共同体；维度

中华民族共同体意识是国家统一之基、民族团结之本、精神力量之魂。2017年10月，党的十九大把"铸牢中华民族共同体意识"正式写入党章。2019年9月，习近平总书记在全国民族团结进步表彰大会上进一步指出，"实现中华民族伟大复兴的中国梦，就要以铸牢中华民族共同体意识为主线"③。2021年8月，在中央民族工作会议上，习近平总书记把铸牢中华民族共同体意识提升到民族工作"纲"的高度。2022年10月，习近平总书记在党的二十大报告中强调："以铸牢中华民族共同体意识为主线，坚定不移走中国特色解决民族问题的正确道路，坚持和完善民族区域自治制度，加强

① 本文系重庆理工大学研究生教育高质量发展行动计划资助项目"新时代大学生中华民族共同体意识培育路径研究"（项目号：gzlcx20233350）的阶段性成果。
② 谭莉莉，重庆理工大学马克思主义学院副教授、硕士生导师；陶有利，重庆理工大学马克思主义学院硕士研究生。
③ 习近平. 在全国民族团结进步表彰大会上的讲话 [M]. 北京：人民出版社，2019：7.

和改进党的民族工作，全面推进民族团结进步事业。"① 这表明中华民族共同体意识对于国家统一、民族团结具有重要意义。为稳步推进中华民族伟大复兴进程，必须认真深入地研究应如何铸牢中华民族共同体意识，本文从历史逻辑、理论渊源和实践指向这三个维度出发对铸牢中华民族共同体意识进行阐释！

一、中华民族共同体意识的历史逻辑

2021 年 8 月，习近平总书记在中央民族工作会议上强调，"必须坚持正确的中华民族历史观，增强对中华民族的认同感和自豪感"②。这一论断旗帜鲜明地表明了坚定正确的中华民族历史观是铸牢中华民族共同体意识的重要保障。其中正确的中华民族历史观中最根本最核心的内容之一就是要科学认识中华民族共同体意识的形成与铸牢。只有正确认识中华民族共同体意识的形成与发展路径，深入研究其中的生成逻辑，才能准确理解新时代铸牢中华民族共同体意识的核心要义。

（一）中华民族共同体意识的萌芽

近代以前，中国人的思维里尚未形成现代意义上的民族观念。在 1840 年鸦片战争以后，国家蒙辱、人民蒙难、文明蒙尘，中华民族遭受了前所未有的劫难。1894 年中日甲午战争爆发以后，西方殖民者更是大肆侵略，企图瓜分中国。战争硝烟弥漫的同时，西方先进思想也逐步传入中国，在与西方列强的不断反抗中，中华民族的主体意识被唤醒。在国家危难之际，无数仁人志士投入救亡图存运动之中。梁启超是最早对中国历史上的"民族"观念进行整体性考察的史学家。他关于"中国民族""大民族"和"中华"等的思考一步步演进，最终在《论中国学术思想变迁之大势》一文中，提出"中华民族"概念③。接着，梁启超在论述战国时期齐国的学术思想地位时，正式使用了"中华民族"一词。1905 年，梁启超又写了《历史上中国

---

① 习近平. 高举中国特色社会主义伟大旗帜　为全面建设社会主义现代化国家而团结奋斗——在中国共产党第二十次全国代表大会上的报告 [M]. 北京：人民出版社，2022：39-40.

② 以铸牢中华民族共同体意识为主线　推动新时代党的民族工作高质量发展 [N]. 人民日报，2021-08-29（1）.

③ 参见：黄兴涛. 重塑中华：近代中国"中华民族"观念研究 [M]. 北京：北京师范大学出版社，2017：124.

民族之观察》一文，从历史演变的角度重点分析了中国民族的多元性和混合性，并认为中华民族自始本非一族，实由多民族混合而成。由此，梁启超真正完成了"中华民族"一词从形式到内容的革命性创造。即，中华民族指中国境内的所有民族，汉满蒙回藏等为一家，是多元混合的。

由于梁启超的地位和影响力，"中华民族"一词一经提出，就在社会上引起了强烈反应。在留日中国学生所创办的报刊之中，不管是《童子世界》《浙江潮》《江苏》，抑或是《国民报》《民报》，都广泛讨论了民族主义和中华民族的含义。杨度在 1907 年发表了《金铁主义说》一文，对中华民族的含义进行了详尽的解说。杨度的高明之处在于其超越民族的血统意识，他认为中华民族与其说是一个种族融合体，不如看作一个文化共同体。可见，中华民族共同体意识已被仁人志士广泛倡导。从根本上说，"中华民族共同体"概念的提出，正是近代以"民族"整合国家的观念同"中国整体历史观"相衔接的结果。

（二）中华民族共同体意识的形成

"九一八事变"尤其是"七七事变"以后，中华民族到了最危险的时候，中国共产党号召全中国同胞团结起来，筑成民族统一战线的坚固长城，抵抗日寇的侵略。各族人民组成的东北抗日联军，海南琼崖纵队，滇桂黔边区纵队，冀中、渤海回民支队，大青山蒙古族游击队，与全国抗日力量一起浴血奋战，建立全国民族抗日统一战线。抗日战争是中华民族全民抗战，地不分南北，人不分民族，中华民族共同体意识和救亡图存意识空前高涨，最终使我们赢得了近代以来中华民族反侵略战争的第一次完全胜利。

在团结抗日过程中，中华民族共同体意识随之形成，"中华民族"这一客观存在的民族实体被中华各民族所接受和认可。1938 年，毛泽东同志在党的六届六中全会的政治报告中，明确把中华民族界定为包括中华各民族在内的"统一的力量"，这个统一的过程就是"共同抗日图存"的共同命运和共同利益的凝聚。1939 年，毛泽东同志在《中国革命和中国共产党》一文中，开篇即以"中华民族"为题，从马克思主义民族平等的立场出发，阐明中国是一个多民族的国家，中华民族由中国各民族组成。[①] 这些论述奠定了中国共产党关于中华民族的基本观点。

----

① 参见：中共中央文献编辑委员会. 毛泽东选集：第 2 卷 [M]. 北京：人民出版社，1991：622.

（三）中华民族共同体意识的发展

在中国共产党的领导下，各族人民并肩浴血奋战，推翻了内外敌人，永远结束了"一盘散沙"、任人宰割的历史，各民族共同缔造了中华人民共和国，赋予了中华民族全新的意义，开启了中华民族繁荣发展的新纪元。新中国成立以后，毛泽东同志一再告诫大家："如果要看前途，一定要看历史。"① "我们看历史，就会看到前途。"② 历史深刻地昭示着我们，中国是统一的多民族国家，1954 年颁布的《中华人民共和国宪法》明确规定，中华人民共和国是全国各族人民共同缔造的统一的多民族国家。中国不同于近代形成的西方民族国家，也不同于西方古代型帝国，更不同于西方民族国家型帝国，这为中华民族共同体意识的发展提供了根本保障。

中华人民共和国的成立，以及我国的社会主义制度和社会主义市场经济制度的确立，都使得我国社会生产力得到很大的提高，而且还使那些原本落后的少数民族及其所在地区在生产力上实现了整体的跨越式发展，整个中华民族的经济面貌发生了天翻地覆的变化，全国各族人民、地区之间的经济分工得以重新建构。中国共产党自成立以来，一直都是把马克思主义的民族理论同我国具体的民族问题实际相结合，在领导全国各族人民共同缔造统一的多民族国家以及推动社会主义现代化建设的进程中，创造性地提出和制定了以维护和促进各民族平等团结、共同繁荣发展和以铸牢中华民族共同体意识等为着力点的，旨在解决我国民族问题的相关理论、制度与政策体系，筑牢了中华民族共同体的政治基础。

尤其是改革开放以来，大规模的现代化建设为各民族之间增添了前所未有的团结合作机遇，文化交融利益交织空前深入，我国进入各民族跨区域流动的历史活跃期。我国的民族关系基本上是各族劳动人民之间的关系，汉族离不开少数民族，少数民族离不开汉族，各少数民族之间也相互离不开。各民族共同团结奋斗、共同繁荣发展，促进了民族团结进步事业不断发展，形成了你中有我、我中有你、谁也离不开谁的中华民族多元一体格局，中华民族共同体意识不断得到强化和发展。

（四）中华民族共同体意识的跃升

秉纲而目自张，执本而末自从。国家实力的不断增强、国际地位的不断

---

① 中共中央文献研究室. 毛泽东文集：第 8 卷 [M]. 北京：人民出版社，1999：383.
② 中共中央文献研究室. 毛泽东文集：第 8 卷 [M]. 北京：人民出版社，1999：385.

上升、人民生活的不断改善，极大地提升了全体国民的国家认同感，极大地推动了中华民族共同体意识的完善和发展。党的十八大以来，以习近平同志为核心的党中央高度重视民族工作，站在坚持和发展中国特色社会主义、实现中华民族伟大复兴的战略高度，牢牢把握"五个并存"的民族工作阶段性特征，召开民族、统战、涉疆、涉藏等多个重要会议，提出了一系列民族工作的新理念新思想新观点，采取了一系列新举措，推动民族工作创新发展，开启了各民族交往交流交融不断深入、中华民族共同体意识不断铸牢的新时代。"铸牢中华民族共同体意识"这一重大原创性的论断，不仅准确把握了我国的基本国情和历史传统，而且还深刻揭示了中华民族团结进步的规律，中华民族共同体意识在这个过程中实现了新的飞跃。

总之，"铸牢中华民族共同体意识"是历史前进的必然之需。习近平总书记关于"铸牢中华民族共同体意识"①的重要论述，是新时代中国特色社会主义共同体意识升华的时代体现，蕴含着中华民族共同体意识从提出到形成再到发展和飞跃的全部历史精华，是中国共产党坚持走中国特色道路解决民族问题的重大成果，为做好新时代党的民族工作提供了根本遵循，推动中华民族伟大复兴更快更好地实现。

二、铸牢中华民族共同体意识的理论渊源

坚定的理论自信产生于高度的理论自觉。习近平总书记关于"铸牢中华民族共同体意识"重要论述一经提出就激发了社会各界的热烈探讨，引发了中华各族人民的广泛赞同。其富有深远的感召力、坚定的理论说服力以及思想的顽强生命力的根源在于其继承和发展了马克思主义民族理论、中华优秀传统文化的民族思想和中国共产党历届领导人的民族理论。

（一）马克思主义民族理论

马克思主义民族理论是马克思主义的重要组成部分，是在辩证唯物主义和历史唯物主义指导下的科学民族理论，是无产阶级及其政党观察和对待民族和民族问题的指导思想。邓小平同志指出："在世界上，马列主义是能够

---

① 习近平. 高举中国特色社会主义伟大旗帜　为全面建设社会主义现代化国家而团结奋斗——在中国共产党第二十次全国代表大会上的报告［M］. 北京：人民出版社，2022：39.

解决民族问题的。"① 马克思主义民族理论无论在何时，都被我国各族人民认同，我们党始终把坚持马克思主义基本原理与中国具体实际相结合，实现了马克思主义民族理论的中国化。马克思主义民族理论在奋力实现中华民族伟大复兴的进程中成为铸牢中华民族共同体意识的理论指导。

马克思主义认为，每一个民族都为人类的文明作出了自己的贡献。民族有大小、强弱和发展程度高低之分，没有优劣之别。各民族具有同等的地位，在政治、经济、文化等方面依法享有相同的权利，这是马克思主义民族理论的一项基本原则。马克思主义一直站在社会总问题的高度去发现和解决民族问题，提倡各民族要平等共处，共同实现大团结、大联合。马克思主义民族理论中除了民族平等观，还有民族团结联合论，它是指各民族在平等的基础上，为了共同的利益和目标，和睦相处、互相尊重、互相支持、友好合作、共同进步。马克思主义认为，没有团结联合，就没有无产阶级革命事业的胜利。

习近平总书记关于铸牢中华民族共同体意识重要论述是马克思主义民族理论中国化的最新发展。作为新时代党的民族工作的"纲"，铸牢中华民族共同体意识也必须坚持马克思主义民族理论的民族平等原则和民族团结联合论，使各民族团结友爱、和谐相处，使我国各族人民积极主动地把铸牢中华民族共同体意识转化为自觉行动，既要做看得见、摸得着的工作，也要做大量"润物细无声"的事情。

（二）中华优秀传统文化的民族思想

在我国长达 5000 多年的文明发展史中，各民族共同开发了祖国的锦绣河山、广袤疆域，共同创造了悠久的中国历史、灿烂的中华文化，共同培育了以伟大创造精神、伟大奋斗精神、伟大团结精神、伟大梦想精神为基本内容的中华民族精神，最终形成了现今的 56 个民族守望相助、手足相亲的中华民族大家庭。

在漫长的历史进程中，我国各族人民共同创造中华文化、捍卫祖国统一、推动历史进步，形成了源远流长的"大一统"思想，汇聚成中华民族共同体。中国人自古强调"以和为贵"思想，主张"和合故能谐"的相处之道，追求"政通人和"的治国境界。天下本是一家，无大小国，皆天之邑也。每个国家皆为天下的一部分，犹如共舆而驰，同舟共济，倘若舆倾舟

---

① 邓小平. 邓小平文选：第 1 卷 [M]. 北京：人民出版社，1994：163.

覆，则安危同体，无人能独善其身。

中华民族"和合"文化的千年传统，使铸牢中华民族共同体意识有了文化根基。历久不衰的中华民族在优秀传统文化的滋养、浸润之下，经过历朝历代"大一统"政治实践以及各民族的不断交往融合，形成了国土不可分、民族不可散、文明不可断的"和合"文化基因。"和合"为现代国家的治理和精神文化的建构提供了重要的启示和指导意义，为铸牢休戚与共、荣辱与共、生死与共、命运与共的民族共同体提供了文化基础。

（三）中国共产党历届领导人的民族理论

毛泽东同志在中国新民主主义革命、社会主义革命和建设过程中，提出了解决中国民族问题的一系列理论和政策，其核心内容，可以概括为民族平等、团结、自治、发展。民族平等团结是解决我国民族问题的根本原则和总政策，民族区域自治是解决我国民族问题的基本形式和基本政策，各民族共同发展是解决我国民族问题的根本宗旨和现实目标。毛泽东的这些民族理论和政策及其实践经验，对铸牢中华民族共同体意识提供了理论与方法指导。

邓小平同志在党的十一届三中全会以后，对民族区域自治的理论和实践都作出了重大贡献。以邓小平同志为核心的第二代领导人把民族区域自治制度纳入了法制建设的轨道。在 1980 年的一次中央政治局扩大会议上，邓小平指出，"要使各少数民族聚居的地方真正实行民族区域自治"①。由他主持制定的《关于建国以来党的若干历史问题的决议》又强调指出："必须坚持实行民族区域自治，加强民族区域自治的法制建设，保障各少数民族地区根据本地实际情况贯彻执行党和国家政策的自主权。"② 在此背景下，1982 年，第五届人大通过的新宪法规定了民族自治地方享有 11 条自治权。1984 年 5 月第一部《中华人民共和国民族区域自治法》颁布并实施，标志着我国的民族区域自治步入了制度化、法制化的新阶段。《中华人民共和国民族区域自治法》的颁布实施，是邓小平民族理论的重大成果。

1990 年 9 月，江泽民同志在视察新疆时指出，"我们伟大的中华民族，是由五十多个民族构成的。在我们祖国的大家庭里，各民族之间的关系是平等、团结、互助的社会主义新型民族关系，汉族离不开少数民族，少数民族

---

① 邓小平. 邓小平文选：第 2 卷 [M]. 北京：人民出版社，1994：339.
② 中国共产党中央委员会关于建国以来党的若干历史问题的决议 [M]. 北京：人民出版社，1981：57 - 58.

离不开汉族，少数民族之间也相互离不开"①，使以前的"两个离不开"发展成了"三个离不开"，这是以江泽民同志为核心的党的第三代中央领导集体对我国社会主义民族关系的高度概括，成为今天我们党和国家正确处理民族关系、做好民族工作、促进各民族共同繁荣的重要指导思想。

党的十六大以后，以胡锦涛同志为主要代表的中国共产党人，提出"共同团结奋斗，共同繁荣发展"②的民族工作主题，明确提出平等团结互助和谐是我国社会主义民族关系的基本特征，制定实施了扶持人口较少民族发展、兴边富民行动、少数民族事业规划等加快民族地区发展的政策措施，营造了团结、和谐的社会主义民族关系。

三、铸牢中华民族共同体意识的实践指向

习近平总书记指出铸牢中华民族共同体意识是新时代党的民族工作的鲜明主线，凸显了新时代党的民族工作的内涵、使命，对于维护祖国统一和边疆巩固、民族团结和社会稳定、国家长治久安和实现中华民族伟大复兴具有重要意义。铸牢中华民族共同体意识是一项艰巨、复杂、庞大的系统工程，需要绵绵用力、久久为功，需要深入落实习近平总书记关于铸牢中华民族共同体意识重要论述的精髓，将其贯穿在民族工作各领域。

（一）坚持和完善党的全面领导

"办好中国的事情，关键在党。"③加强和完善党的全面领导，是做好新时代中国特色社会主义民族工作的根本政治保证。铸牢中华民族共同体意识的基础在于坚持正确的政治方向，统一思想，在民族工作全过程中贯穿党的领导，形成上下各部门通力合作、全体成员共同参与的民族工作新局面。作为中华民族团结、祖国统一的核心力量，中国共产党将自身命运与中华民族命运紧紧相连，致力于中华民族伟大复兴事业，在巩固民族团结、促进现代化、持续改善民生、维护边疆稳定上取得巨大成果。在铸牢中华民族共同体

---

① 中共中央文献研究室，江泽民论有中国特色社会主义（专题摘编）[M].北京：中央文献出版社，2002：354.

② 中共中央文献研究室.十七大以来重要文献选编：中［M］.北京：中央文献出版社，2011：226.

③ 习近平.在庆祝中国共产党成立100周年大会上的讲话［M］.北京：人民出版社，2021：10.

意识过程中，要充分发挥党对民族事务工作全面领导的重要保障作用。正如习近平总书记所言："只要我们牢牢坚持中国共产党的领导，就没有任何人任何政治势力可以挑拨我们的民族关系，我们的民族团结统一在政治上就有充分保障。"① 因此，坚持和完善党的全面领导是时代所需、人心所向，要将其渗透在铸牢中华民族共同体意识的全部实践过程。

党的领导与铸牢中华民族共同体意识和实现中华民族伟大复兴的中国梦是相辅相成、密不可分的关系。在铸牢中华民族共同体意识的宣传工作中，离不开我们党对民族工作的全方位全过程领导，离不开党中央对民族工作的正确战略部署。要在充分学习和理解党的民族理论和决策的基础上，充分运用铸牢中华民族共同体意识这条新时代民族工作主线去推动民族宣传教育工作。要强化对民族理论的研究与宣传，融合全国各族人民的力量，深刻总结中国共产党百年奋斗历程中民族工作的丰富经验，更深层次地认识中华民族多元一体格局，更深层次地研究中华民族共同体意识的形成与铸牢过程，在构建史料体系和话语体系等基础性、根本性工作上狠下功夫，形成一批重大理论和实践成果。在此基础上，完整准确全面把握习近平总书记关于加强和改进民族工作的重要思想，润物细无声地做好宣传教育工作，构筑中华民族共有精神家园，使中华民族亲如一家，使同心共筑中国梦的理念深入人心，让各民族像石榴籽一样紧紧抱在一起。

（二）加快推进民族地区现代化建设

"发展是解决民族地区各种问题的总钥匙。"② 应聚焦发展不平衡不充分问题，统筹谋划、分类施策、精准发力，缩小差距，补齐短板，着力解决好各族群众最关心、最直接、最现实的生产生活问题，让各族群众共享改革发展成果。在巩固脱贫成果方面下更大功夫、想更多办法、给予更多后续帮扶支持，促进全面脱贫与乡村振兴有效衔接，夯实民族团结的物质基础。

在奋力实现中华民族第二个百年奋斗目标的新征程上，要始终坚持一切为了人民、一切依靠人民，推动各民族共同走向社会主义现代化。社会主义现代化的实现必须依靠各民族共同团结奋斗，同时社会主义现代化也离不开各民族的共同繁荣发展。要有针对性地对民族地区给予政策支持，鼓励少数

---

① 中共中央文献研究室. 习近平关于社会主义政治建设论述摘编 [M]. 北京：中央文献出版社，2017：159.

② 中共中央文献研究室. 习近平关于社会主义政治建设论述摘编 [M]. 北京：中央文献出版社，2017：155.

民族大力发展生产力、全面深化改革开放，不断缩小各民族地区之间的差距。要引导各民族地区以丰厚资源、独特环境优势、发展条件等实际因素为切口，准确把握新发展阶段、贯彻新发展理念、融入新发展格局的着力点，推动民族地区实现高质量发展和共同富裕。要完善民族地区的基础设施建设，把控好经济发展与生态文明建设之间的杠杆点，把各族人民对美好生活的向往作为出发点和落脚点，推动基本公共服务实现均等化，不断加强人民群众的获得感、幸福感以及安全感。要为民族地区巩固拓展脱贫攻坚成果和乡村振兴战略搭建好衔接平台，不断优化农村产业结构和科技创新体制机制，推进乡村宜居宜业向纵深发展。要优化沿边的开发开放政策体系，完善兴边富民实践，统筹国内国外两个大局、发展与安全两件大事，切实发挥沿边民族地区对维护国家安全的重要屏障作用。

（三）构筑中华民族共有精神家园

文化认同作为民族团结的根脉，对强化中华民族大团结大联合和推动各族人民共同繁荣具有根本性作用。中华灿烂优秀文化是各民族共同缔造的伟大成果，正是各民族优秀传统文化汇聚成了中华文化。要全面看待中华文化和各民族文化之间的辩证关系，构筑中华民族共有精神家园。要引导各民族文化传承、保护、创新，要在增强对中华文化认同的基础上来进行。应从各地实际出发，在各族群众中广泛开展中华民族史、中华文化和党的民族理论政策等方面的宣传教育，深化广大人民群众对中华民族优秀历史文化的认识，牢牢抓住铸牢中华民族共同体意识的思想之脉。

铸牢中华民族共同体意识，要以社会主义核心价值观为引领，构建各民族共有精神家园。社会主义核心价值观从国家、社会及个人三个维度凝练了我国各族人民的共同价值要求，蕴含着社会主义先进文化的精髓。所以，要积极引导全党全国各族人民领悟和践行社会主义核心价值观，使之能够在优秀文化精髓中激发爱国之情、树立强国之志、落实报国之行。同时在对各族群众加强社会主义核心价值观教育时，要增强"五个认同"教育，引导其树立正确的"五观"，筑牢民族团结进步的思想基础。要对国家通用语言文字进行宣传普及工作，大力推动各族各地区使用国家统一编定的教材。要强化对青少年的爱国主义教育，培养青少年树立正确的世界观、人生观和价值观。各民族在文化上相互尊重、相互欣赏，相互学习、相互借鉴，民族团结之花才能常开长盛，民族团结"同心圆"才能越画越大。

（四）促进各民族广泛交往交流交融

推动铸牢中华民族共同体意识的宣传教育工作常态化。自改革开放以来，我国逐步进入了新媒体时代。互联网的快捷性、便利性、实时交互性等独特优势使其成为各族人民接受和传递信息最普遍的方式，同时也为铸牢中华民族共同体意识进行宣传教育工作提供了新平台。因此，要充分发挥互联网这一新平台的重要作用，使各族人民能够通过互联网对各族文化、各族历史、各族情怀产生更深层次的理解和认同，促进各族人民交往更广泛、交流更全面、交融更深度。

大力推进互嵌式社会结构和社区环境的建设，使其成为全国各族人民交往、交流、交融的最佳选择。在充分考虑少数民族、民族地区的各种实际基础上加强顶层设计，统筹规划基本公共服务建设和优化公共服务资源配置，营造各族群众共商共建共享的和谐氛围，逐渐在各民族实现全方位嵌入。加快互嵌式社区建设，促进各民族群众在居住空间上的融合，建立网格化服务管理机制，提升为民服务水平，将民族团结教育与为群众办实事、办好事结合起来，把民族团结工作提在日常、做在实处。推动社区各族居民由居住嵌入上升为心理嵌入，使各民族在生活上相互帮助、经济上相互依存、文化上相互借鉴、习俗上相互尊重、情感上相互亲近，在中华民族大家庭中手足相亲、守望相助，为推进新时代中华民族共同体建设作出积极探索、积累宝贵经验。

同时也要发挥好民族团结教育基地作用，开展民族团结宣传教育。强化阵地的学习宣传、联系联谊、交往交流、团结引领功能，发挥好基层统战阵地在政治上、思想上的引领作用，把方方面面的人士团结在党的周围，不断巩固新时代统一战线团结奋斗的思想政治基础，提升统一战线的凝聚力。在强化引领的基础上强化服务，要完善阵地的参政议政、建言献策的服务功能，对接搭建更多服务载体，帮助协调解决问题，营造统一战线大家庭的温暖氛围。同时需提升队伍综合素质，完善服务理念，提升服务能力，推动统战事业实现更好发展，提升统战的号召力。

（五）提升民族事务治理能力现代化水平

习近平总书记在中央民族工作会议上强调，"必须坚持依法治理民族事务，推进民族事务治理体系和治理能力现代化"①。提升民族事务治理能力现代化水平，就是要坚定依法治国、依法执政、依法行政的决心，推动法治国家、法治政府、法治社会一体建设，全面增强全社会尊法学法守法用法的意识和能力。把党中央关于民族工作的决策部署转化为指引民族工作高质量发展的约束性规范，使铸牢中华民族共同体意识的思想理念融入各项法律法规之中。此外，要因地制宜制定实施差别化区域支持政策，提升民族事务治理的精准性。要在公平公正的原则上强调针对性和精准性，不断完善、实施差别化区域支持政策。

同时要将民族事务工作纳入共建共治共享的社会治理格局，实现民族事务工作治理效能进入更高阶段。"依法治理民族事务，确保各族公民在法律面前人人平等。"② 进一步强化社会治理精准化，充分用好互联网、大数据、区块链等信息技术，通过技术赋能、制度创新等途径，实现社会治理政策与社会需求的精准匹配。把治理重心下沉到社区、乡村，完善与基层社会治理相适应的制度体系和运行机制，更加注重保障和改善民生，听取群众诉求、全心全意为群众服务，推进各民族交往交流交融，建设人人有责、人人尽责、人人享有的社会治理共同体，让各族群众都能公平地从治理成果中享受到更多的获得感、幸福感、安全感。

---

① 以铸牢中华民族共同体意识为主线　推动新时代党的民族工作高质量发展［N］.人民日报，2021－08－29（1）.
② 习近平.习近平谈治国理政：第3卷［M］，北京：外文出版社，2020：301.

"比较思想政治教育"课教学话语体系建设研究[①]

杜 敏[②]

（四川大学马克思主义学院　成都　610207）

[**摘 要**]"比较思想政治教育"课教学话语体系是具有特定知识含量和理论旨趣的语言系统，是教学过程中用于沟通交往的活动着的语言，具有信息承载与传递、价值导向与引领、理论转化与整合等功能。当前，"比较思想政治教育"课教学话语体系面临着支撑性不足、对话性不够、吸引力不强等现实问题，需不断加强教学话语体系建设，夯实学科支撑力、提高文化对话力、增强课堂吸引力，不断推动"比较思想政治教育"课教学高质量发展。

[**关键词**]"比较思想政治教育"；教学；话语体系

"比较思想政治教育"课程是思想政治教育学科的主干课程之一，秉承"立足中国、借鉴国外"的发展思路，在思想政治教育学科发展中具有重要作用，一方面，通过"比较"，旨在把握世界范围内思想政治教育发展的规律和特征，对标我国思想政治教育学科发展需求，从国际视域中寻求我国思想政治教育学科改革发展的路径，推进我国思想政治教育学科现代化；另一方面，通过"比较"，力争讲好中国思想政治教育学科故事，坚定思想政治教育学科自信和学科发展道路选取，培养兼具本土特色和国际视野的思想政治教育学科人才，促进思想政治教育学科国际交流，提升思想政治教育学科国际话语权。课程作为学校教育的一种制度性存在，在教育过程中处于基础和核心地位，课程建设是推动"比较思想政治教育"发展的重要依托。在

[①] 本文系四川大学马克思主义学院一流本科专业建设教改研究项目（第一期）"'比较思想政治教育'课教学话语体系建设研究"的阶段性成果。

[②] 杜敏，四川大学马克思主义学院助理研究员。

"比较思想政治教育"课教学实践过程中，教学话语体系具有信息承载与传递、价值导向与引领、内容转化与整合等重要功能，但也面临着支撑性不足、对话性不够、吸引力不强等问题，需不断加强教学话语体系建设，推动"比较思想政治教育"课程教学高质量发展。

一、"比较思想政治教育"课教学话语体系的功能指向

"话语体系是学术体系的反映、表达和传播方式，是构成学科体系之网的纽结，主要包括：概念、范畴、命题、判断、术语、语言等。"① 话语是行动中的语言，是主体向他人敞开的中介，教学过程就是教师与学生、学生与学生使用话语进行沟通交往的过程，任何一门课程的思想、理论、知识等都要通过话语来组织、构建和表达，离开话语，教学过程将无法顺利展开。"比较思想政治教育"课教学话语体系是具有特定知识含量和理论旨趣的语言系统，是教学过程中用于沟通交往的活动着的语言，具有信息承载与传递、价值导向与引领、理论转化与整合等功能。

（一）信息承载与传递功能

思想、观念、知识、精神等信息不能直接地自我呈现，而是要借助一定的中介反映和表达出来，其中最重要的中介就是语言。马克思指出"'精神'从一开始就很倒霉，受到物质的'纠缠'，物质在这里表现为振动着的空气层、声音，简言之，即语言。"② 语言是人类符号系统中最重要、最简约的符号形式，是最基本的信息承载者和传递者，思想观念的深刻性和知识信息的丰富性都需要语言来表达、传递和交流。一方面，语言能够帮助人们命名、区分、简化、判断外界事物，以概念、范畴、命题、判断、术语等形式来进行思维操作和理论建构，不能用语言呈现的思想观念，不具备现实性和交往性，也不能在思想市场上留下痕迹。另一方面，语言不仅仅是物质外壳，还是思想本身的直观体现，一个人对语言运用的熟悉程度和精妙程度，体现其承载的思想的独到之处和深刻之处，不能用语言恰当呈现的思想观念，其传播的广度和深度都会大打折扣。话语是活的语言，是语言在具体语

---

① 谢伏瞻. 加快构建中国特色哲学社会科学学科体系、学术体系、话语体系［J］. 中国社会科学，2019（5）：19.

② 中共中央马克思恩格斯列宁斯大林著作编译局. 马克思恩格斯文集：第 1 卷［M］. 北京：人民出版社，2009：533.

境下的使用，是思想信息的灵动呈现和交往流动。"比较思想政治教育"课教学内容丰富、信息多元、知识点密集，涉及世界范围内思想政治教育的历史演进、发展趋势、理论思潮、思想流派、国别特征、组织架构等内容，不论是指出某种事实，还是提供一个信息，抑或是讲解一个知识点，都要依托一定的教学话语体系，才能以可观可感的真实形式呈现在教师和学生面前，架构起教师和学生沟通的桥梁。

（二）价值导向与引领功能

话语不是客观中立、价值无涉的，它具有价值负载，始终与意识形态交织在一起，"理解话语就是理解语言的政治社会学"①。"比较思想政治教育"教学话语体系是价值性和知识性的统一，遵循"知识是载体，价值是目的，要寓价值观引导于知识传授之中"② 这一教学原则。"比较思想政治教育"是一门专业课，知识是构成教学过程的必备要素，是支撑起课堂教学的骨架和血肉，通过讲解和传授确定性知识，揭示世界范围内思想政治教育的本质规律及发展演变历程，可以使学生系统掌握学科知识，促进自身视野扩展、思维锻炼和认知能力发展。与此同时，"比较思想政治教育"以"比较"为理论视域，要在比较中求同存异、在比较中取长补短，具有浓重的跨文化色彩，如果缺乏坚定的价值立场，对同一经验事实可能得出模棱两可甚至完全错误的观念。教师自己所秉承的以及想要传递的价值观念会通过教学话语体系的具体选择、情感倾向、呈现方式等形式投射出来，价值导向与引领功能是"比较思想政治教育"教学话语体系的灵魂。因此要加强价值性诠释和意义性解读，使学生在学习过程中不仅能够获得知识、增长才干，还能够领悟价值、丰盈精神、启智润心。

（三）内容转化与整合功能

教学并不是材料的一味堆砌和信息的简单呈现，而是一种选择、组织和创造性活动，要经过教师的加工设计，以教学目标为指引，以教材内容为蓝本，通过建构适应教书育人规律、学生成长成才规律的教学话语体系来进行内容的转化和整合，不断提高教学的感召力和实效性。教学话语体系是开放

---

① 卢永欣. 语言维度的意识形态分析 [M]. 北京：社会科学文献出版社，2013：119.
② 习近平. 思政课是落实立德树人根本任务的关键课程 [M]. 北京：人民出版社，2020：19.

的，其内容转化与整合功能的发挥即是在众多材料中理顺主线，有的放矢地取舍内容、科学合理地架构内容、准确恰当地表达内容，主要体现在以下几个方面：一是对"比较思想政治教育"教材话语体系的转化，在坚守教材内容逻辑的严密性、内容的严整性、表达的准确性的基础上，把教材书面语言转化为学生喜闻乐见、通俗易懂的教学口头语言。二是对世界范围内思想政治教育鲜活实践的吸纳。在一定意义上讲，教材一旦形成就是"陈旧"的东西，是对过去实践和经验的理论总结和观念提纯，而世界范围内的思想政治教育实践活动是不断发生发展变化的，新的政策的出台、新的活动的展开、新的理念的产生等新现象新事物都需要适时地被纳入教学话语体系中，以增强教学的时效性和鲜活性。三是对"比较思想政治教育"学术话语体系的整合，跟踪学术前沿，把握学科发展方向，把最新的学术研究成果积极吸收到教学过程中，并把学术性话语、专业性话语转化为适合学生接受特征的教学话语。

二、"比较思想政治教育"课教学话语体系的现实问题

当前，"比较思想政治教育"课教学话语体系面临着支撑性不足、对话性不够、吸引力不强等问题，使课堂教学难以到达理想效果。

（一）"比较思想政治教育"课教学话语体系支撑性不足

教学话语体系不是无根之木，学科发展是课程建设的基础和支撑，"比较思想政治教育"学科发展的不足制约着教学话语体系的发展。相较于思想政治教育学科其他方向如思想政治教育原理、思想政治教育方法、思想政治教育历史等，"比较思想政治教育"的理论要求较高、研究难度较大、进入门槛较高，不仅需要对思想政治教育的原理、方法、历史等基础理论有着清晰了解和科学把握，还需要更高的外语水平、外文文献和资料收集能力、理论甄别与比较能力等，因此相较于其他方向，"比较思想政治教育"的研究水平较低、研究成果较少、学科人才不足、学术影响较弱。当前，不同高校的"比较思想政治教育"课有不同的教材版本作为教学依据，但尚没有统编的"马工程"教材，教辅读本、学术著作也相对较少。"比较思想政治教育"学科理论在地域上的关注不均衡，可以发现其对美国、德国、日本等资本主义发达国家关注较多，对其他国家和地区的思想政治教育理论与实践则没有给予足够的关注，研究成果也相对缺乏。与此同时，学科理论实用

主义倾向明显，这表现为相对零散地关注国外的实践做法和有益经验，描述性话语和实践性话语较多，对策性认识多于规律性认识，缺乏系统分析和深层理论探讨。这些都制约着"比较思想政治教育"课教学话语体系的形成和发展，使"比较思想政治教育"课教学话语体系底气不足。

（二）"比较思想政治教育"课教学话语体系对话性不够

就学科属性和理论秉性而言，跨文化对话性是"比较思想政治教育"课教学话语体系的基本要求。当前，"比较思想政治教育"课教学话语体系对话性不够主要体现在两个方面。其一，从对话基础来看，国内学者通过"名实"之辨①，以世界范围内客观存在的思想政治教育事实为基础，不拘泥于思想政治教育在不同的国家和地区拥有的"名称"，以具体的共同实践来实现话语联结，建构"比较思想政治教育"课教学话语体系的存在合理性。然而，在具体对话中，这并不是不言自明的，而是需要反复地解释和说明，一些概念和范畴在转译和使用过程中不免存在望文生义、词不达意的状况，特别是在没有对等概念存在时，则可能存在各自言说、无法沟通的情况。"思想政治教育"作为具有中国特色的标识性概念，在教学话语体系中往往体现为对最广泛意义上的"思想政治教育"概念理解，以期能够囊括其他国家的不同名称的教育形式，但这也蕴含着使其本质特性被消解的风险以及被困于一直寻求被理解又不得的处境。其二，由于对话心态、对话思维、对话能力等的影响，"比较思想政治教育主要存在'他者'与'我者'两种话语路径"②，相应的教学话语体系也存在着"他者"与"我者"两种取向，"他者"与"我者"的取向与教师的价值预设相关，有不同的取向本无可厚非，但一旦割裂或者极端化，则可能出现偏颇。"他者"取向的极端化体现为"以他为先"，抬高其他国家特别是西方发达国家的理论，贬抑我国的思想政治教育理论与实践，与西方发达国家"相合"的则奉为先进，"不合"的则斥为落后。"我者"取向的极端化则体现为先入为主的主观臆断，"这种立场的过度强化可能带来对'他者'事实的错误理解或过分诠释等问题，可能使研究者完全按照自己的思维和语境去理解他国教育现象，而罔顾他国思想政治教育的客观事实"③。

① 陈立思. 比较思想政治教育［M］. 2版. 北京：人民出版社，2018：2.
② 韩丽颖. 近十年比较思想政治教育的话语分析［J］. 社会科学战线，2014（06）：229.
③ 韩丽颖. 近十年比较思想政治教育的话语分析［J］. 社会科学战线，2014（06）：230.

（三）"比较思想政治教育"课教学话语体系吸引力不强

教学话语体系是直接面向学生的，能否吸引学生注意力，让学生积极主动地参与到课堂学习中是影响教学质量的重要因素。当前"比较思想政治教育"课教学话语体系吸引力还不强，主要体现在以下几个方面：一是话题设置问题意识不足。问题是开启教学的钥匙，只有通过精心设计问题，串联学生的关注点和教材的重难点，才能激活学生兴趣、触发学生学习的深层动机、提高教学针对性。但当前有的教师囿于教材或者自己选定的某本学术著作的体例，重体系的完整性，轻现实的问题性，设置的话题是远离学生实际的"理论抽象物"，不能很好地启发并引导学生按照既定议程思考和行动。二是话语阐释不够到位。有的教师对一些理论的讲解晦涩难懂、空洞乏味，存在着用一种不易理解的理论和框架解释一种陌生的理论，不能很好地深入浅出、释疑解惑的问题；由于出国考察机会、跨文化交流平台较少以及教师学术积累、专业能力等主客观因素的影响，有的教师缺乏对不同国家和地区政治体系、文化背景、社会运行等的深入了解，对一手资料的掌握不充分，对教学内容的解读停留在现象性描述和简单比对的层面，甚至出现话语的扭曲和失真。三是话语表达鲜活度不高，有的教师对一些前沿理论和现实案例的使用更新不及时，鲜有意识和能力从比较思想政治教育的理论视野出发去关注和解读国内外重大事件，并使之转化为鲜活的教学资源供给课堂教学，这使其陷入无新话可说的尴尬境地。

三、"比较思想政治教育"课教学话语体系的建设路径

在与国内多名担任"比较思想政治教育"课任课教师互动交流过程中，教师们普遍反映"该课程难度大、学生兴趣乏乏、教学质量不高"，这一负面反馈不仅打击教师们的积极性和主动性，还影响"比较思想政治教育"学科发展特别是对后备人才的吸纳。课程高质量发展离不开教学话语体系建设，而"比较思想政治教育"课教学话语体系建设不是朝夕之功，要在学科发展和教学实践中不断突破困境、砥砺前行，夯实学科支撑力、提高文化对话力、增强课堂吸引力。

（一）夯实"比较思想政治教育"课教学话语体系的学科支撑力

话语没有自己的独立王国，始终与理论纠缠在一起，话语的魅力源于理

论的魅力，话语的困境源于理论的困境。"比较思想政治教育"课教学话语体系的建设不仅仅是一门课程的事情，不是任课教师凭一己之力就能够推动的，它要依托整个学科的发展来提供理论支撑。首先，要打造学术共同体，倡议由武汉大学、东北师范大学、华中师范大学、北京师范大学、首都师范大学、中国地质大学、福建师范大学等国内"比较思想政治教育"研究高地，牵头搭建多样化的学科对话平台、设立骨干人才研修基地，坚定学科发展的自信、树立平等对话的学术意识，实现学科发展的提质增效。其次，要推进"比较思想政治教育"课统编教材的编写工作，集结学科专家，把已经达成共识的学科概念、范畴、命题、判断等以统编教材的形式沉淀下来，夯实学科发展的知识基础和理论前提，促进学科共识的形成。避免在没有新材料、新视野、新方法、新理论、新实践等支撑时进行长时期无意义的争论和反复的"炒冷饭"，减少低水平的重复研究。再次，要合理分配学科资源，鼓励学者特别是青年学者关注非西方国家和地区的思想政治教育理论与实践，拓展比较思想政治教育的理论领域和发展空间，为学科发展注入源源不断的活力。最后，要以科学命题超越经验命题，以"可以提炼出具体研究假设、可以用理论来解释事实（甚至发展理论）和可以走向理解性、预测性或应用性结论的科学命题"① 超越重描述性、情境性、事后性的经验命题，扎扎实实搞研究，形成规律性的普遍认识。

（二）提高"比较思想政治教育"课教学话语体系的文化对话力

首先，要以"思想政治教育"这一具有中国特色的标识性概念为基础展开文化对话。习近平总书记指出："要善于提炼标识性概念，打造易于为国际社会所理解和接受的新概念、新范畴、新表述，引导国际学术界展开研究和讨论。"② 对于"比较思想政治教育"的文化对话而言，"思想政治教育"概念既有优势又有不足，优势在于其本身已经是提炼出来的标识性概念，识别度高、特色明显；劣势在于其在为国际社会所理解和接受的过程中声音还比较小、传播范围比较窄。传统的处理方式是以"公民教育""道德教育""品格教育"等概念来进行解释和对标，构建对话的前提。笔者认为，如果在文化对话中放弃"思想政治教育"这一特色概念，是对学术话

---

① 付淑琼，胡晨. 超越描述：比较教育研究的逻辑起点 [J]. 比较教育研究，2023（10）：21.

② 习近平. 在哲学社会科学工作座谈会上的讲话 [M]. 北京：人民出版社，2016：24.

语权的自我放弃，在学科发展之初，为引起国际社会的理解和接受尚可以做权宜之选，但如要讲好中国思想政治教育学科故事、坚定"比较思想政治教育"学科自信，则应自觉主动使用"思想政治教育"这一标识性概念，并对其内涵进行严格限定和确定性说明，使之能够作为词条收录进国际学术辞典，进而力争成为国际学术界通行的概念，而不是以各种替代性概念来进行解释。其次，要超越非此即彼的话语路径，以"我者"取向为主导、以"他者"取向为制约，保持"我者"与"他者"之间的张力和平衡，以平和包容的心态展开对话，避免话语极端化。"比较思想政治教育"课教学话语体系是有价值指向的，那就是"中国立场"①。比较不是为了自我贬损，而是为了自身更好地发展。在比较、评价、借鉴等过程中，要以马克思主义理论为指导，立足中国国情，以中国需要解决的问题为关注点，如核心价值观建设、爱国主义教育、道德教育、青年问题、人的现代化发展等，引导学生实事求是地了解、辩证地评价其他国家和地区的思想政治教育理论与实践。

（三）增强"比较思想政治教育"课教学话语体系的课堂吸引力

当代社会信息泛滥，注意力成为稀缺资源，如果课堂教学不是作为学校制度性存在而得到赋权，进而对学生产生刚性约束力，学生很难抵住外部的种种诱惑而进入课堂。而且进入课堂的学生也可能身心分离、"人在心不在"，这就对教学话语体系的吸引力提出了更高要求。首先，要以问题链接为切口深化"比较思想政治教育"课教学话语体系。教师要从教材文本的未尽之处、现实生活的矛盾之处、社会热点的聚焦之处、学生思想的困惑之处出发，满足认知期待、设计问题集合、引导思考方向、营造思索情境，在问题的提出过程中引发思考、在问题的层层递进中触及内核、在问题的剖析过程中释疑解惑、在问题的举一反三中深化理解，因势利导、循循善诱。其次，要以理论阐释为根本强化"比较思想政治教育"课教学话语体系。教学过程中的理论阐释要注重深入浅出、循序渐进，以教师的充分备课和对理论的深入理解为前提，以新案例、新资讯、新思维、新角度为突破口，以学生的认知特点和接受能力为条件，同时要重视话语技巧的应用如话语铺陈、话语修辞等，形成适合教师的特定话语风格如幽默风趣、简约明确、热情洋溢、生动丰富等，以课堂教学中见解的独到性、知识的稀缺性、情感的充沛性、人格的感召性等来吸引学生，发挥课堂教学不可替代的独特价值。

润物无声：思想政治教育环体的育人机理与实践路径

黄　健　金菲菲①

（四川大学马克思主义学院　成都　610207）

[摘　要] 思想政治教育环体作为开展思想政治教育的客观现实，以及推动思想政治教育工作进程的内在动力，会对人的思想政治品德产生深远影响。在思想政治教育环体中，自然规律是人类生存和发展的基本法则，而社会规律则是实现人类思维发展的核心逻辑，两者共同推动人类努力追求自由而全面的发展，从而提升主导意识形态的凝聚力和引领力。思想政治教育工作者需精准把握思想政治教育环体背后独特的作用机制，充分发掘和运用教育实践中的环体资源优势，积极营造校园氛围，主动占领网络媒体阵地，广泛搭建社会实践平台，以实现思想政治教育在潜移默化中发挥德育功能的目标。

[关键词] 思想政治教育；环体；育人机理；实践路径

思想政治教育是一项针对个体思想观念的教育活动，其有效实施离不开特定的思想政治教育环体。这一环体作为思想政治教育的基础，为该项工作的开展提供了必要条件。思想政治教育环体作为思想政治教育系统的基本要素之一，具体而言是"与思想政治教育相关的，对人的思想政治品德的形成、发展产生影响的外部因素"②。思想政治教育作为一项针对个体思想观念开展的实践活动，其有效性离不开特定的思想政治教育环体。思想政治教育环体作为思想政治教育的基础，为思想政治教育活动的顺利实施创造了有利条件。因此，思想政治教育环体对于思想政治教育来说影响重大、意义

---

① 黄健、金菲菲，四川大学马克思主义学院硕士研究生。
② 张耀灿. 现代思想政治教育学 [M]. 北京：人民出版社，2006：240.

深远。

从思想政治教育结构论的视角深入分析思想政治教育环体，是把握思想政治教育全过程的必然要求。思想政治教育环体要素是开展思想政治教育工作不可或缺的前提条件。在缺乏必要的环体要素的情况下，思想政治教育的实际开展将会在现实性转化上面临严峻挑战。思想政治教育工作者需从自身立场出发，深入了解环体要素如何影响人们的思想行为，剖析环体要素中自然规律和社会规律的影响机制，把握其造成影响的深层原因与实践逻辑，为思想政治教育环体的运用提供可行可靠的理论根据，最大限度地发挥思想政治教育环体中的有效资源，从而实现对思想政治教育环体的充分利用，最终推进思想政治教育的创新发展。

一、结构特质：思想政治教育环体的内在分析

思想政治教育结构的特性对整个思想政治教育体系的生成及效能发挥具有深远影响。为实现对思想政治教育结构的全面深入理解，有必要深入探讨思想政治教育系统的基本构成要素。没有建立在环体要素基础上的思想政治教育，往往容易迷失在高度机械化的说教之中，甚至陷入形式化的泥淖。环体是思想政治教育不可缺少的基本要素，分析思想政治教育环体的基本分类与独特优势对于思想政治教育过程来说不可或缺。

（一）思想政治教育环体的基本分类

一定的思想政治教育总是在一定的客观历史条件下进行的。随着时代的不断发展，思想政治教育环体也根据不同历史条件与运行方式被划分为不同的类型，这对于思想政治教育环体的属性研究以及思想政治教育环体利弊干扰的合理规避和有效运用都有着非常重大的作用。"从一般意义上说，思想政治教育环境可分为宏观环境和微观环境。"① 同样的，在空间维度上思想政治教育环体也可分为宏观与微观两个层面。宏观层面涵盖了制约人的思维活动以及思想政治教育实施的外部因素，微观层面则涉及了与人的思维活动、与思想理论实践紧密相关的内部条件。而基于德育影响产生的途径差异，可以将思想政治教育环体分为外部和内部两个层面。从外部视角来看，

---

① 徐志远，左辉. 思想政治教育环境：现代思想政治教育学的重要范畴 [J]. 湖北社会科学，2007（5）：178.

思想政治教育环体通常被认为是传统意义上的客观条件；从内部视角来看，则是指制约思想政治教育实施过程的主观条件。简言之，"就其作用的方向和实质而言，都可划归思想政治教育的积极环境和消极环境两大类"①。

实际上，思想政治教育环体不论从何种角度审视分类，其影响皆可划分为正面效果与负面效果。这种划分基于环体特性所产生的实质效应，有助于思想政治教育工作者更深入地理解其影响机制。正面效果通常借助正面宣传、舆论引导等途径来广泛传播正能量，激发人们的积极性、主动性和创造性，引导人们树立正确的世界观、人生观和价值观，使其更加关注国家和社会的发展大局，为我国社会主义现代化建设贡献力量。而负面效果则往往通过互联网、新媒体等大众渠道来散布不良信息，煽动消极情绪，误导公众认知，导致人们的思想观念出现偏差，政治信仰产生动摇，对国家政策和社会现象产生误解，从而对社会稳定和国家安全构成影响。正确认识思想政治教育环体的双重效果，不断优化思想政治教育环体，将建设宏观层面与微观层面、建设外部层面与内部层面结合起来，是着力构建思想政治教育客观条件的必由之路，也是消除思想政治教育负面影响的应有之义，更是现代思想政治教育专业化、科学化、学科化发展的关键动力。

（二）思想政治教育环体的独特优势

与一般意义上思想政治教育的环境相比，思想政治教育环体有其自身的独特优势。从思想政治教育环体的定义逻辑来看，其在思想政治教育基本要素中并非作为一种抽象定义而是一种具体动态。若将人类置于宏观维度来衡量教育环体，那么人类生活的环体皆处于同一个现实世界。然而，当我们将教育环体的视角从宏观层面转向微观层面，关注每一个个体所处的环体时，我们会发现这些环体各不相同且不断变化。在动态环体与静态个体之间的相互作用过程中，个体的独特气质在潜移默化的教育环体中逐渐被塑造。换言之，特定环体下会呈现出特定个体。在不同环体条件下，人的思想政治品德势必呈现出差异。观察思想政治教育环体所涵盖的范畴可以发现，思想政治教育环体对受教育者的理念认同与行为模式具有潜在且持久的影响力。这种影响力是基于人类社会现实关系与实际条件逐步发展而成的。从思想政治教育环体的转化状态看，思想政治教育环体始终处于不断变动之中，具有具体

① 雷骥. 文化自觉视域下思想政治教育环体的创设 [J]. 学校党建与思想教育，2016（7）：24.

性而非抽象性。在人类世界的各个方面，所有事物都处在持续运动与变化的过程中。因此，教育者必须根据不同的环体条件，针对具体的教学目标，适时调整教学态度，以便选择恰当的教育内容与教育方法。若脱离具体的环体条件，思想政治教育将显得苍白无力。

作为思想政治教育环体进一步优化的结果，思想政治教育情境则更凸显"教育者和受教育者都可以把握的且能够优化双方心理精神氛围而有利于一定思想政治教育目标实现的"① 教育目的。在日益严峻的社会发展背景下，相较于传统思想政治教育情境，思想政治教育环体更能凸显其独特性。审视思想政治教育环体的实施过程，其与思想政治教育的发展需求高度契合。在思想政治教育环体的隐性影响下，受教育者通过对自然规律和社会规律提出疑问，激发其主动探究问题的热忱，从而消除教育者与受教育者之间的心理距离。鉴于思想政治教育环境自身可被人为调控的特性，这为思想政治教学的内涵、方向及特点的创新发展提供了有益条件。在不断变革的客观条件下，思想政治教育工作者为实现思想政治教育的实际效益，保持思想政治教学过程的理想状态至关重要。然而，除了教育者的努力外，受教育者在主观上对于自然状态与社会状态的平衡也至关重要。思想政治教育环体的教育成果显示了其能在受教育者心中播下契合价值观念的情感种子。在思想政治教育的实践过程中，教育者的情感因素引领加之教育条件的持续熏陶将共同营造一种富含情感色彩的教育氛围。长此以往，受教育者将会产生"移情体验"，最终实现教育者所设定的教育目标。

二、生成图景：思想政治教育环体的育人逻辑

自然界的发展变迁见证了人类社会的演进与成长，而在漫长的岁月里，人类的思维意识也在大自然的变迁中孕育而成。在原始条件中，人类通过劳动塑造了自我思维，并在生产力的不断提升中改变着生活方式。可以说，思想政治教育环体中所蕴含的自然规律与社会规律为人类的自我发展提供了理论依据与实践参考，助力人类在各类活动中实现了思想观念与真理知识的深远传播。

---

① 董杰. 思想政治教育情境的概念界定与内涵分析［J］. 学校党建与思想教育，2009（35）：18.

（一）自然规律成为思想观念形成的催化剂

作为特殊物种的人类，是自然场域长期演化的结果。人类不仅是地球生态系统中的重要组成部分，更是自然界发展过程中的奇迹。达尔文关于猿类经过漫长的进化逐渐形成人的论述，充分肯定了人类在自然规律中由被动适应转为主动成长的过程。自然界的变迁对猿类的生存方式产生了影响，经过漫长历史进程，猿类动物中蕴含的劳动潜能逐渐显现，逐渐演变成了人类早期的"动物式的本能的劳动形式"①。马克思主义也看到了劳动在猿类转变成人的过程中的巨大价值以及在人类社会形成发展过程中的重要作用，承认人的产生、生存和发展过程受到了自然条件的显著影响。人类的劳动立足于客观自然规律，其中水、土地、矿产在内等各类自然资源为人类的劳动提供基础保障。在此基础上，人类不断探索、总结和提炼社会规律，逐步积累生存知识、培育个性文化、塑造自我意识，将大自然提供的物质资源转化为物质生产资料，逐步奠定了人类社会自我演进的物质基石。故而人类通过加工与交流，逐渐发展出独特的语言与文字，并在广泛、持久、多元的互动交往中，形成了目前生物界最高级别的自主性思维。最终，随着思维的不断交流与碰撞，人类对具体事物或特定问题产生了普遍性认知。

"自由就在于根据对自然界的必然性的认识来支配我们自己和外部自然"②，在人类文明进步的过程中，对自然界的改造始终应遵循一项基本原则，即顺应自然规律。此外，在思想政治教育的持续推进中，同样需尊重自然条件的客观性。这一智慧源于人类在实践活动中经验的积累，也是人类与自然实现和谐共生的基石。站在思想政治教育的学科视角审视，不难发现，对这一自然规律的遵循有必要深度融入以"统治阶级为维护统治"为主线展开的思想政治教育活动中。在政府部门、教育机构等有关单位有意识地遵循科学规律的过程中，务必充分考虑思想政治教育环节。在全面审视和分析所在地区的基础上，适度融入富含思想政治教育意蕴的文化景观。科学技术是第一生产力，但科技的发展并不意味着我们可以无序开发、滥用资源。在执行自然开发任务时，相关部门应充分重视生态教育这一思想政治教育的重要环节，教育人们尊重自然、珍惜资源，树立绿色发展理念。强化生态保护

① 中共中央马克思恩格斯列宁斯大林著作编译局. 马克思恩格斯选集：第 2 卷 ［M］. 北京：人民出版社，2012：169.

② 中共中央马克思恩格斯列宁斯大林著作编译局. 马克思恩格斯选集：第 3 卷 ［M］. 北京：人民出版社，2012：492.

意识，真正激发起民众爱护生态环境的自觉性和主动性。此外，要根据各地自然条件的具体特点，因地制宜地将情感话语、价值观念、文化产品等教育资源与自然资源开发相互结合，在遵循自然发展规律的前提下充分发挥自然资源的独特优势，确保人类活动不会对自然界造成无法挽回的损害，最终实现人与自然的和谐共生。

（二）社会规律成为行为规范产生的发酵剂

"意识［das BewuBte Sein］在任何时候都只能是被意识到了的存在［das bewuBte Sein］……"① 思想本身并不能实现，要想真正实现思想，就必须立足于实践，因此人的思想意识必须依赖于物质条件和客观存在。社会的发展不仅是一种遵循规律的自然历史演变，同时也是人类主动创新的结果，是合目的性与合规律性相统一的过程。马克思与恩格斯发现了人类历史的发展规律，成功解决了社会存在与社会意识的关系问题。他们主张人类社会发展的普遍规律在于生产力决定生产关系，经济基础决定上层建筑。其中，生产力是指人类在生产过程中创造物质财富的能力，是人类在改造自然的过程中所形成的适应社会需要的物质力量；生产关系是指在生产过程中，劳动者之间所形成的一种经济关系，这种关系不受个体意志左右；经济基础是指由社会特定发展阶段的生产力决定的生产关系的总和，其作为构成特定社会的基础，为社会提供稳固的支撑；上层建筑则是指建立在经济基础之上的意识形态，以及与之相适应的制度、组织和设施。生产力与生产关系的关系侧重社会的经济领域，经济基础与上层建筑侧重社会的政治、法律及意识形态等领域。该规律揭示了社会发展的内在联系，表明社会发展的方向和进程并非偶然，而是受到内在规律的制约，是思想政治教育工作开展的理论基石。

"随着新生产力的获得，人们改变自己的生产方式，随着生产方式即谋生的方式的改变，人们也就会改变自己的一切社会关系。"② 生产力对生产关系的决定作用，实则凸显了人类社会发展的核心在于生产力的发展状况。而对经济基础与上层建筑这一辩证关系的分析，更意味着人类在全力以赴推进经济建设的过程中，必须始终保持对意识形态工作及思想政治教育的重

---

① 中共中央马克思恩格斯列宁斯大林著作编译局. 马克思恩格斯选集：第 1 卷 ［M］. 北京：人民出版社，2012：152.
② 中共中央马克思恩格斯列宁斯大林著作编译局. 马克思恩格斯选集：第 1 卷 ［M］. 北京：人民出版社，2012：222.

视，切勿懈怠或减弱对其的关注与投入。在探讨生产力与生产关系的发展，以及经济基础与上层建筑的变革时，我们必须认识到这些变化都深刻地反映了人类物质生活活动的演变历程。物质生活活动是决定社会自身的结构、性质与面貌的根本因素，制约着人们的全部社会生活，这是人类生存发展亘古不变的核心逻辑。人类社会的发展本质在于新旧生产力的不断更迭，进而引发人类思维认知的适应与变革。人类思想的改变虽然一定程度上带有主观性和偶然性，但最终还是取决于社会物质生活条件的改变，这对开展思想政治教育工作产生了深远的影响。社会规律通过人际交往和文化传承的方式，塑造了人们的价值观、道德观和行为准则。社会规律要求个体尊重他人权益与尊严，恪守公平正义原则，这些要求在人们的精神层面形成了一整套行为规范。随着人类生存条件、实践路径与认知来源的不断变迁，人类的思维方式、互动模式以及知识传播也随之作出适应性调整，这在思想政治教育领域亦是如此。

（三）意识形态成为实现人的发展的助燃剂

思想政治教育的终极目标，是为了实现人的发展。在这种发展中，人的体力和智力得到提高，社会交往能力也得以提升，这是一种自由而全面的发展。"人创造环境，同样，环境也创造人。"① 在思想政治教育环体中，自然基础是人类产生地域观念与家国情怀的港湾，物质条件是人类产生直观认知和价值判断的依据，而精神状况则是人类形成价值观念和行为准则的来源。自然基础中蕴含着人类在日常生活中所需要的各类资源，人的肉体生命通过这些资源不断存续，而人的精神生命通过这些资源不断升华，这不断促使着人类时刻思考人类与自然之间的关系。人类在探索如何持续保证人类与自然二者之间的关系保持稳定且不受干扰的过程中，最终达成了民族认同与国家归属的共识。相较于自然基础对人类个体心理的直接触动，物质条件与精神状况在影响人的思维意识时，往往会影响高层次的社会意识即意识形态。"意识形态本质上是社会的经济基础和人们的社会存在在意识中的反映，包括政治思想、法律思想、社会思想、教育、伦理、宗教、艺术、哲学等构成的有机的思想体系。"② 思想政治教育环体通过意识形态中的各类知识系统，

---

① 中共中央马克思恩格斯列宁斯大林编译局. 马克思恩格斯选集：第1卷 ［M］. 北京：人民出版社，2012：172-173.

② 刘建军，张智. 马克思主义经典作家论思想政治教育 ［M］. 北京：人民出版社，2023：3.

帮助人们形成具有自觉性、系统性、定位性的理性认知。在这种特定教育环体下，这种充满理念教化与实践导向的积极意识，逐渐演变成为具有时代特征的主流价值观，进而使广大民众逐渐接纳并受到其影响，从而巩固了统治阶级在意识形态领域的核心地位。

思想政治教育工作的本质，在于深入探讨现实生活中的真实人物，关注他们的情感与感受。也就是说，思想政治教育工作的出发点和落脚点是人，这里的人不是一种抽象的存在物。马克思认为，"人就是人的世界，就是国家，社会"①，人的本质"在其现实性上，它是一切社会关系的总和"②。这实质反映出思想政治教育从根本上来说，就是做人的工作，人类只有在社会关系中才能发展自己。人的思想政治教育开展是离不开社会的，因为人的社会互动与自我塑造总是在社会生活中完成的。人的社会实践活动在改造外部世界的同时，也改变着自身的世界。人类所开展的每一项实践活动都是在具体的社会条件中进行的，依附在纷繁复杂的社会关系之中的人类思维认识会随着外界的变化而变化。这种千丝万缕的关系最终构成了人类赖以生存和成长的社交场域，规定了人类的思维习惯和行动方式，对人的思维发展产生影响，建构和丰富人的精神世界，培育和增强人的精神力量。充分发挥意识形态的规约作用，把握好个人发展与社会发展的平衡点，围绕人的思想发展，关照人的切身利益，努力推进人的自由而全面的解放，必然是思想政治教育环体的最终旨归。

三、现实践履：思想政治教育环体的应用思考

要有效开展思想政治教育环体的研究，积极选择并构建促进个体成长的教育氛围，必须充分发挥人的主观能动性。人类运用物质工具和手段对自然进行改造，进而赋予社会思想政治教育之内涵，这既彰显了个体主观能动性的作用，亦推动了思想政治教育的发展。思想政治教育工作者必须树立"以人为本"的思想政治教育观，充分发掘和运用教育实践中的环体资源优势，积极营造校园氛围，主动占领网络媒体阵地，广泛搭建社会实践平台，以实现思想政治教育在潜移默化中发挥德育功能的目标。

---

① 中共中央马克思恩格斯列宁斯大林著作编译局. 马克思恩格斯选集：第 1 卷 ［M］. 北京：人民出版社，2012：1.

② 中共中央马克思恩格斯列宁斯大林著作编译局. 马克思恩格斯选集：第 1 卷 ［M］. 北京：人民出版社，2012：135.

（一）努力挖掘校园环境建设，充分发挥文化育人作用

校园环境体现一所学校的办学理念、办学特色和学校精神，加强校园文化建设、繁荣校园文化对于加强和改进高校学生思想政治教育具有重要意义。教育部门和教育工作者在开发和运用思想政治教育环体时，要积极"发挥自然环境和社会环境中的教育资源优势"①，将自然科学与人文科学中的思想政治教育资源与思想政治教育环体有机融合。在高校思想政治教育上，教育部门和教育工作者需要立足自身地理条件，发挥自身独特优势，挖掘富有现实教育意义的校园环境。教育部门及从业人员应双管齐下，一方面对校园自然环境进行科学开发，紧抓体现自然变迁规律的景观建设，为教育对象呈现富含启示人生价值的要素；另一方面要关注校园硬件设施建设，对校园进行整体规划、合理布局，力求校园内的功能区域布局要合理、功能要完备、质量有保障，以实现环境育人的目标。高校应充分发挥自身优势专业及独特背景，精心规划与打造富有特色的文化景观，高度重视并深入开展校史挖掘与整理工作，结合实际情况设立校史展览馆、主题博物馆等。教育部门及教育工作者在构建校园文化时，应密切关注实时动态，将思想政治教育内容融入其中；通过倡导道德典范、开展宣传教育等途径，巧妙地将社会主义核心价值观贯穿于日常生活之中，使人民群众在自然的生活环境中接受思想政治教育，从而避免因教育环境突变而引发人民群众的反感。教育部门及教育工作者需善于将道德准则、价值观念、社会共识等正面元素巧妙地融入社会实践中，使广大群众时刻体会到社会发展带来的丰硕成果，进而实现思想政治教育的积极导向。

（二）主动占领网络媒体阵地，拓展深化网络育人手段

生产力水平的提升，将持续推动人类在学习、思维和沟通方面的发展。《第 52 次〈中国互联网络发展状况统计报告〉》显示，"截至 2023 年 6 月，我国网民规模达 10.79 亿人，较 2022 年 12 月增长 1109 万人，互联网普及率达 76.4%"②。作为思想政治教育环体构建的关键领域，互联网在推动社会进步和影响群众生活方面日益凸显其重要作用。计算机网络技术以其迅

---

① 张毅翔. 思想政治教育环境渗透法的唯物史观解读及实践［J］. 思想教育研究，2017，（10）：16.

② 中国互联网络信息中心（CNNIC）. 第 52 次《中国互联网络发展状况统计报告》［EB/OL］.（2023 - 08 - 28）［2023 - 12 - 20］. https://www.looec.cn/home/detail - 6631924. html.

速、开放和互动的特性，已成为现代生产力的重要体现以及生产力发展的前沿标志，这也促使着网络思想政治教育逐渐成为高等教育机构实现立德树人目标的重要途径。因此，教育者在运用思想政治教育环体时，要适时发挥网络信息的生产力水平，充分利用网络信息技术，积极把握网络舆论引导权，提升思想政治教育理论课教学的有效性，打造网络教育新范式，构建网络命运共同体，让互联网变成人民群众共享的精神栖息地。首先，教育者要充分运营和维护好各类"微思政"平台，提高政治站位，构建网络意识形态话语权，维护网络意识形态安全；其次，教育者要及时发布和更新官方信息，运用受众喜闻乐见的方式回应关切，提升官方新媒体平台的关注度，促进良性互动；再次，要充分运用新媒体技术建立宣传矩阵，搭建起与学生实时交流的社交平台，拓展思想政治教育阵地；最后，要利用好已取得一定实践效果的思想政治教育网络平台，把握好网络这一全新的思想政治教育载体，将主流思想融入由网络创造的虚拟教育环体中，使人类在虚拟教育环体中有效接触主流价值理念。

（三）广泛搭建社会实践平台，扎实推进实践育人模式

"提升高校实践育人成效，必须从高校工作全局出发，强化实践育人，进一步完善高校思想政治工作的体制机制。"① 社会实践作为高校实施思想政治教育的主要手段，在大学生思想政治教育过程中产生了积极影响，发挥了举足轻重的作用。人类社交的本质属性在一定程度上揭示了其通过社会实践进行互动与创造，从而孕育出思维、概念和知识的过程。在各种生产关系中，人类的劳动、生活与知识之间相互关联。人类的思想政治价值观源于社会交流实践，并通过教育者在日常工作生活中的不断融入，在这种交流方式中潜移默化地提升思想意识、道德素养与政治觉悟。因此，教育者在运用思想政治教育环体时，应充分发掘并利用学校公共场地、工作区域、交往空间等思想政治教育环体要素，实施高效的思想政治教育。在教育实践中，教育者需引导学生在学习之余积极参与社会调查，帮助他们熟练掌握社会调查的基本方法，明确调查任务、对象及范围，并制订翔实的考察计划。例如，教育者可以指导学生深入探究家乡的人文历史，挖掘地方文化资源，为家乡文化产业事业的发展提供建设性意见，从而实现将课堂所学理论知识应用于社会实践之中的教育目标。另外，教育者应激励学生将社会实践与思想政治教

---

① 李海娟. 新时代高校实践育人路径探析［J］. 思想理论教育，2021（8）：110.

育相结合，积极传播正能量，抵制低俗、庸俗、媚俗的社会现象，确保社会实践教育活动的正确思想导向。除此之外，教育者可以引导学生在区域、行业、社区等层面进行深入探索，使思想政治教育理论依附于各类具体的社会关系和自然关系，从而在社会交往过程中提升思想觉悟。

四、结语

思想政治教育工作者应充分运用思想政治教育环体，实现教育内容与资源的有机整合，激活其潜在的隐性教育效应，从而达到润物无声的教育功效。思想政治教育环体是开展思想政治教育工作所必须面对的客观现实，同时也是推动思想政治教育工作发展的内在动力。深入理解并正确把握其独特的作用机制，将成为新时代思想政治教育工作实践的重要步骤。

专题三　思想政治理论课教学

坚持问题导向全面深入推进大中小学
思想政治教育一体化建设①

张晓明　田茂农②

（西华师范大学马克思主义学院　南充　637009）

　　[摘　要]　大中小学思政课一体化建设中的"不平衡不充分"问题根源在于思政课学段性教学与整体性育人之间的矛盾，其在实际教育教学工作中则具体表现为要素不平衡催生的各学段教育相互割裂与讲理不充分导致的思政课教学效果不佳。对各学段思想政治教育工作者而言，解决此问题的出路在于必须全面深入理解新时代思政课建设内涵式发展的要求与目标，认真思考研判目前问题与现状，以科学思政课建设观与"大思政课"理念为化解之道，以自我革命的方法论为应对之策，立足学生为本，满足学生需要，回应学生诉求。

　　[关键词]　大中小学思政课；一体化建设；不平衡不充分

　　大中小学思政课一体化建设是大中小学思想政治教育一体化建设中的重要组成部分之一。2019年3月，习近平总书记在学校思想政治理论课教师座谈会上指出，"在大中小学循序渐进、螺旋上升地开设思政课非常必要，是培养一代又一代社会主义建设者和接班人的重要保障"③，并由此进一步提出"要把统筹推进大中小学思政课一体化建设作为一项重要工程，坚持问题导向和目标导向相结合，坚持守正和创新相统一，推动思政课建设内涵

　　①　本文系国家社科基金重大项目"以中国式现代化推进中华民族伟大复兴研究"（项目号：22ZDA022）、四川省社科规划重大项目"人类文明新形态视域下我国制度优势转化为治理效能的路径创新研究"（项目号：SC22EZD018）的阶段性成果。
　　②　张晓明，西华师范大学马克思主义学院院长，教授；田茂农，西华师范大学马克思主义学院教师。
　　③　习近平. 论党的宣传思想工作 [M]. 北京：中央文献出版社，2020：375.

式发展"①。2019 年 8 月，《关于深化新时代学校思想政治理论课改革创新的若干意见》明确提出："统筹大中小学思政课一体化建设"②，"在大中小学循序渐进、螺旋上升地开设思政课，引导学生立德成人、立志成才"③。2021 年 3 月，习近平总书记在看望参加全国政协会议的医药卫生界教育界委员时创造性地提出了"大思政课"理念，强调思想政治教育必须与现实结合。中国特色社会主义进入新时代以来，以习近平同志为核心的党中央立足中华民族伟大复兴战略全局和世界百年未有之大变局对育人事业的新要求新需要，提出了一系列关于加强和深化大中小学思政课建设的新思想、新观点和新论断，为推进大中小学思政课一体化建设与内涵式发展，破解思政课学段性教学与整体性育人之间的矛盾提供了理论和方法论指导。然而在新时代大中小学思政课建设取得许多重大进展与成果的同时，一体化建设过程中各学段教育的"不平衡不充分"问题也开始逐渐显露。大中小学思政课一体化建设要想真正落到实处，各学段学生与其对应学段思政课的有机结合至关重要。回应各学段学生的具体诉求，关注大中小学思政课一体化建设的全过程，要求各学段思想政治教育工作者突出问题意识，坚持目标导向，科学分析现状，积极寻求"不平衡不充分"问题的化解之道与应对之策。

一、现状分析：各学段"不平衡不充分"问题何以体现

思政课是落实立德树人根本任务的关键课程，解决的是"培养什么人、怎样培养人、为谁培养人"的根本问题，在各学段都具有无可替代的作用。落实立德树人根本任务，既应始终要求一体化建设过程中的思政课设计充分注重对于学生知识、能力、素养和人格四要素培养的动态平衡，又要始终认清一体化建设过程中思政课"讲道理"的本质，灵活运用各种方式方法把道理充分地讲深、讲透、讲活。近年来，大中小学思政课一体化建设稳步发展、颇具成效。同时，各学段思想政治教育过程中的"不平衡不充分"问题也在上述"四要素"与"讲道理"两个环节当中有所体现。

第一，要素不平衡催生各学段教育相互割裂。"不平衡"，即指当下大

---

① 习近平. 论党的宣传思想工作［M］. 北京：中央文献出版社，2020：389.

② 关于深化新时代学校思想政治理论课改革创新的若干意见［M］. 北京：人民出版社，2019：4

③ 关于深化新时代学校思想政治理论课改革创新的若干意见［M］. 北京：人民出版社，2019：4.

中小学思政课一体化建设中知识、能力、素养和人格四种要素培养不平衡的问题。知识、能力、素养和人格，既是当代高等教育与大学教育视野下的通识教育理念和模式所强调的、应与育人工作紧密结合的四种要素，更是大中小学思政课一体化建设过程中全学段教育都应正确理解、吸收和重视的四种要素，也在目前各学段循序渐进、螺旋上升的思政课开设过程中有所涵盖。"义务教育学段的小学和初中思政课主要以'知事'、'懂事'、'讲文明'，高中思政课主要以'知史'、'晓义'、'识是非'，高校思政课主要以'明理'、'行道'、'铸信念'作为教育教学的进阶目标。"① 可见，各学段的教育目标在差异性的基础上相互关联，在整体性的构建中层层递进。因此，各学段思政课设计应当立足学生、着眼全局，从四种要素入手，根据学生的具体情况全面、系统地开展立德树人教育。然而，实际教学中，部分思想政治教育工作者由于缺乏融通性、连贯性的教育思维，缺乏对于"大思政课"理念的正确认识，所以在思政课讲授过程中主观臆断地将"循序渐进、螺旋上升"错误理解成"各行其道、各自为政"，即认为小学、中学阶段主要是知识教育，大学阶段才是能力、素养和人格教育，更有甚者衍生出"小学、中学阶段只是在进行应试教育，大学阶段才是在进行素质教育"的片面结论。由此便进一步导致大中小学思政课一体化建设过程中教育教学的割裂，如，方式与内容的割裂，手段与目的的割裂，学校、家庭和社会教育的割裂，等等。实际上，对所有学段的学生而言，思想政治理论课都始终强调传授其知识、拓展其能力、提高其素养、完善其人格。

第二，讲理不充分导致思政课教学效果不佳。"不充分"，即指当下各学段思政课教学中对于理论内容的挖掘不充分与讲理形式的开发不充分的问题。首先，内容挖掘不充分。思政课的内容，究其本质就是道理，重点是要将道理的承担者，即理论，讲深、讲透、讲活。正如马克思所说："理论只要说服人［ad hominem］，就能掌握群众；而理论只要彻底，就能说服人［ad hominem］。所谓彻底，就是抓住事物的根本。而人的根本就是人本身。"② 伴随"大思政课"理念的提出，对思政课内容的充分挖掘既要从课程入手也要从学生入手，既需具有高屋建瓴的时代性又需具有学生为本的针对性。"思政课教师不仅要给学生'讲深讲透'教材中马克思主义理论的经

---

① 余华，涂雪莲. 关于大中小学思想政治理论课教学有效衔接的思考［J］. 思想理论教育，2019（9）：64.

② 中共中央马克思恩格斯列宁斯大林著作编译局. 马克思恩格斯文集：第1卷［M］. 北京：人民出版社，2009：11.

典'例题'，还要'讲活'复杂现实中的'应用题'。"① 因此，就内容挖掘而言，"只讲故事毫无理论"的"庸俗化思政课"和"只讲理论毫无例证"的"念经式思政课"都应当在各学段予以消除。其次，形式开发不充分。目前，对于思政课"枯燥乏味""活力欠缺"的刻板印象在部分学生视域中仍然存在，仍有部分学生认为思政课不过是将理论"照本宣科"式的灌输。"让学生接受马克思主义，离不开必要的灌输，但这不等于搞填鸭式的'硬灌输'。"② 思政课的内容涉及广泛、涵盖丰富，这也决定了各学段思想政治教育工作者在提高自身综合素质的同时更要讲究方式方法、优化教学手段。习近平总书记指出："'大思政课'我们要善用之，一定要跟现实结合起来。上思政课不能拿着文件宣读，没有生命、干巴巴的。"③ 结合理论与实践、内容与形式并重并举的"大思政课"理念，广大思想政治教育工作者应当针对各学段学生的不同特点，运用学生喜闻乐见的教学方法，使用学生倍感兴趣的教学工具，采取学生"想听、愿听、爱听"的形式讲出能够真正"入耳、入脑、入心"的内容。因此，就形式开发而言，内容固然为王，守正仍须创新。生硬、陈旧、单一的教学形式已难满足新时代各学段学生日益发展的期望与需求，传统的思政课程形象已经无法仅依靠内容的充分而显得立体且丰满。

二、化解之道：科学思政课建设观与"大思政课"理念

大中小学思政课一体化建设中"不平衡不充分"问题的化解之道，即指方法对策背后的理论支撑与遵循。大中小学思政课一体化建设作为思政课内涵式发展的战略举措，是以落实立德树人为根本任务的一体化，是以各学段思想政治教育有机统一为基本要求的一体化建设，是以打造高质量思政课为核心动力的一体化建设。因此，化解"不平衡"，需要我们树立科学思政课建设观，统筹兼顾，协同共进；化解"不充分"，需要我们贯彻"大思政课"理念，开展新时代思政课高质量建设。

第一，树立科学思政课建设观，育全面发展之人。科学思政课建设观旨

① 李蕉. "大思政课"的历史方位与理论定位 [J]. 思想理论教育导刊, 2022 (9)：102.
② 习近平. 思政课是落实立德树人根本任务的关键课程 [M]. 北京：人民出版社, 2020：22.
③ "'大思政课'我们要善用之"（微镜头·习近平总书记两会"下团组"·两会现场观察）[N]. 人民日报, 2021 - 03 - 07 (1).

在将"三全育人，五育并举"教育理念切实贯穿于各学段思政课建设中，以建设为第一要义，以育人为本为核心，以实事求是为基本要求，以统筹兼顾为根本方法。首先，大中小学思政课一体化建设归根到底要解决的是"怎样建设一体化，建设怎样的一体化"的问题。以建设作为第一要义，才能抓住工作主线，站稳工作重心，为解决各学段思想政治教育过程中的不平衡问题提供方向指引与根本支持。其次，大中小学思政课一体化建设必须始终着眼"培养什么人、怎样培养人、为谁培养人"这一根本问题。以育人为本为核心，育全面发展之人，就是要在思政课设计、进行和总结过程中始终注重各学段学生知识、能力、素养、人格四个要素的综合培养；就是要运用创新、开放、综合的方式方法培养新时代全面发展的人才；就是要将"为党育人，为国育才"的崇高坚守融入一体化建设的全过程。再次，大中小学思政课一体化建设是与中国国情紧密相连的一体化建设。以实事求是为基本要求，从实际出发扎根中国大地办教育，在一体化建设过程中既注重培养目标的一致性、主题思想的统一性，也要具体问题具体分析，注重理论内容的梯度性、教学手段的多样性。只有这样才能发挥出我国思政课所独有的特色与优势，才能深刻领悟和遵循人才成长规律、教育教学规律、思政教育规律，把握时代大势，争取历史主动。最后，大中小学思政课一体化建设是全面、协调、可持续的一体化建设。以统筹兼顾为根本方法，统筹各学段思政课建设中所体现的国家要求、社会需求和自身追求，兼顾知识、能力、素养和人格四个要素的培养"体现重点、齐头并进"；不仅要在大学阶段落实"三全育人，五育并举"理念，小学、中学阶段的思想政治教育工作也应结合自身实际开展全员、全过程、全方位育人工作，强调德智体美劳综合培养，只有这样才能实现一体化建设最终育全面发展之人的目标。

第二，贯彻"大思政课"理念，打造高质量思政课。所谓"大思政课"，是与现实紧密结合、生动而具体的思政课，是同时拥有内容之"大"与形式之"大"的高质量思政课。换言之，化解思政课讲理不充分的问题，做到内容上的充分挖掘与形式上的充分开发，是打造高质量思政课的基本要求。其一，全面认识内容之"大"。"思政课教学涉及马克思主义哲学、政治经济学、科学社会主义，涉及经济、政治、文化、社会、生态文明和党的建设，涉及改革发展稳定、内政外交国防、治党治国治军，涉及党史、国史、改革开放史、社会主义发展史，涉及世界史、国际共运史，涉及世情、国情、党情、民情，等等。"① 各学段的思政课实际上都不是单一存在，而是作为"课程群"出现，相互关联、相互衔接的内容中既具有专业学术的理论性，更具有社会时代的现实性。大中小学思政课一体化建设是大中小学思想政治教育一体化建设的有机组成部分，是其中地位最为重要、内容最为丰富、情况最为复杂的一部分，也是最考验各学段思想政治教育工作者（不仅指思政课教师）理论功底、教学能力和综合素质的一部分。这意味着各学段思想政治教育工作者首先应当提高素质，强化认识，广泛学习，真正将"大思政课"中的"大内容"学懂、弄通、悟透、做实，切忌骄傲自满、自说自话。其二，善于运用形式之"大"。对于各学段思政课形式转变问题的解决有两条思路：一方面，传统教学形式向新时代教学形式的进化。以学生的关照、兴趣、诉求为出发点，对传统教学形式进行创造性改造与创新性发展，守正创新、因地制宜地推动沉浸式学习、交互式学习、虚拟仿真实验式学习等新时代教改理念的生根发芽。另一方面，思政课程与课程思政两种形式加强配合与贯通。如果将思想政治理论作为思政课的内容，具体的教学手段则可称为其形式；如果将思想政治教育本身作为内容，思政课程与课程思政则可称为其形式。因此，思政课程的一体化建设需要更加主动地同课程思政进行链接，需要各学段的思政课程与课程思政相互衔接。思政课程一体化建设的过程也是课程思政一体化建设的过程，正确理解思政课程与课程思政的辩证统一，才能以此推动各学段思政课与品德教育、素质教育、专业教育、育人工作的辩证统一，与各学段学生的道德规范、理想树立、职业规划、人生发展的辩证统一。"大思政课"中的"大形式"不只局限于强调教学方式方法由传统向未来的改革，也强调如何用好思政课程与课程思政这两者开展各学段思想政治教育工作的重要形式。

三、应对之策：践行自我革命的方法论

问题由发现到解决，需要人悟"道"，更需要人施"策"。大中小学思政课一体化建设过程中的"供给侧改革"，就是要广大思政工作者应对问题、满足需求，就是要推动各学段思政课的自我调适、自我革命。大中小学思政课一体化建设中所出现的"不平衡不充分"问题主要存在于各学段思

---

① 习近平. 思政课是落实立德树人根本任务的关键课程 [M]. 北京：人民出版社，2020：10-11.

政课的主体、内容和手段之中。大中小学思政课一体化建设要想适应学生成长成才需求，就必须在解决问题的过程中践行自我革命的方法论。

第一，主体的自我革命。其一，辩证看待思政课中的主体与客体。"环境是由人来改变的，而教育者本人一定是受教育的。"① 思政课教师是思政课责无旁贷的主体，本质上也是具有客体性的主体；各学段学生是接受思想政治教育的客体，本质上也具有自己的主体性作用。因此，作为思想政治教育的发起者和实施者，作为大中小学思政课一体化建设的推动者和主心骨，广大思政课教师的主体作用无可替代。但是一旦脱离学生，脱离具有主体性作用的客体，教师本身的主体性也就不复存在。其二，主体自我革命的关键是教师。讲好思政课，教师本身素质必须过硬，要想学生真听、真懂、真信，就必须对思政课教师加强培养、严格要求，教师应时刻总结、时刻反思，既要树立高度的学科自信和理论自信，又要塑造自身的人格魅力和学识魅力。同时，"调动思政课教师的积极性、主动性、创造性，必须增强教师的职业认同感、荣誉感、责任感"②。在各个学段都要培养一批政治强、情怀深、思维新、视野广、自律严、人格正的思政课教师。其三，学生的主体性作用不容忽视。"思政课教学离不开教师的主导，同时要坚持以学生为中心，加大对学生的认知规律和接受特点的研究，发挥学生主体性作用。"③以学生为主体，必须了解学生想听什么，爱学什么，让学生明白自己既是"观众"又是"演员"，既能认真听讲又可大方表达。以思政课培养会通过自我调适、自我革命来适应瞬息万变的社会、适应日新月异的时代的学生，只有把学生成长、成人、成才诉求变为思政课的本身追求，才能由此实现大中小学思政课一体化全面、协调、健康、可持续的发展。各学段思政课教师要时刻与学生同频共振、共同成长，深入学生群体，扎根校园之中，发挥引领作用，激发广大学生作为受教育客体的主体能动性、创造性。

第二，内容的自我革命。其一，课程内容的一体化。"内容感召，内容至上"始终是思政课教学的根本点，每一学段的思政课课程内容都经过一众专家学者的深思熟虑、实地考察、集体论证、系统建构，能够很好展现出

---

① 中共中央马克思恩格斯列宁斯大林著作编译局. 马克思恩格斯文集：第 1 卷 ［M］. 北京：人民出版社，2009：500.

② 习近平. 思政课是落实立德树人根本任务的关键课程 ［M］. 北京：人民出版社，2020：25.

③ 习近平. 思政课是落实立德树人根本任务的关键课程 ［M］. 北京：人民出版社，2020：21.

立足各学段学生需求、特点的学理性、前瞻性和针对性。但各学段的内容之间不可避免存在的冗余、重复、断层和倒置问题仍然应当在大中小学思政课一体化建设中引起警觉。大学学段思政课作为一体化建设过程理论上的"终点"，承接小学、中学学段思政课教学的直接结果，因此低学段课程内容与高学段课程内容如何无缝衔接、流畅衔接、科学衔接，是各学段思想政治教育工作者在实践过程中必须面对的问题。为保证低学段课程内容与高学段课程内容得到有机结合，各个学段都应当明确其内在关系，梳理其本质联系，讲明其递进发展关系，立足整体，关照过程，共同提升。其二，课程设计的一体化。除了对于课程内容本身的关注，如何将精彩的内容予以呈现也是思政课一体化建设中的关键一招。因此，不同学段思政课教育教学需要协同合作，做好大中小学思政课课程设计的阶梯递进和有效衔接，形成"相互借鉴、互相学习、各具特色"的课程设计氛围显得尤为重要。把握大中小学思政课相似和相同主题的教学课程衔接，构建大中小学思政课课程设计相衔接的制度体系。其三，资源转化的一体化。课程内容与课程设计更多侧重知识、教学在大中小学思政课一体化建设中的内容领域的表达，如前所述，大中小学思政课一体化建设不是单一传授知识、宣讲理论的过程，而是知识、能力、素养和人格共同培养的过程。因此，关注综合内容，聚焦资源转化，聚集优质资源，需要协同育人，需要有效转化。换言之，立足宏观的大中小学思政课一体化建设过程，就是要把社会资源优势转化为科研优势，把科研优势转化教学优势，把教学优势转化为育人优势，把育人优势转化为服务社会优势。只有这样，才能实现政策势能向育人效能有机有效转化，为第二个百年奋斗目标培养德才兼备的时代新人。

第三，手段的自我革命。其一，融入时代、守正创新。广大学生作为受教育客体，其主体性作用的重要性在课堂中愈发凸显。尊重学生主体性，发扬学生创造性，调动学生积极性，提升思政课课堂"到课率""抬头率"，就必须运用革命的手段提升课堂的吸引力、亲和力。借助高效、有益的现代化教学手段、第三方教学平台（如线上平台、智慧课堂等），开展师生互动式专题教学，让学生把实践体验融入创新理论，加深其对知识逻辑的内化理解，及时查漏补缺、充实调整，让教师围绕其困惑、盲区及时回应、精准解惑，延展育人成效，形成积极、活泼、生动、热闹的课堂氛围。其二，反思经验、总结规律。手段的自我革命必然带来一系列创新成果的涌现，既不应沾沾自喜，也不应妄自菲薄，要实事求是地分析成功案例、反思失败经验，寻找其中共性，探究大中小学思政课一体化建设中的规律。人才成长规律、教育教学规律、思政课本身建设规律都是在大中小学思政课一体化建设实践中发现、归纳、总结出来的。因事而化、因时而进、因势而新地推动思政课手段的自我革命，需要广大思想政治教育工作者在各学段思政课一体化建设进程中坚持、在坚持中加强、在加强中改进，最终促进以思政课自我革命带动人才培养质量革命。

四、结语

党的二十大报告明确指出，要"用社会主义核心价值观铸魂育人，完善思想政治工作体系，推进大中小学思想政治教育一体化建设"①。作为思想政治教育一体化建设的一部分，大中小学思政课一体化建设的重要性不言而喻。因而，面对大中小学思政课一体化建设过程中所暴露出的"不平衡不充分"问题，以科学思政课建设观和"大思政课"理念为化解之道，以自我革命的方法论为应对之策，是广大思想政治教育工作者在实践中推动各学段思政课发挥其特色与优势，培养真正心怀"国之大者"的不二法门。

---

① 习近平. 高举中国特色社会主义伟大旗帜　为全面建设社会主义现代化国家而团结奋斗——在中国共产党第二十次全国代表大会上的报告［M］. 北京：人民出版社，2022：44.

论习近平总书记关于网络强国的重要思想
融入高校思政课教学的有效路径①

李　恩②

（四川大学马克思主义学院　成都　610207）

[摘　要] 习近平总书记关于网络强国的重要思想是习近平新时代中国特色社会主义思想的重要内容。把习近平总书记关于网络强国的重要思想融入高校思政课教学，需要从教学内容、教学方法、教学原则三个方面着手。从教学内容上来看，要梳理出习近平总书记关于网络强国的重要思想的形成逻辑、核心要义、时代价值和实践要求，让学生掌握习近平总书记关于网络强国的重要思想的主要内容。从教学方法上来看，要通过专题式融入和渗透式融入的方式将习近平总书记关于网络强国的重要思想融入各门课程之中。从教学原则上来看，将习近平总书记关于网络强国的重要思想更好地融入高校思政课教学，需要处理好"中国实际"与"国际视野"的关系、"国家需要"与"学生需求"的关系、"思政小课堂"与"社会大课堂"的关系。

[关键词] 习近平总书记关于网络强国的重要思想；高校思政课；路径

随着移动互联网、虚拟现实、人工智能、大数据、云计算等网络信息技术深入发展，网络在生产生活、经济发展、社会治理、教育文化、意识形态方面的作用越发凸显。习近平总书记在党的二十大报告中总结了十年来网络生态建设、网络技术创新和网络综合治理方面所取得的成就，并提出不断推

---

　　① 本文系四川大学马克思主义学院学习贯彻党的二十大精神专项研究课题"习近平关于网络强国的重要论述研究"（项目号：MYJSJS202210）、四川大学高等教育教学改革工程（第十期）研究项目"视觉沉浸技术与高校思想政治理论课教学深度融合研究"（项目号：SCU10241）、中央高校基本科研业务费自主科研项目"总体国家安全观视域下数字帝国主义的意识形态批判研究"（项目号：SQ2023－MY08）的阶段性成果。

　　② 李恩，四川大学马克思主义学院助理研究员。

进"网络强国、数字中国"① 建设。党的十八大以来，以习近平同志为核心的党中央审时度势，从网络强国的战略高度对我国信息化发展事业谋篇布局，提出了关于网络发展的新观点新论断新举措，形成了习近平总书记关于网络强国的重要思想。习近平总书记关于网络强国的重要思想内涵丰富、体系完整、意蕴深刻，是新时代党推动信息化事业发展的科学指南。大学生是推动网络强国建设的关键力量，要将习近平总书记关于网络强国的重要思想融入思政课教学，使大学生深刻理解和把握习近平总书记关于网络强国的重要思想的丰富内涵、精神实质、实践要求，以青春之力助推网络强国建设。将习近平总书记关于网络强国的重要思想融入高校思政课教学需要从"以何融入""如何融入""融入原则"等几个维度展开，在思政课中全面讲授习近平总书记关于网络强国的重要思想。

一、以何融入：习近平总书记关于网络强国的重要思想融入高校思政课教学的内容要点

习近平总书记关于网络强国的重要思想是逻辑严密的理论体系，是我国网络安全和信息化事业发展的指导思想。将习近平总书记关于网络强国的重要思想，融入高校思政课需要从理论的形成逻辑、核心要义、时代价值和实践要求四个方面着手。

（一）以习近平总书记关于网络强国的重要思想的形成逻辑为切入点

习近平总书记关于网络强国的重要思想的形成与发展是理论逻辑、历史逻辑和实践逻辑辩证统一的过程，要将习近平总书记关于网络强国的重要思想融入思政课教学，就必须讲清楚其形成发展的理论逻辑、历史逻辑和实践逻辑。

首先，立足马克思主义经典作家和党的历代领导人关于科技革命的重要思想，解析习近平总书记关于网络强国的重要思想的理论逻辑。马克思、恩格斯高度重视科技革命的作用，认为"科学是一种在历史上起推动作用的、革命的力量"②。毛泽东同志作出了"自然科学是人们争取自由的一种

---

① 习近平. 高举中国特色社会主义伟大旗帜 为全面建设社会主义现代化国家而团结奋斗——在中国共产党第二十次全国代表大会上的报告［M］. 北京：人民出版社，2022：30.

② 中共中央马克思恩格斯列宁斯大林著作编译局. 马克思恩格斯选集：第3卷［M］. 北京：人民出版社，2012：1003.

武装"① 的重要论断。邓小平同志提出"科学技术是第一生产力"②，强调现代技术正在经历着一场伟大的革命，中国必须发展自己的科学技术，在世界高科技领域占有一席之地。党的十八大以来，以习近平同志为核心的党中央坚持马克思主义的立场观点和方法，作出加快实现高水平科技自立自强、建设网络强国等重大战略决策，这是对马克思主义经典作家和党的历代领导人关于科技革命的重要思想的继承和发展。

其次，立足我国网络安全和信息化事业发展的历史进程，解析习近平总书记关于网络强国的重要思想的历史逻辑。1994 年 4 月 20 日，我国第一个示范网络——中国国家计算机与网络设施（NCFC）工程——连入 Internet 的 64K 国际专线，与国际互联网实现了全功能连接，开启了中国互联网的发展历程。在接下来的近 30 年里，互联网迎来了高速发展。互联网逐渐应用于新闻、通信、商业、教育、公共服务等领域，网民数量不断增长，网络成为人们生活、生产、学习、政治参与等活动的重要组成要素。新时代以来，相关职能部门不断推进"提速降费"工作，促使电信服务企业让利于民，并深入推进"互联网＋教育""互联网＋医疗""互联网＋文化""互联网＋政务""互联网＋交通"计划，网络与教育、医疗、文化、政务、交通紧密融合，为人们的学习娱乐、生活服务、交通出行提供了极大便利，不断满足人民日益增长的美好生活需要。习近平总书记关于网络强国的重要思想的形成和发展离不开中国现代化的网络建设历史，这是其历史逻辑。

最后，立足习近平总书记丰富的领导工作经历，解析习近平总书记关于网络强国的重要思想的实践逻辑。早在 20 世纪 80 年代，习近平同志在正定县任职时就指出科技是关键，信息是灵魂，并成立了信息中心；习近平同志在福建任职时开启了"数字福建"建设，是数字中国建设的实践起点；他在浙江任职时推进"数字浙江"建设，指引浙江成为全国数字经济发展的排头兵；2007 年，他任上海市委书记时，强调确保网络安全运营、推进城市信息化水平、加强网络文化建设。在地方任职的领导工作经历成了习近平总书记关于网络强国的重要思想的实践基础。

（二）以习近平总书记关于网络强国的核心要义融入为关键点

习近平总书记关于网络强国的重要思想内在蕴含着网络发展战略地位、

---

① 中共中央文献研究室. 毛泽东文集：第 2 卷［M］. 北京：人民出版社，1993：269.
② 邓小平. 邓小平文选：第 3 卷［M］. 北京：人民出版社，1993：274.

网络发展战略目标、网络强国建设原则、网络治理的国际主张、网络安全和信息化工作的基本方法等内容。深入学习和理解习近平总书记关于网络强国的重要思想的核心要义，对于提升大学生的信息素养和信息技能具有重要的意义。从战略地位上来说，没信息化就没有现代化，没有网络安全就没有国家安全，过不了互联网这一关就过不了长期执政这一关。从战略目标来看，习近平总书记深刻把握中华民族伟大复兴和信息革命浪潮的历史交汇期，看到了信息化对中国式现代化发展的重要支撑作用，果断提出努力把我国建设成为网络强国的战略目标，并指明了"网络基础设施基本普及、自主创新能力显著增强、信息经济全面发展"①的基本目标。从网络强国建设原则来看，要坚持创新发展、坚持依法治网、坚持正确网络安全观、坚持以人民为中心的发展思想，这指明了我国网络强国建设的内在要求。从互联网发展治理的国际主张来看，要坚持尊重网络主权、维护网络和平、促进开放合作，构建网络命运共同体。从做好网络安全和信息化工作的基本方法来看，习近平总书记在2018年全国网络安全和信息化工作会议上就提高网络治理能力时指出，要"形成党委领导、政府管理、企业履责、社会监督、网民自律等多主体参与，经济、法律、技术等多种手段相结合的综合治网格局"②，构建治理主体协同、治理技术驱动和治理制度保障的现代化网络综合治理体系。将习近平总书记关于网络强国的重要思想融入思政课，就需要给大学生讲好这几个要点，让大学生深刻理解并把握其基本内涵，并自觉践行网络强国建设的相关实践要求。

（三）以习近平总书记关于网络强国的重要思想的时代价值融入为着眼点

习近平总书记关于网络强国的重要思想体现了习近平总书记对我们党完成执政使命的忧患意识和历史担当。因此，需要向大学生讲清楚习近平总书记关于网络强国的重要思想的时代价值。具体来说，其时代价值主要体现在理论意义、实践意义和世界意义三个方面。从理论意义上来说，习近平总书记关于网络强国的重要思想是习近平新时代中国特色社会主义思想的重要内容，丰富和发展了马克思主义经典作家关于科技革命的重要思想，是中

---

① 中共中央党史和文献研究院. 习近平关于网络强国论述摘编 [M]. 北京：中央文献出版社，2021：34.
② 习近平. 论党的宣传思想工作 [M]. 北京：中央文献出版社，2020：301.

国信息现代化理论在新时代的发展和展开。从实践意义上来说，习近平总书记关于网络强国的重要思想根植于我国网络强国建设实践，始终紧密联系我国网信事业发展实际，源于实践，同时又指导实践，还在实践中不断完善。从世界意义上来说，习近平总书记着眼全球互联网发展与治理大势，创造性提出了推进全球互联网治理体系变革的"四项原则"和构建网络空间命运共同体的"五点主张"，这成为习近平总书记构建人类命运共同体理念的组成部分，为国际网络空间安全和发展指明了原则方向，提供了实践路径。

（四）以习近平总书记关于网络强国的重要思想的实践要求融入为落脚点

习近平总书记关于网络强国的重要思想不仅从理论层面指明了为什么建设网络强国、建成什么样的网络强国、如何建设网络强国，还从实践层面对党的领导、政府管理、互联网企业、网络平台、网民提出了具体的要求。将习近平总书记关于网络强国的重要思想融入思政课，应该以习近平总书记关于网络强国的重要思想的实践要求，尤其是对大学生的网络实践要求为落脚点，促使大学生发挥才智，参与到网络强国实践之中。一是发挥大学生的建言献策作用。从群众中来，到群众中去，是中国共产党领导革命、建设、改革不同时期实践任务的优良传统和宝贵经验，是党的根本工作路线。社会主义网信事业的发展，要坚持群众路线，畅通网络沟通渠道。"让互联网成为我们同群众交流沟通的新平台，成为了解群众、贴近群众、为群众排忧解难的新途径，成为发扬人民民主、接受人民监督的新渠道。"① 一方面，要积极听取大学生网民关于网络发展与社会发展的意见、建议，发挥他们的网络监督、建言献策作用；另一方面，要积极回应大学生网民诉求，解答他们关心的实际问题，解疑释惑，并创造条件满足网民的合理需求。二是发挥大学生的舆论支持作用。"网民来自老百姓，老百姓上了网，民意也就上了网。"② 大学生是网络参与的重要主体，正向、积极的网络舆论有利于营造清朗的网络空间，促进网信事业良性发展和社会稳定。习近平总书记指出："做网上工作，不能见网不见人，必须下大力气做好人的工作，把广大网民

---

① 中共中央党史和文献研究院. 习近平关于网络强国论述摘编 [M]. 北京：中央文献出版社，2021：71.

② 习近平. 论党的宣传思想工作 [M]. 北京：中央文献出版社，2020：195.

凝聚到党的周围。"① 鼓励大学生用正能量引导网络舆论，凝聚网民舆论共识，把网民思想统一到党中央的决策与部署上，为社会主义现代化建设和民族伟大复兴凝心聚力。三是发挥大学生的智力支持作用。网络强国建设离不开网络技术的支撑，而网络技术从根本上来说又是由人才决定的。"建设网络强国，没有一支优秀的人才队伍，没有人才创造力迸发、活力涌现，是难以成功的。"② 大学生是网络强国建设的有生力量，要鼓励他们在学校学好本领，为网络强国建设贡献力量。

二、如何融入：习近平总书记关于网络强国的重要思想融入高校思政课教学的路径选择

要推进习近平总书记关于网络强国的重要思想融入高校思政课教学不仅要从教学内容入手，还需要改革创新教学方式，专题式教学、渗透式教学是有效融入的两条路径。

（一）专题式融入：开设以习近平总书记关于网络强国的重要思想为主题的思政选修课

2022 年 7 月，教育部、中共中央宣传部等十部门印发《全面推进"大思政课"建设的工作方案》，要求"各地各校加强以习近平新时代中国特色社会主义思想为核心内容的课程群建设，形成必修课加选修课的课程体系"③。因此，不仅要在必修性质的思政课中融入习近平总书记关于网络强国的重要思想，还可以通过设置选修性质的高校思政课，以专题的形式来讲好习近平总书记关于网络强国的重要思想。通过开设"习近平总书记关于网络强国的重要思想"选修课，大学生能够有所重点、更加深刻地理解其思想内涵。例如，可以开设"筑牢国家网络安全屏障""新时代网络强国建设成就""加快信息领域核心技术自立自强"等专题思政课，就网络强国建设的关键内容进行重点讲解，让大学生明白当前我国网络强国建设的困局与

① 中共中央党史和文献研究院. 习近平关于网络强国论述摘编［M］. 北京：中央文献出版社，2021：78.

② 中共中央党史和文献研究院. 习近平关于网络强国论述摘编［M］. 北京：中央文献出版社，2021：37.

③ 中华人民共和国教育部. 教育部等十部门关于印发《全面推进"大思政课"建设的工作方案》的通知［EB/OL］.（2022－08－10）［2023－08－20］. http://www.moe.gov.cn/srcsite/A13/moe_772/202208/t20220818_653672.html.

成就，让他们认清形势，瞄准网络强国建设短板，自觉投入网络强国建设实践中。

就"筑牢国家网络安全屏障"这个主题而言，首先，要让大学生认识网络安全的重要性。当前我国的安全威胁不仅来自领陆、领空、领海，还来自网络空间。网络安全威胁和风险日益突出，并向政治经济文化生态等领域渗透，让大学生深刻意识到网络安全已经成为我国政治经济文化发展的重大课题。其次，树立大学生的正确网络安全观。一方面，网络安全不仅影响网络系统和网络信息，还涉及政治经济文化国防等各个层面，牵一发而动全身，是整体的而不是割裂的，要让大学生认识到维护网络安全的重要性。另一方面，网络安全是共同的而不是孤立的。网络安全不仅是政府、企业的事，还事关每个公民的安全。在万物互联、深度融合的网络环境下，需要建立广泛参与的网络安全维护机制，政府、企业、社会组织、广大网民共同参与。大学生作为网络的重要参与主体，维护网络安全既有利于大学生的网络利益，同时也是其社会责任。

就"新时代网络强国建设成就"专题思政课而言，可以数据的形式给大学生讲解新时代以来我国网络强国建设所取得的成就，增强其对习近平总书记关于网络强国的重要思想的认同。网络基础设施是网络强国建设的物质基础。习近平总书记指出，"要加快信息基础设施建设和信息化服务普及"①。党的十八大以来，我国实施"数字中国""智慧社会""宽带中国"战略，不断完善网络基础设施，推进人、机、物的泛在、多维、高效连接，促进网络互联互通。一是推进网络光纤化改造。截至 2023 年 12 月，全国互联网宽带接入端口已达 10.35 亿个，其中光纤接入端口已达 10.94 亿个，覆盖率为 96.3%。② 网络光纤的广泛接入大大提高了网民上网速度，优化了网络服务体验。特别是网络"村村通"工程的实施，加大对中西部偏远农村地区的网络基础设施投资，缩小了地域间的数字鸿沟。二是普及移动网络基站。目前，我国已经建成了世界规模最大的 4G 网络基站，实现了全国所有行政区域 4G 网络全覆盖，并加快 5G 网络基站建设。截至 2023 年 12 月，我国移动通信基站总数达到 1162 万个。其中，5G 基站总数达到 337.7 万

---

① 中共中央党史和文献研究院. 习近平关于网络强国论述摘编［M］. 北京：中央文献出版社，2021：25.

② 中国互联网络信息中心. 第 53 次中国互联网络发展状况统计报告［EB/OL］.（2024 − 03 −22）［2024 − 04 − 12］. https://www.cnnic.net.cn/NMediaFile/2024/0325/MAIN1711355296414FIQ9XKZV63.pdf.

个，占移动基站总数的 29.1%，基本实现了地市级城市覆盖，为万物互联提供了条件。① 三是推进 IPv6 规模部署。IPv6 作为下一代互联网的新协议，与当前 IPv4 协议相比，具有地址容量大、安全性高、兼容性好的优势。党的十八大以来，我国加速布局 IPv6 地址数量，已位居世界前列，为下一代互联网的深入发展打下了坚实基础。四是推动工业互联网建设。建立工业化数字平台，探索人工智能、大数据、云计算等前沿技术的工业化运用。通过数据的形式给学生讲解网络强国建设取得的成绩，激励他们为续写网络强国建设新篇章贡献青春之力。

（二）渗透式融入：将习近平总书记关于网络强国的重要思想融入高校思政课必修课程

"习近平新时代中国特色社会主义思想概论""思想道德与法治""毛泽东思想与中国特色社会主义理论体系概论""马克思主义基本原理""中国近现代史纲要""形势与政策"是普通高等院校开设的几门思政必修课，也是讲好习近平总书记关于网络强国的重要思想的核心思政课程。因此，各高校需要在现有教材内容的基础上，对应课程性质和课程内容，认真设计教学内容，按照教学内容采取合适的教学方法，渗透式融入习近平总书记关于网络强国的重要思想。

"习近平新时代中国特色社会主义思想概论"课是系统讲解、贯彻习近平新时代中国特色社会主义思想的主要课程，因此也应该把习近平总书记关于网络强国的重要思想系统全面地渗透其中。习近平总书记关于网络强国的重要思想的内容与"习近平新时代中国特色社会主义思想概论"课程体系具有高度的契合性，应该结合教材内容，充分运用案例教学、研讨教学等方法将其融入课程教学之中。比如，在"以中国式现代化全面推进中华民族伟大复兴"这一章中，可以融入网络强国建设的价值和时代意义。第三章"坚持党的全面领导"，可以融入党管互联网的原则。在引领信息革命、建设网络强国的进程中，必须确保党始终总揽全局、协调各方，确保党的全面领导更加有力。第四章"坚持以人民为中心"，可以将网络群众路线融入其中。在推动网络强国建设过程中，习近平总书记强调要根植人民立

①　中国互联网络信息中心. 第 53 次中国互联网络发展状况统计报告［EB/OL］.（2024 - 03 - 22）［2024 - 04 - 12］. https://www. cnnic. net. cn/NMediaFile/2024/0325/MAIN1711355296414FIQ9XK ZV63. pdf.

场，坚持以人民为中心的发展思想，将网络发展为了人民、网络发展依靠人民、网络发展造福人民的理念贯穿在网络强国建设全过程。第六章"推动高质量发展"强调建设现代化经济体系，可以将发展"数字经济"融入其中，加快发展数字经济，构建现代化基础设施以助力经济发展。第七章"社会主义现代化建设的教育、科技、人才战略"，可以重点强调当前网络强国建设的技术发展现状，特别是在中西之间科技发展的现状对比中突出科技人才培养的重要性和急迫性。第八章"发展全过程人民民主"，可以讲述网络信息技术对人们民主权利的保障，并强调网络信息技术在统战工作中的作用。第九章"全面依法治国"，将网络信息技术与法治结合起来，强调充分运用大数据、云计算、人工智能等现代科技手段推动"智慧法治"建设，推进法治中国建设的数据化、网络化、智能化。第十章"建设社会主义文化强国"，可以着重强调清朗网络空间的重要性，并引导大学生积极参与网络文明的构建，批判不良网络思潮。通过规范大学生的网络言行，培养健康向上的网络文化，从而在塑造网络主流舆论格局中发挥积极作用。第十三章"维护和塑造国家安全"可以将"维护网络安全"融入其中。网络信息数据对经济发展、社会治理、国家管理、人民生活有着重要影响，要强化国家关键数据资源保护能力。特别是对于大学生而言，要树立网络安全意识，既要警惕个人信息数据泄露，又要注重维护国家信息安全。第十六章"中国特色大国外交和推动构建人类命运共同体"，可以将习近平总书记的构建人类网络命运共同体主张融入其中，尊重各国网络主权，推动全球互联网共建、共享、共治。

"思想道德与法治"课主要培养大学生的正确人生观、价值观、道德观和法治观。习近平总书记关于网络强国的重要思想既涉及理论层面的为什么建设网络强国，也涉及实践层面的网络强国建设路径，更涉及价值层面的网络强国建设理念。2023年版教材已经把"网络中的道德要求"融入，强调大学生要正确使用网络工具，加强网络文明自律，营造良好网络道德环境。除了这一章节外，还可以在第三章"继承优良传统 弘扬中国精神"中的"做新时代的忠诚爱国者"框题下"旗帜鲜明反对历史虚无主义""维护国家发展主体性""自觉维护国家安全""构建人类命运共同体""做改革创新生力军"等内容中融入习近平总书记关于网络强国的重要思想。比如，在讲到"旗帜鲜明反对历史虚无主义"时可以就当前敌对势力在网络中污名化英雄、攻击社会主义的言论进行剖析，揭露其错误性和危害性，引导新时代大学生树立正确的历史观和正确的党史观，增强历史自觉和历史自信。

又如，在讲解"做改革创新生力军"这个知识时，可以分析当前以美国为首的西方国家对我国高精尖技术的封锁和打压现状。面对这种情况，大学生作为改革创新的生力军，应勤于思考，善于发现，勇于创新，在创新中推动网络信息技术进步。在第四章"明确价值要求　践行价值准则"的"因真实可信而具有强大的道义力量"知识中，可以将中西方之间的"网络自由"进行对比，突出中国网络自由的真实性和道义性，揭露西方网络自由的双标性和虚伪性。在第六章"学习法治思想　提升法治素养"，可以将"依法治网"的理念融入本章的教学，重点讲解《中华人民共和国网络安全法》《中华人民共和国电子商务法》《中华人民共和国数据安全法》《中华人民共和国个人信息保护法》《中华人民共和国反电信网络诈骗法》等法律法规，引导大学生在相关网络法律法规的框架内规范自己的网络言行。

"马克思主义基本原理"课可重点讲授习近平总书记关于网络强国的重要思想的理论渊源。马克思、恩格斯关于科学技术革命的理论是习近平总书记关于网络强国重要论述的思想渊源。在教材第三章"社会历史发展的动力"中，马克思主义经典作家论述了科学技术在社会发展中的作用。科学技术作为先进生产力的重要标志，是推动社会文明进步的重要动力，马克思指出，科学是"伟大的历史杠杆"[1]，是"最明显的字面意义而言的革命力量"[2]。科技革命集中体现了科学技术在历史发展中的杠杆作用，从而引出网络强国对于促进生产力发展，对于推进中国式现代化的重要意义。第五章"资本主义的发展及其趋势"可以通过对发达资本主义国家凭借经济、科技、文化传播等超级优势在世界范围内推行霸权主义和强权政治的特征进行讲解，引导学生认识科学技术发展的两面性，认识到科学技术的性质受到社会性质的影响；批判资本主义国家利用科技优势获得的金融霸权、文化霸权，制造"数字鸿沟"，施行数字掠夺的不正义行为，突出人类命运共同体的正当性。

"毛泽东思想与中国特色社会主义理论体系概论"课可重点讲解习近平总书记关于网络强国的重要思想的历史逻辑和实践逻辑。习近平总书记关于网络强国的重要思想是在中国共产党历代领导人带领中国人民进行现代化探索实践基础上形成和发展的，在该课程中可以从历史和实践的角度来讲解

---

① 中共中央马克思恩格斯列宁斯大林著作编译局. 马克思恩格斯全集：第25卷［M］. 北京：人民出版社，2001：592.

② 中共中央马克思恩格斯列宁斯大林著作编译局. 马克思恩格斯全集：第25卷［M］. 北京：人民出版社，2001：592.

习近平总书记关于网络强国的重要思想的历史逻辑。1959 年，毛泽东指出"建设社会主义，原来要求是工业现代化，农业现代化，科学文化现代化，现在要加上国防现代化"①，党的早期社会主义现代化道路探索为后来国家现代化建设打下了坚实的基础。1988 年邓小平同志强调，"科学技术是第一生产力"②，反映了科学技术在当代发展的新形势和对我国现代化建设的要求。特别是"863"计划的实施，为新时代的网络强国建设奠定了物质基础。江泽民同志指出，"科学技术是第一生产力，是先进生产力的集中体现和主要标志"③，中国共产党始终代表先进生产力的发展要求。在科技发展浪潮中，江泽民提出以信息化带动工业化，发挥后发优势，实现社会生产力跨越式发展的战略举措。胡锦涛同志提出的科学发展观理念强调要加快转变经济发展方式，实施创新驱动发展战略。把科技创新摆在国家发展全局的核心位置，提高原始创新、集成创新和引进消化吸收再创新能力。通过对中国网络强国建设的历程进行讲解，让学生理解当前网络强国建设并不是无根之木，而是有着深厚的历史逻辑。

"中国近现代史纲要"课通过对近代中国遭遇的民族危机进行分析，让学生理解网络强国建设的紧迫感和时代价值。一方面，分析鸦片战争前后中国与世界主要资本主义国家发展的情况，在对比中体现工业革命对国家命运的影响。西方主要资本主义国家率先完成了工业革命，而中国错失了工业革命的历史机遇，最终导致了第一次鸦片战争中国的战败局面。通过历史教训说明当前要抓紧第三次科技革命的浪潮，赶上世界科技发展前沿，不致落后于世界潮流。另一方面，可以将近代史上西方的文化侵略与当前西方的文化侵略做对比，突出西方通过垄断现代信息技术而造成的文化霸权。

"形式与政策"课可以重点以专题的形式讲解习近平总书记关于网络强国的重要思想，突出时效性。习近平总书记关于网络强国的重要思想不是一个封闭的理论，也不是一个完成的理论，仍然是在实践中不断发展的。2014年，中央网络安全和信息化领导小组成立，召开了中央网络安全和信息化领导小组第一次会议。2016 年 4 月，网络安全和信息化座谈会召开，习近平总书记做了重要讲话。2018 年 3 月，中央网络安全和信息化领导小组改为中央网络安全和信息化委员会，习近平担任委员会主任。2018 年 4 月，首

---

① 中共中央文献研究室. 毛泽东思想年编（1921—1975）［M］. 北京：中央文献出版社，2011：892.

② 邓小平. 邓小平文选：第 3 卷［M］. 北京：人民出版社，1993：274.

③ 江泽民. 江泽民文选：第 3 卷［M］. 北京：人民出版社，2006：261.

次全国网络安全和信息化工作会议召开，习近平发表重要讲话，对新时代网信事业进行战略部署。2023 年 7 月，全国网络安全和信息化工作会议召开，习近平在重要指示中明确提出了"十个坚持"重要原则。随着实践的发展，习近平总书记关于网络强国的重要思想也在不断深化和演进。因此，"形势与政策"课程可以根据实践的发展，设置专题内容讲解习近平总书记关于网络强国的最新讲话，把关于网络强国的最新精神及时融入思政课教学，体现出贯彻习近平新时代中国特色社会主义思想的时效性。

三、如何融入得好：习近平总书记关于网络强国的重要思想融入高校思政课教学的基本要求

将习近平总书记关于网络强国的重要思想更好地融入高校思政课教学，需要处理好"中国实际"与"国际视野"的关系、"国家需要"与"学生需求"的关系、"思政小课堂"与"社会大课堂"的关系。

（一）将"中国实际"与"国际视野"相结合

习近平总书记关于网络强国的重要思想既是从我国信息化事业发展的具体实际出发，同时也着眼于整个人类的发展历史，具有鲜明的民族性和世界性特征。一方面，要将当前我国网络安全和信息化事业发展实际融入思政课教学。1994 年，我国成为全功能接入国际互联网的第 77 个成员国，开启了互联网时代。进入 21 世纪后，党中央加强对互联网的领导，提出了积极发展、加强管理、趋利避害、为我所用的信息化基本方针，中国互联网得到快速发展。党的十八大以来，以习近平同志为核心的党中央主动顺应信息革命潮流，高度重视网络安全和信息化工作，走出了一条符合中国实际的信息化发展之路。现在，我国网民规模、国家顶级域名注册量已经成为全球第一，数字经济规模位居全球第二，网络基础设施基本实现了全覆盖。既有的成绩为推进网络强国建设提供了良好的支撑。与此同时，还要向学生说明如何打破我国当前网络强国建设的瓶颈，比如关键核心技术需要打破国外的垄断，实现自主创新，以此增强学生科研报国、学术报国的热情。另一方面，也要将国际网络发展动态融入思政课教学。当前，新一轮科技革命和产业变革孕育兴起，人类历史迈进了信息社会，互联网成为影响国家发展的重要力量。美国、英国、德国等主要发达资本主义国家纷纷布局网络信息技术战略，从国家层面扶持信息产业发展。因此，需要培养学生的国际视野，从人类社会

发展的视角定位我国网络强国建设的时代价值。

（二）将"国家需要"与"学生需求"相结合

要在高校思政课中有效融入习近平总书记关于网络强国的重要思想，必须把"国家需要"与"学生需求"有效结合起来。网络强国建设既事关国家发展，也深刻影响着个人的工作和生活。从国家发展的视角来看，网络强国建设是以信息化推进中国式现代化的有效路径，是实现中华民族伟大复兴的关键一招。要让学生从国家发展大势和科技革命发生规律的高度把握网络强国建设的重要意义。另外，还要从学生现实需求出发领会网络强国建设的价值。当前，在校大学生年龄多为"00后"，他们被称为"网络原住民""Z世代"，他们的成长伴随着网络的发展历程。"00后"对互联网具有天生的依赖性，互联网已经渗透进了他们的学习、生活、工作等各个方面。因此，需要向大学生讲清楚习近平总书记关于网络强国的重要思想中与大学生现实需求相符合的内容。例如，可以将营造风朗气清的网络空间的要求融入思政课，让大学生认识到乌烟瘴气的网络空间不利于学生的成长，建设风清气正的网络空间是全体网民的追求和期望。

（三）将"思政小课堂"与"社会大课堂"相结合

习近平总书记关于网络强国的重要思想融入高校思政课既要用好课堂教学这个主渠道，又要善于用好"社会大课堂"，在理论和实践的教学中增强学生的报国热情。一方面，要在课堂教学中让学生领会习近平总书记关于网络强国的重要思想的理论内涵。课堂教学是高校思政课教学的主渠道和主阵地，是系统传授、讲解马克思主义理论相关知识的主要方式。课堂教学通过理论讲授、小组研讨、课堂互动的方式使学生深刻理解习近平总书记关于网络强国的人民性、时代性、科学性，认识到这是新时代推进网信工作的实践指南。另一方面，善用社会大课堂，让学生在实践中自觉承担网络强国建设的时代使命。2022年教育部、中共中央宣传部等十部门印发了《全面推进"大思政课"建设的工作方案》，强调要开门办思政课，充分调动各种社会资源，组织丰富的社会实践，将"思政小课堂"与"社会大课堂"结合起来，在校内与校外、理论与实践、知与行中全面认识习近平总书记关于网络强国的重要思想。可以带领学生深入参观科学家精神教育基地、网络安全教育基地、工业文化专题实践教学基地，让学生了解我国信息现代化所取得的伟大成就，并邀请一些科学家、技术专家到学校做专题报告，激发学生科研报国、学术报国的激情。

内聚力·渗透力·引领力：大思政课视域下高校思政课的角色功能再思考①

冯思淇②

（河南师范大学马克思主义学院　新乡　453007）

[摘　要] 高校思政课的内聚力、渗透力和引领力是一个先聚后散、由内而外的有机整体。内聚力包括理论研究力、资源整合力与课堂吸引力，渗透力体现为立体化渗透、"滴灌渗透"与可持续渗透，引领力表现为引领大学生成长成才、引领家庭德育规范化、引领多元社会思潮。充分发挥马克思主义学院学术权威高、科研成果多、社会联系广、带动力强的优势，使高校思政课成为推进大中小学思政课一体化的重要"引擎"、推动课程思政的"策源地"以及实现"三全育人"的"辐射源"。

[关键词] 大思政课；高校思政课；引领力

习近平总书记指出，"思政课是落实立德树人根本任务的关键课程"③。他强调要构建"大思政课"格局，推进大中小学思政课一体化建设，促进思政课程与课程思政同向同行，打通学校教育、家庭教育和社会教育，实现"三全育人"。他叮嘱，"全国高等院校要走在教育改革前列"④，"当好教育改革排头兵"⑤。但在教学实际中，高校思政课教师的知识构成、科研水平、教学能力与实践要求还不够适应，学校思政课的联动工作机制还有待完善，高校在大中小学思政课一体化建设中的引领力不够强，马克思主义学院的育

①　本文系教育部哲学社会科学重大课题攻关项目"'大思政课'的理论与实践研究"（项目号：21JDZ054）、河南省哲学社会科学规划高校思想政治理论课研究专项"中国共产党人精神谱系融入学校思政课的立体化教学研究"（项目号：2022ZSZ051）的阶段性成果。
②　冯思淇，博士，河南师范大学马克思主义学院副教授。
③　习近平. 思政课是落实立德树人根本任务的关键课程 [M]. 北京：人民出版社，2020：2.
④　中共中央文献研究室. 十八大以来重要文献选编：中 [M]. 中央文献出版社，2016：9.
⑤　中共中央文献研究室. 十八大以来重要文献选编：中 [M]. 中央文献出版社，2016：9.

人效能有待提升。因此，高校需下大力气进一步推动思政课建设内涵式发展，实现思政课"大而优"，使思政课成为"引人以大道、启人以大智、育人以大德的人生大课"①。其中的逻辑必然与实践要求聚焦在增强高校思政课的内聚力、渗透力和引领力三个核心点上，三者由内而外、有机统一。

一、增强高校思政课的内聚力

高校思政课的内聚力指的是高校思政课强基固本、守正创新的能力，体现了思想政治教育的内在品质，包括理论的研究力、资源的整合力、课堂的吸引力。

（一）理论研究力是增强高校思政课内聚力的"硬核"

高校思政课处于思想政治理论课教学的"高段位"，高校思政课教师兼具教学与研究的双重任务。以学术研究为支撑的教学是高校思政课不同于中小学思政课的鲜明特征。当前高校"破五唯"（"五唯"指唯论文、唯帽子、唯职称、唯学历、唯奖项），并不是不需要学术研究，而是不能以论文、项目作为唯一的评价标准。因此，高校思政课教师在提升自身教学能力的同时，也要提高自身的科研能力，以科研反哺教学，使两者互相促进，相得益彰。高校思政课教师科研的着力点需要面向党和国家事业发展的热点，围绕教材中的重难点，针对学生的困惑点，学深悟透马克思主义基本原理，遵循思想政治工作规律、教书育人规律和学生成长规律，把道理讲深、讲透、讲活。

首先，对思想政治理论课本身的研究。其包括教材知识点、教法的研究，思想政治教育的学科建设研究、课程建设与教材建设研究，习近平总书记关于思政课改革创新的重要论述研究，国内外重大时政热点研究，当代青年的思想政治状况、问题与对策研究，思政课教师队伍建设研究，等等。这些都是思政课教师需要重点开展的研究课题。

其次，对马克思主义基本原理的研究。马克思主义基本原理研究是思政课教师的"基本功"，也是提升思政课内涵的必由之路。一方面，要对马克思主义经典著作学深悟透，自觉运用辩证唯物主义和历史唯物主义去剖析社会热点、教材重难点，解决学生的困惑点。另一方面，要研究马克思主

---

① 冯秀军. 善用"大思政课"的三个维度 [J]. 思想理论教育导刊, 2021 (8): 103.

义中国化的进程与规律，弄明白马克思主义中国化的历史逻辑、理论逻辑和实践逻辑，解读好习近平新时代中国特色社会主义思想的内在逻辑与重大意义，讲清楚"马克思主义为什么行""中国化时代化的马克思主义为什么行"这个根本问题。

最后，对思想政治工作规律、教书育人规律和学生成长规律的研究。这三大规律的研究应基于思想政治教育的"政治属性、科学属性、教育属性"①，以"因事而化、因时而进、因势而新"②为方法原则，以习近平总书记在学校思想政治理论课教师座谈会上提出的"八个统一"为基本要求，以培养一大批合格的社会主义建设者和接班人为落脚点，从而提升立德树人的科学性。

提升高校思政课教师的理论研究力需要有抓手，把高校思政课教师的科研积极性调动起来。一是发挥国家重点马克思主义院和省级重点马克思主义院在科研方面的带动作用，以项目为抓手，完善大中小学思政课教师的协同参与机制。二是发挥名师工作室的示范作用。注重名师的科研业绩和教学实绩，鼓励组建多方参与的教学研究团队，完善名师"传帮带"和走进中小学课堂的机制，使学术型教学名师不断涌现，不断产出针对性强、可推广的示范"金课"案例和教学模式，将科研成果转化为提升教学水平的"催化剂"。

（二）资源整合力是增强高校思政课内聚力的手段

马克思主义学院作为高校思政课的承担者，是进行马克思主义理论教学、研究、宣传和人才培养的坚强阵地，也是办好高校思想政治理论课的坚强战斗堡垒，具有很强的资源整合功能。办好思政课，需要进一步发挥马克思主义学院在社会资源、课程资源、人才资源和网络资源方面的整合能力。

首先，社会资源的整合。高校思政课不能仅限于学校场域，也不能囿于理论讲授，需要面向社会、面向实践、面向人民，立足"大时代"、构建"大格局"、扩展"大视野"、树立"大情怀"、实现"大使命"。在课堂上，教师联系着学生；在课堂外，学生联系着家庭，家庭又联系着社会。在整合社会力量上，要落实《高校思想政治工作质量提升工程实施纲要》中提出

---

① 刘建军. 全面把握思想政治理论课建设的基本规律［J］. 思想教育研究, 2017（4）: 58.
② 习近平. 习近平谈治国理政: 第2卷［M］. 北京: 外文出版社, 2017: 378.

的"十大育人体系"，实现"思政小课堂"与"社会大课堂"的融合，将高校思政课延伸到社会中。

其次，课程资源的整合。思政课实质上是价值观教育课程，可谓一门"全要素"课程。"思政课只有广泛地吸纳多重的知识元素和社会元素，才能够塑造出应有的大视野、大格局。"[①] 不论是经济政治文化、内政外交国防、生活工作学习，还是理工农医类、政经管法类、文军艺教类，都蕴含着"思政元素"，需要高校思政课教师积极研发校本课程和地域特色课程，讲好"中国故事"、阐释好"中国经验"，增强中国人的志气、骨气和底气。

再次，人才资源的整合。高校思政课堂具有开放性，需要广阔视野和长远眼光，应不仅限于思政课专业教师讲思政课，而成为汇聚社会精英和杰出人士、释放强大正能量的"福地"。实践中，除了抓好高校党政干部和共青团干部、哲学社会科学课教师、辅导员班主任、心理咨询教师等队伍，还需要凝练地方党政领导干部、企事业单位负责人、社科理论界专家、各行业先进模范以及高校党委书记校长、院（系）党政负责人、名师大家和专业课骨干教师、日常思想政治教育骨干等"多路大军"，共同来讲思政课。

最后，网络资源的整合。网络信息鱼龙混杂，难以分辨，可能对学生产生消极影响。习近平总书记多次强调网络安全关乎国家安全，"过不了互联网这一关，就过不了长期执政这一关"[②]。同样，网络阵地是思想政治工作的重要阵地，关乎思想政治教育的成败。思政课教师一方面要不断提高自身的网络素养；另一方面要积极引导学生正确利用网络资源，防止被不良网络信息误导。对于高校思政课教师而言，还需要研究网络教学，澄清网络谣言，驳斥网上错误言论，激浊扬清，制作和推荐富于思政元素的网络视听产品，并将其融入各级各类的思政课教学中。

（三）课堂吸引力是增强高校思政课内聚力的重心

增强高校思政课内聚力的重心在课堂。高校思政课教师需要不断提高驾驭教材与课堂的艺术，充分展现教师的理论魅力、语言魅力和人格魅力，利用重大事件、纪念仪式、时政热点等时间节点，联合中小学思政课教师、非专业思政课教师，共同打造有深度、有宽度、有温度、有梯度的思政课程与

---

① 叶方兴. 大思政课：推动思想政治理论课的社会延展 [J]. 思想理论研究，2021（10）：70.

② 习近平. 论党的宣传思想工作 [M]. 北京：中央文献出版社，2020：354.

课程思政。

第一，教学理念"品质保证"。教学理念是思政课教学的灵魂，是教学过程设计、教学方法选择的尺度和依据，具有基础性、普遍性的意义和价值。高校思政课教师需要从建设社会主义现代化强国的历史高度以及"为党育人，为国育才"的政治高度，树立"大思政课"理念，树立学生是教学主体的理念，坚持"理论与实践相结合""主导与多样相结合""教育与自我教育相结合""解决思想问题与解决实际问题相结合"①，增强大学生的理论认同、政治认同、情感认同和文化认同。

第二，教学设计"配方新颖"。高校思政课教师首先要吃透教材，在研究教材的基础上进行具有"颠覆性"的教学设计，遵循以问题为导向，以任务为驱动，突出重点，精讲多练，分组实施，评比竞赛，课下完成作业，课上讨论交流，及时反馈纠错等基本原则，打破传统灌输式课堂模式，让学生"动起来"，让课堂"活起来"，重在"传达出知识所蕴含的思维逻辑与价值理念"②，体现出创新性、高阶性和挑战度，使大学生感到有意思、有品位、有收获。

第三，教学方法"工艺精湛"。教学有法，法无定法，贵在得法。思政课教学方法的基本要求包括开放性、针对性、多样性和创新性。面对"00后"大学生，高校思政课教师应将差异化的"教"和个性化的"学"有机结合，充分释放学生的自主学习能力和探究创新能力，鼓励启发式、探究式、讨论式、参与式课堂，构建场景式、体验式、沉浸式学习，让思政课听起来生趣盎然、津津有味。

第四，教学手段"包装时尚"。一方面，在总体上统筹课堂教学、实践教学、网络教学建设，打造理论讲授与合作探究相结合的课堂教学，调研、感悟、体验相结合的实践教学，课程平台、移动互联相融合的网络教学。另一方面，着力数字化教学，将信息技术贯穿课前、课中和课后，充分利用"雨课堂""学习通""中成智慧课堂"等平台，进行多媒体播放、随堂测试、动态跟踪、"私人定制"化反馈，提高思政课的亲和力和时效性。

二、增强高校思政课的渗透力

高校思政课的渗透力指的是高校思政课向外的延展与影响，涉及"谁

① 冯刚. 新时代高校思想政治教育学原理［M］. 北京：人民出版社，2021：182－189.
② 刘同舫. 高校思想政治理论课的功能及其实现［J］. 思想理论教育导刊，2021（12）：87.

去渗透""向哪里渗透""渗透什么"与"怎么渗透"四个基本问题。高校思政课教师具有学术权威高、科研成果多、社会联系广、带动力强的优势，是提高思政课渗透力的关键。"渗透什么"涉及广义上思想政治教育的所有内容。"向哪里渗透"与"怎么渗透"这两个方面主要体现在要想打通大中小学思政课教学，连接学校、家庭、社会，具有上下贯通、纵横内外、嵌入社会的鲜明特征，就必须出真招、高招和实招，拓宽畅通渠道，精准施策，注重常态化和长效性，将高校马克思主义学院打造成为推进大思政课的"引擎"和"策源地"。

（一）拓宽畅通渠道实现立体化渗透

拓宽和畅通渗透渠道，旨在解决"向哪里渗透"的问题。习近平总书记指出，"思想政治工作决不是单纯一条线的工作，而应该是全方位的，无处不在、无时不在的，融入式、嵌入式、渗入式的"①。可以从纵向和横向两个维度推进，努力做到开门讲课、打通堵点、循序渐进、螺旋上升，建构高校思政课立体化渗透的大格局。

在纵向上，打通向中小学思政课渗透的渠道。2019 年 8 月 15 日，中共中央办公厅、国务院办公厅出台《关于深化新时代学校思想政治理论课改革创新的若干意见》，其中明确区分了不同学段在课程目标、课程体系、课程内容和教材体系建设方面的任务要求。根据任务要求，各地可以赋予高校马克思主义学院组织者和协调人的角色，可以由当地的一所重点马克思主义学院牵头，建立宣传部门、学工部门、教务部门等广泛参与的大中小学思政课建设指导委员会，发挥学科优势、人才优势和信息优势，组建思政课教师讲师团。在操作层面，完善大中小学思政课集体备课制度，不定期组织大中小学思政课教师同上一堂课活动，联合申报教改课题，联合编写校本教材，建立大学教师到中小学讲思政课、中小学教师到大学听思政课的交流机制，共同学习最新理论，共同解决教学疑难问题。

在横向上，一方面，在学校教育中融通课程思政与思政课程。思政课程与课程思政具有目标的一致性、内容的相通性、实践的协同性，两者之间具有"共生关系"②。《高等学校课程思政建设指导纲要》明确指出："让所有

---

① 习近平. 论坚持党对一切工作的领导［M］. 北京：中央文献出版社，2019：279.
② 朱云平. 思政课程与课程思政共生发展的机制研究［J］. 黄河科技学院学报，2022（6）：85.

高校、所有教师、所有课程都承担好育人责任，守好一段渠、种好责任田，使各类课程与思政课程同向同行。"① 融通课程思政与思政课程，需要发挥马克思主义学院的组织协调优势，完善不同学段、不同专业、不同层次的校际互动交流机制，建立课程思政集体备课制度，聘请马克思主义学院专职教师为课程思政辅导员，为课程思政建设提建议、把好意识形态关。

另一方面，在学校教育之外融通家庭教育、社会教育。大思政课应当放在大社会中去讲，需要融入家庭教育和社会教育之中。目前，融入家庭教育已经有了法律保障。《中华人民共和国家庭教育促进法》第五条第四款规定"家庭教育、学校教育、社会教育紧密结合、协调一致"，第十六条具体规定了家庭德育的内容。此外，思政课融入社会教育，则需要针对农村和社区中的全职妈妈、留守儿童、老年人、特殊人群等社会群体进行思想政治教育，输入正确的政治思想、人生理想、道德观念，使之懂得安身立命的大道理。

（二）精准施策实现渗透的"滴灌效应"

运用大数据、人工智能、区块链等现代信息技术实现"精准思政"，是增强高校思政课渗透力的必然趋势。所谓精准思政，指的是"基于大数据、人工智能等前沿技术的介入，在精准思维和理念的引导下，实现思想政治教育的精准育人活动"②。高校思政课是"大思政课"的"主阵地"和"辐射源"，需要针对不同学校、不同职业、不同层次的教育对象的具体情况，实施精准思政和智慧思政，形成"滴灌效应"。

首先，精准把握教育对象。大思政课的教育对象的内涵是全体青年学生，外延包括家长以及社会各方面的关系。其本质属性是思政课堂，目标是培养适应国家发展所需的时代新人，而非营利性或非营利性的社会培训。现代信息技术可以实现教育对象的全覆盖。可以在高校重点马克思主义学院设立本地区或本省的信息搜集整理"总枢纽"，依照班级授课制，以班级为单位设置信息源，班主任与任课教师做好本班每一个学生的信息记录工作。在此基础上向家庭延伸，以家庭为单位，班主任做好学生的父母和长期居住人的信息记录工作，信息最终汇集在"总枢纽"。

① 中华人民共和国教育部. 教育部关于印发《高等学校课程思政建设指导纲要》的通知［EB/OL］.（2020－06－01）［2021－10－08］. http://www. moe. gov. cn/srcsite/A08/s7056/202006/t20200603_462437. html.

② 吴满意，景星维. 精准思政：内涵生成与结构演化［J］. 学术论坛，2019（5）：134.

其次，精准供给教学内容。在思政课教学资源日益丰富的前提下，通过大数据，对教育对象现有的知识含量、能力水平、思想政治状况以及现实需求进行精准区分，对教育对象的搜索行为、社交分享、论坛评论等进行精准追踪，对教育对象的性格特征、生活习惯、兴趣特长等进行精准判断。在对海量数据进行深度分析的基础上，计算机网络自动对教学内容进行差异化、个性化、动态化筛选，采取搜索引擎推送和反复定向推送，实现"一人一内容"。

再次，精准测控教学过程。大数据可以实现对教学过程的实时测控。大思政课的对象广、种类多、形式活，但教学过程具有高度重合性。高校思政课作为大思政课的"主阵地"，应更多体现教育媒介的丰富性、教师时机把握的恰当性和师生互动的时效性，积极研究科学的教学方法，运用先进的教学手段，凭借大数据和人工智能技术，精准测控学生已经知道什么、还想了解什么、课堂掌握了什么、还有哪些不明白、下一步如何学习等情况，树立起可推广、易操作的思政课教学模式。

最后，精准做出教学评价。教学评价是对教学目标是否实现做出的评价。大数据统计与分析平台提供了较为科学的统计、测量和评价方法，但需要制定出较为科学的评价体系。高校思政课教师需要对思想政治教育评价体系进行研究，根据《深化新时代教育评价改革总体方案》的基本要求，处理好即时评价与长效评价、整体评价和局部评价、静态评价与动态评价、定量评价与定性评价的关系，采取差异化评估策略，设计评价模型，设置评价指标，并进行动态调整，按年度、分类别地发布本地区或本省的思政课状况评估报告。

（三）注重常态化和长效性实现渗透的可持续性

思想政治教育是一个合力并举、接续渐进的过程。确保思想政治教育的效果，就必须抓细、抓常、抓实。一方面，高校思政课教师只有不断备课、常讲常新，才能把思政课讲得更有亲和力和感染力、更有针对性和实效性，"实现知、情、意、行的统一，叫人口服心服"①；另一方面，要注重完善制度，坚持不懈，久久为功。

第一，在教育者维度上，打造"思政课教师共同体"，为常态化和长效

---

① 习近平. 思政课是落实立德树人根本任务的关键课程 [M]. 北京：人民出版社，2020：23.

性提供组织基础。"思政课教师共同体由各级教育行政部门和大中小学校多主体协同联动建立，是基于思政课教师群体间的自愿、对思政教育教学改革的强烈兴趣以及改进当前思政课教学效能的共同愿景，借助共同体成员之间的对话、分享与合作性实践促进思政课教师队伍的专业成长，落实立德树人根本任务的一种专业性组织。"① 在实践层面，发挥高校马克思主义学院的组织优势，实现思政课教师教学比赛的常态化，在此基础上扩建"思政课名师工作室"，遴选他们为研究生导师，发挥他们在思政课教师常态化培训中的主导作用。丰富"国培计划""省培计划"中思政课教学专题内容，构筑起"思政课教师共同体"的重要支点。此外，马克思主义学院应联合教育学院、法学院等相关院系，加紧培养一批家庭教育培训师，强化中小学"家长学校"的思想政治教育功能，形成家庭德育的常态化。

第二，在社会维度上，完善思想政治工作大格局的体制机制，为常态化和长效性提供制度保障。大思政课理念要求"构建共同推进思想政治工作的大格局"②。高校思政课是党的思想政治工作格局中的重要一环，具有保证人才培养的政治方向、实现思想道德的价值引领、激发师生精神动力的功能，需要在顶层设计中健全高校思政课赋能思想政治工作的体制机制，通过完善领导体制、资源投入、人才队伍、评价体系、实践基地、网络平台建设，把思政课讲到机关、学校、企业、乡村、社区、网络中去，形成"全要素协同、全方位推进、全领域覆盖和全过程贯彻"③ 的局面，构建领导层始终关心、教师久久为功、学生止于至善的良性循环格局，彰显高校思政课的辐射带动作用。

三、增强高校思政课的引领力

高校思政课的引领力指的是高校思政课显性的意识形态引领作用，侧重于实际效果而言，是内聚力和渗透力发展的逻辑必然，旨在通过全社会协同努力，使高校思政课成为高校思想政治教育的"标杆课程"、弘扬社会主义核心价值观的"示范课程"，以及受众面广、持续好评、深入人心的"网红

---

① 白文昊. 大中小学思政课教师共同体的目标向度与实践进路 [J]. 中国德育，2022 (10)：31.

② 中共中央 国务院印发《关于新时代加强和改进思想政治工作的意见》[N]. 人民日报，2021－07－13 (1).

③ 郭晶. 构建新时代思想政治工作大格局 [J]. 思想教育研究，2022 (3)：130.

课程"，引领大学生成长成才，引领家庭德育科学化，引领多元社会思潮，夯实人民群众自觉听党话、跟党走的思想基础。

（一）引领大学生成长成才

教师是学生成长成才的引路人。习近平总书记指出，"办好思想政治理论课关键在教师，关键在发挥教师的积极性、主动性、创造性"①。尤其是高校思政课教师使命光荣、责任重大，要自觉践行习近平总书记提出的"四有好老师"标准、"六要"要求，"坚持教书和育人相统一，坚持言传和身教相统一，坚持潜心问道和关注社会相统一，坚持学术自由和学术规范相统一"②，提高自身素养，讲好每一堂思政课，努力做到"经师"与"人师"的统一。

第一，引领学生坚定理想信念。习近平总书记强调："要让有信仰的人讲信仰。"③ 思政课教师必须是具有共产主义信仰的人，必须是自觉为中国特色社会主义积极贡献的人。高校思政课教师要将马克思主义理论"真经"学深悟透，深入浅出地把马克思主义为什么行、共产主义理想的必然性讲明白，更要使学生在教师的言行中感受到"真学、真懂、真信、真用"，使"点头率"达到百分百。理想信念需要时常强化，否则就会被弱化遗忘。理想信念教育应从娃娃抓起，从情感启蒙到学理剖析再到矢志不渝，从课堂讲解到家庭熏陶再到实践强化，全面展开、循序渐进、持续提升。

第二，引领学生提高政治觉悟。提高学生的政治觉悟，就是使学生爱国、爱党、爱社会主义。无论是在思政课的课堂上，还是在社会实践的大熔炉中，高校思政课教师应始终成为中国共产党执政的坚定支持者，讲清楚中国共产党为什么能、中国特色社会主义为什么好，帮助学生认清大是大非问题，激发学生的家国情怀，使学生成长为社会主义事业的建设者和接班人。

第三，引领学生善于学习创新。创新已成为全面建设社会主义现代化国家的决定性因素。对于教育而言，培养大批创新型人才是实现教育高质量发展的迫切要求。对于高校思政课教师而言，一方面培养学生发现问题的能力和刻苦钻研的精神；另一方面培养学生养成马克思主义科学思维方法，具有

---

① 习近平. 思政课是落实立德树人根本任务的关键课程［M］. 北京：人民出版社，2020：10.
② 习近平. 习近平谈治国理政：第 2 卷［M］. 北京：外文出版社，2017：379.
③ 习近平. 思政课是落实立德树人根本任务的关键课程［M］. 北京：人民出版社，2020：12.

破旧立新、敢为人先的勇气。越是成就巨大，越要力戒自满、谦虚学习；越是受制于人的地方，越要有创新的胆识和魄力。

第四，引领学生学会面对生活境遇。思政课是人生观、价值观教育的课堂。每一个学生终会走向社会大舞台，逐浪于历史发展大潮之中。高校作为学生走向社会的最后一站，让他们在学校里学会面对生活境遇尤为重要。高校思政课教师要努力成为工作岗位的先进者、为人处世的模范者、睿智豁达的代表者，以自身堂堂正正、光明磊落的人格，指引学生如何规划职业生涯，怎样走出事业低谷，如何恋爱结婚，怎么为人父母，引导学生热爱工作、热爱生活。

（二）引领家庭德育规范化

家庭是社会的细胞。家庭德育是一个事关社会和谐稳定、青少年健康成长的重要问题，核心是家风家教。目前，家庭德育中存在着溺爱、功利、控制、放任、暴力等问题，父母在教育孩子问题上存在诸多认识盲区和误区，家庭德育亟待规范化。习近平总书记指出："思政课的学习效果和家长、家庭、家风的作用密切相关，要注重家校合作。"① 可见，思想政治教育应向家庭延伸，思政课应讲给父母听。

首先，打造暖人入心的家庭思政课。家庭也是人生第一课堂，父母是孩子第一任教师。针对家庭德育具有先入为主、细致入微、及时引导、长期跟进、情理交融的优势，高校思政课教师需加强家庭德育研究，以项目为带动，依托思政课教师共同体，研发制作出通俗易懂、积极向上、符合家庭德育特点的家庭思政课，供家长学习。一是内容的规范化，主要包括社会主义核心价值观、中华传统美德、社会主义公民道德要求、英雄模范人物、革命传统教育等。二是原则方法的规范化，倡导正面激发、因势利导、以身作则、刚柔相济、宽严适度等。此外，在价值效果上应体现情感关怀、塑造健全人格、促进亲子交流和家庭和谐。

其次，办好家长学校，实现家庭与学校社会的无缝对接。长期以来，家庭德育处于自由松散状态，存在与学校教育和社会教育"断档""脱节"的问题，没有形成育人全链条。学校教育是家庭教育、社会教育的"黏合剂"，可以将学校固定举办的家长学校作为联结学校、家庭和社会的"神经

---

① 习近平.思政课是落实立德树人根本任务的关键课程 [M].北京：人民出版社，2020：28.

中枢"，在各级教育行政部门的统筹下，发挥高校思政课教师"智囊团"作用，采取灵活举措，利用图书馆、博物馆、纪念馆、少年宫等社会资源，线上线下随时跟进，争取学生所在学校、家长工作单位的协同助力。此外，可以将家长进行思想政治学习的评价情况纳入学生综合素质评价体系中，形成家庭成员共成长的良性循环机制，增强高校思政课的社会适应性。

（三）引领多元社会思潮

高校是多元社会思潮的"集散地"，是思想观点交流最为活跃、思想观点交锋最为激烈的地方，对社会舆论场影响巨大。习近平总书记指出："做好学校思想政治工作，既要管好课堂，也要管好课外，既要管好网下，也要管好网上，坚决防范和清除各种错误政治思潮、分裂主义、宗教活动等对学校的侵蚀。"① 高校思政课具有鲜明的意识形态属性，应当凭借自身学术理论的社会影响力，及时批驳和有力揭露错误思潮，努力提升思想政治教育的"话语力"，夯实意识形态安全的思想基础。

一方面，高校思政课要讲得"理直气壮"。习近平总书记强调："我们办中国特色社会主义教育，就是要理直气壮开好思政课。"② 他还指出："思政课的本质是讲道理。"③ 思政课既面向世界又立足中国，归根结底是扎根中国大地，讲的是实现人类解放的"真经"，是在讲让中国好、中华民族好、中国人民好、世界好的道理，是道义性与科学性的统一，没有任何输理的地方，不怕任何诘难和质疑。高校思政课教师要站得更高、想得更深、看得更远，善于进行中西比较研究，解读宣传好党中央的决策部署，拿出具有说服力的研究成果，将科研成果转化为教学资源，把道理讲深、讲透、讲活、讲到学生心里。其他教育工作者，包括家庭教育第一责任人的父母在内，也要不断学习提高，努力给孩子讲好让中国好、中华民族好、中国人民好、世界好的道理，全面提升思想政治教育的"话语力"。

另一方面，高校思政课教师要"敢于亮剑"。面对百年未有之大变局以及世界进入动荡变革期，社会思潮多元特征愈发明显，敌对势力对我国的意

---

① 中共中央党史和文献研究院. 习近平关于网络强国论述摘编 [M]. 中央文献出版社，2021：58.

② 习近平. 思政课是落实立德树人根本任务的关键课程 [M]. 北京：人民出版社，2020：23.

③ 坚持党的领导传承红色基因扎根中国大地 走出一条建设中国特色世界一流大学新路 [N]. 人民日报，2022-04-26（1）.

识形态渗透力度更大、隐藏更深、影响更坏。思政课教师如果不"敢于亮剑"，思政课如果缺乏"惊涛拍岸的声势"，我国必然陷入被动挨骂的境地。高校思政课教师作为理论素养深厚、学识水平高的群体，需要树立全球视野和大局眼光，发扬斗争精神，及时而有力地驳斥错误社会思潮，特别是把学生关注的、疑惑的问题抽丝剥茧地厘清辨明，自觉维护好国家意识形态安全。

四、结语

高校思政课的内聚力、渗透力和引领力是一个先聚后散、由内而外的有机整体，应把它放在实现教育高质量发展、全面建设社会主义现代化国家的大背景下来统筹思考。高校思政课仅仅是大思政课的"一段渠"，高校思政课教师需要俯下身段、集思广益、群策群力、联合攻关，持续推出大量社会适应性强的思政"金课"。此外还需要把握住高校思政课的本质是讲道理，特质是"高"，即高站位、高标准和高水平，以一流的师资、一流的环境、一流的设施、一流的成果为党育人，为国育才，培养出大批一流的人才，即能够堪当民族复兴重任的时代新人。

"思想道德与法治" 课深度教学的意义与策略探析

——以 "社会主义核心价值观" 专题为例

王瑕莉　朱　逸[①]

（四川大学马克思主义学院　四川成都　610207

四川师范大学马克思主义学院　四川成都　610066）

[摘　要] 深度学习是学生围绕着具有挑战性的学习主题，全身心投入、获得发展的有意义的学习过程；"深度教学" 是与之相应的教师促进学生深度学习的教学理论与实践。在 "思想道德与法治" 课中开展深度教学，旨在促进学生成长，以对话式教学鼓励学生积极学习，以理解性教学促进学生深入思考，以阶梯式教学帮助学生砥砺德行。以社会主义核心价值观专题为例，深度教学要求教师在课堂讲解过程中建构知识的关联，深入剖析其提出背景与理论来源，着力厘清其三个层面之间的内在逻辑关系，合理建立其与其他相关知识的联系，在课堂活动组织中要尽量与社会实践相联系，让学生在模拟社会实践中更好地理解和践行这一价值观。

[关键词] 深度学习；深度教学；思想道德与法治；社会主义核心价值观

"深度学习" 是用信息社会的知识观、学习观诠释和改进教学活动的新理念。1976 年瑞典学者马顿和赛尔乔在教育领域首次提出 "深度学习" 理念后，得到了学界的广泛关注，并引领了当前国际教学改革的基本方向。"深度学习" 是学生围绕具有挑战性的学习主题，全身心投入、获得发展的有意义的学习过程；"深度教学" 是与之相对应的教师促进学生深度学习的教学理论与实践。我国教育部从 2014 年 9 月开始实施基础教育课程 "深度

---

① 王瑕莉，四川大学马克思主义学院助理研究员，博士；朱逸，四川师范大学马克思主义学院副教授、硕士生导师，博士。

学习"教学改进项目，形成了一系列有影响力的研究成果。在此背景下，基于深度学习的高校思想政治理论课（以下简称"高校思政课"）教学改革，是进一步提升教学成效、推进大中小学思政课一体化建设和实现高校立德树人的重要举措。限于篇幅，本文仅针对"思想道德与法治"课，并以"社会主义核心价值观"专题为例，阐释实施深度教学的重要意义和实现深度教学的具体策略。

一、旨在学生成长："思想道德与法治"课迈向深度教学的重要意义

"思想道德与法治"是高校思政课的重要组成部分，在整个大中小学思政课课程体系中，发挥着重要的"衔接作用"和"先导作用"①。但在当前实际的教学中，该课程应有的"学习深度"并未得到充分彰显。"只要背诵就能应对考试，不用注重更深层次思考"②，正是部分学生对这门课程典型的刻板印象。推进"思想道德与法治"课深度教学，是破解课程教学流于表面形式等问题的需要，也是进一步增强课程教学吸引力和针对性的需要。

（一）以对话式教学使"思想道德与法治"成为鼓舞学生积极学习的课程

教育部 2018 年印发的《新时代高校思想政治理论课教学工作基本要求》指出，要积极探索行之有效的教学方法，"坚持以学生为主体，以教师为主导，加强生师互动，注重调动学生积极性主动性"③。这就要求"思想道德与法治"课教学坚持教师的主导性与学生的主体性相统一，让课堂"活起来"。然而，有学生认为，"思想道德与法治"课"将政治思想进行灌输，用高大上的名词武装我们的大脑，但有时会枯燥乏味，缺少与实际生活

---

① 李瑞奇. "思想道德与法治"课的基础性探析［J］. 高校马克思主义理论教育研究，2021（3）：94-95.

② 佘双好，汤桢子. 大学生对"思想道德与法治"课的历史记忆、现实认知和未来期望探析［J］. 思想教育研究，2021（12）：91.

③ 中华人民共和国教育部. 新时代高校思想政治理论课教学工作基本要求［EB/OL］.（2018-04-13）［2023-12-04］. http://www.moe.gov.cn/srcsite/A13/moe_772/201804/t20180424_334099.html.

的关联"① 等。要改变此类偏见，就需要学生在教师的引导下深度参与课堂互动，在积极学习后学有所获。

在当前的教学改革中，深度学习被典型地视为一种"三位一体"的对话性实践，倡导学习是一场"同客观世界""同他者""同自己"的相遇和对话，是一段从已知世界向未知世界的探索之旅。② 与之相应，深度教学是一种"触及心灵深处的对话式教学"③，强调基于问题情境，通过师生之间思想的碰撞和情感的共鸣，使学生不断建构和丰富自身的内心世界。遵循深度教学的理念，教师首先要在教学方式的"'活'上下功夫"④，彻底改变"强塞硬灌"的教学方式，努力营造师生之间平等交流的课堂氛围，广泛采用议题讨论、成果分享、角色扮演等丰富多样的对话形式，让学生"有勇气说""有机会说"。更为根本的是，教师努力创设与生活相关的真实的问题情境，才能引导对话的方向，也才能让学生"有话说"。高校思政课讲给学生的"理论"如果脱离了现实生活，就会缺乏鲜活的生命力。理论来源于生活，也是对丰富多彩的生活现象的共性的抽象，将高度浓缩的理论知识要点在生活情境中"泡开"，"还原到它原先的状态中去"⑤，让学生在"具体的情境"中体现知识发现的曲折过程，正是深度教学的重要特征之一。相比于其他几门思政课，"思想道德与法治"的内容是最能反映学生生活实际并能指导其生活实践的课程，具有"理论逻辑与生活逻辑相统一"⑥ 的显著特征。只有教师精心设计贴近现实生活的问题情境，与学生一起全身投入对话交流之中，从学生熟悉的、"小我"的生活世界出发，使之逐步超越"仅关注自我"的视野局限，学会将分享自身经验与理解他人相结合，迈向更广阔的社会生活，体验具体感知与抽象思维的协同作用，体验"从生活中来，到生活中去"的理论逻辑进路，"思想道德与法治"才能焕发生机，成为学生积极学习的课程。

---

① 佘双好，汤桢子. 大学生对"思想道德与法治"课的历史记忆、现实认知和未来期望探析 [J]. 思想教育研究，2021（12）：90 - 91.

② 参见：钟启泉. 深度学习 [M]. 上海：华东师范大学出版社，2021：29.

③ 李松林. 深度教学的四个基本命题 [J]. 教育理论与实践，2017（20）：7.

④ 王静. 以深度教学推进新时代高校思政课改革 [J]. 社会主义核心价值观研究，2021（5）：64.

⑤ 刘月霞，郭华. 深度学习：走向核心素养 [M]. 北京：教育科学出版社，2018：54.

⑥ 霍军亮. 《思想道德与法治》教材内容体系蕴含的多维向度 [J]. 中国高等教育，2022（2）：34.

（二）以理解性教学使"思想道德与法治课"成为促进学生深入思考的
课程

"思想道德与法治"课是针对大学生成长过程中面临的思想道德与法治
问题，帮助大学生认识自我、认识他人、认识社会，提升思想道德素质与法
治素养的课程。是否具备良好的思想道德素质与法治素养，是大学生能否被
社会接纳并更好实现人生价值的重要影响因素。因此，这门课程对大学生成
长成才意义深远。但是，从实际情况看，有学生认为，这门课"难度大"
"内容朦胧模糊、高深莫测，让人捉摸不透"①；也有学生认为这门课是所谓
的"水课"，"缺乏营养"，所学知识对自身的发展无意义。这说明，部分学
生认为自己并未从本门课中学习获得对其自身成长有益的知识。

早在 19 世纪，英国思想家斯宾塞就提出了一个具有跨时代意义的教育
问题："什么知识最有价值？"随着当今社会知识的爆炸性增长，这一问题
给予了教育者深刻的启示——在有限的课程学时内，不应当过分追求学生的
知识积累程度，而应当关注学生对知识的理解程度。学生只有深入地思考，
才能理解知识的意义，才能将知识转化为智慧。深度教学正是"建构深层
意义的理解性教学"②。何谓理解？理解就是能对无关联的知识元素作有意
义的推断，并能够有效地使用知识和技能。这个过程包括说明、阐释、运
用、洞悉、同理心、自我反思六个维度。可见，理解是人认识世界的一种抽
象思维能力，能够将碎片化的信息、感觉经验整合为一种有意义的"结
构"。培养理解力的教学旨在让学生掌握事物的"结构"。布鲁纳认为课程
教学要让学生通过探索发现掌握反映学科核心观念的"基本结构"，并能迁
移运用到其他问题情境中，这将使学生获得最好的智力发展。布鲁纳结构主
义教育思想是深度教学重要的理论来源。据此，"思想道德与法治"课深度
教学要呈现各专题和专题内各部分之间清晰的逻辑结构，更要让学生在探究
性学习活动中掌握马克思主义人生观、价值观、道德观、法治观——这是课
程蕴含的核心观念——并将其与个人既有知识经验、社会现实生活关联起
来。这种关联的建立，意味着学生通过课程学习具备了认识自我、理解社会
的思想力，将使学生终身受益。

---

① 佘双好，汤桢子. 大学生对"思想道德与法治"课的历史记忆、现实认知和未来期望探析
[J]. 思想教育研究，2021（12）：92.
② 李松林. 深度教学的四个基本命题 [J]. 教育理论与实践，2017（20）：7.

（三）以阶梯式教学使"思想道德与法治"成为帮助学生砥砺德行的课程

中宣部、教育部 2020 年 12 月颁布的《新时代学校思想政治理论课改革创新实施方案》对小学到大学各个阶段思政课的课程目标和内容做了具体规定。相较中小学"道德与法治"和"思想政治"课而言，"思想道德与法治"是一门高阶课程，旨在基于中小学思想道德与法治常识，使学生能够站在人的社会化、新时代大学生的使命、国家治理现代化等高度，深入理解和积极投身我国思想道德与法治建设进程，拥有崇德向善、守法用法的自觉行动力。深度教学是"促进持续建构的阶梯式教学"。这意味着深度教学将引导学生经历"感性认识—知性认识—理性认识—悟性认识"[①] 的发展过程，也即帮助学生从认识事物的表面现象，到初步把握事物的运动规律，再到看清事物本质，最后达到拥有全面辩证、触类旁通地思考事物和有针对性地做出判断决策、解决实际问题的智慧。这里，"悟性认识"与行动智慧是相通的。《黄帝内经》中有"慧然独悟"一语，它的获得是实现由知到行自觉转化的重要环节与必要条件。

以社会主义核心价值观教育为例，从小学阶段的"知道"、初中阶段的"加深理解"，到高中阶段的"积极践行"，再到大学阶段的"自觉践行"，该过程体现出对社会主义核心价值观螺旋式上升的教育教学要求。但有学生认为，关于社会主义核心价值观，从小学到高中已经反复学习，大学课程是又一次"炒冷饭"。这种认识不符合当前大中小学思政课一体化教学的初衷，也给学生的学习积极性造成了消极影响。因此，基于深度教学的理念，"思想道德与法治"课教师应当在学生人格成长重要的拔节孕穗期，使其进一步加深对社会主义核心价值观的认识，并通过创设机会和条件，帮助学生将社会主义核心价值观落细落小落实。习近平总书记在多个场合的讲话中强调"学思践悟""知行合一"。"悟"是经历学习、思考、实践之后达到的一种意识觉醒状态；唯有达到这种境界，才能使社会主义核心价值观成为学生一言一行的基本遵循。

---

① 李松林. 深度教学的四个基本命题 [J]. 教育理论与实践, 2017 (20)：9.

二、建构知识关联："社会主义核心价值观"专题深度教学的讲解策略

习近平总书记指出："要坚持主导性和主体性相统一，思政课教学离不开教师的主导，同时要加大对学生的认知规律和接受特点的研究，发挥学生主体性作用。"① 作为教学关系的基本构成要素，"思想道德与法治"课深度教学，离不开教师与学生的共同推进。课堂上的知识讲解，是教师发挥主导作用的首要的教学实施策略。深度教学主张"意义学习"，并认为能否在既有知识之间形成有说服力的链接，促进知识体系发生结构性变化，是判断是否实现深度学习的重要标准。这就要求教师在讲解时有意识地建立关联，让学生把握知识的产生与来源、背后的本质与规律、所涉学科的思想方法以及知识的结构与价值等。就"社会主义核心价值观"专题的讲解而言，教师可从如下几个方面展开。

（一）深入剖析社会主义核心价值观的提出背景与理论来源

深度教学强调把握知识与其产生背景、条件、环境之间的关联。因此，对社会主义核心价值观的讲解，首先要分析社会主义核心价值观的马克思主义理论渊源与现实根源。教师可结合社会主义发展史，分析社会主义核心价值观与以往的社会主义价值追求的联系与区别；可结合改革开放以来特别是党的十八大召开前中国社会出现的浮躁功利、拜金享乐等不良现象与矛盾，分析社会主义核心价值观提出的必要性。教师由此能够说明社会主义核心价值观的先进性为什么从根本上由科学社会主义决定、它如何"生成于中国特色社会主义建设实践"，以及帮助学生深入理解社会主义核心价值观对于中国特色社会主义各项事业发展的重大意义。其次，要分析社会主义核心价值观如何植根中华优秀传统文化的深厚历史底蕴。习近平总书记指出："我们提倡的社会主义核心价值观，就充分体现了对中华优秀传统文化的传承和升华。"② 中华优秀传统文化是社会主义核心价值观形成发展的深厚渊源。教师在讲解中要深入分析社会主义核心价值观在中华优秀传统文化中的具体表现，彰显其扎根中华优秀传统文化土壤的先进性特征。最后，要以世界眼

---

① 习近平. 习近平谈治国理政：第3卷［M］. 北京：外文出版社，2020：331.
② 习近平. 习近平谈治国理政：第1卷［M］. 北京：外文出版社，2018：171.

光分析社会主义核心价值观的广泛来源。教师要讲清楚社会主义核心价值观与资本主义国家的价值观有何本质上的区别，还要讲清楚社会主义核心价值观既是对人类文明优秀价值理念的吸收，也是对当前西方政客所谓"普世价值观"的批判和超越。

（二）着力厘清社会主义核心价值观三个层面之间的内在逻辑关系

深度教学关注知识内部各要素之间的关联。社会主义核心价值观包含国家、社会和个人三个层面，其中，公民个人层面的价值准则是坚实基础，社会层面的价值取向是重要内核，国家层面的价值目标是最高表现。三个层面以及每个价值观之间既相互联系、相互促进，也相互渗透、相互贯通，统一于中国特色社会主义各项事业建设的伟大实践中。例如，每个人都恪守"爱国"底线，立足岗位做到"敬业"，就能促进国家"富强"；国家"富强"了，"蛋糕做大了"，就能更好地实现社会"平等""公正"。"富强"不仅是"国家富强"，也指"人民富裕"，突出共同富裕，体现了对个人幸福的关切；"和谐"虽是国家层面的价值目标，但"它同样也是社会，甚至于也是个人的一个核心价值观念"①。它包含人与自然、人与人、人与自我身心的有机统一。"诚信"虽属于公民个人层面，但也指向诚信社会、诚信政府的建设。三个层面的价值观彰显了人民至上的价值立场，都是人民群众根本利益的表达，反映人民群众的价值诉求，都要依靠人民群众的团结奋斗来实现。教师讲清楚三个层面之间的内在逻辑关系，有利于培养学生从"国家－社会－个人"相互关联、密不可分的视角理解社会主义核心价值观，继而做到内化于心、外化于行。

（三）合理建立社会主义核心价值观专题与其他知识之间的联系

深度教学还要求把握新知识与其学习者个人经验、原有知识之间的关联。学生不是空着脑袋来学习的，"在日常生活中，在以往的学习中，他们已经形成了丰富的经验"，"教学不能无视学生的这些经验，另起炉灶，从外部装进新知识"②。学生的已有知识、经验会影响他们对所学内容的过滤和理解。据此，教师在讲解社会主义核心价值观时，还要考虑如下两个方面

---

① 北京大学党委宣传部. 铸魂：社会主义核心价值观十二讲［M］. 北京：北京大学出版社，2017：63.

② 袁振国. 当代教育学［M］. 4版. 北京：教育科学出版社，2010：167.

的关联。

一是社会主义核心价值观专题与学生在中小学和专业课所学知识之间的关联。学生的前期知识学习、日常生活经验会对新知识的理解和内化造成影响。为帮助学生更加深入地理解社会主义核心价值观，教师要了解学生已掌握的相关情况，找到这部分知识在大学与中小学的异同，从而做到有针对性的讲解。事实上，大中小学思政课有关社会主义核心价值观的教学存在明显的层层深入的特点：小学阶段限于学生"知道"有哪些内容，中学阶段要求"加深理解"和"积极践行"，高校教师则侧重讲解"三个层面""为何树立"和"怎样践行"。中小学阶段教学的共性是更多地针对社会主义核心价值观本身展开，与其他知识的关联度不足，学生因而对其理解不深。大学阶段的讲授则要进一步凸显思想性，要让学生理解"社会主义核心价值观从何而来""每个核心价值观背后的知识是什么""有什么显著特征"等理论问题。对此，教师必须结合马克思主义理论、经济学、政治学、法学、伦理学等其他学科知识，才能做出深刻的解答。此外，教师还应当考虑不同专业学生的认知习惯和知识结构，结合学生专业特点展开教学。文史类、理工类、艺体类学生的知识背景不同，因此对于同样的内容，讲解的方式、案例的选取、掌握的程度等都不能千篇一律，应有所区别。

二是社会主义核心价值观专题与本课程前后章节以及与其他思政课相关知识之间的关联。在讲解过程中，教师要引导学生把握本专题与前后课程内容之间的有机关联。例如，关于价值观的概念内涵与一般特征，可与教材第一章中人生观、世界观概念辨析相联系；关于"爱国"，可联系第三章"做新时代忠诚的爱国者"；"文明""和谐""法治""友善"，可联系第五章"社会公德"的基本内容，"敬业""诚信"则可联系"职业道德"；"平等""公正""法治"可联系第六章"法治思维"中的"公平正义、权利保障、程序正当"等内容。此外，教师还要引导学生将本专题与其他思政课相关知识建立联系。例如，对于"为什么要进行社会主义核心价值观建设"问题，必须结合"马克思主义基本原理"课中"经济基础与上层建筑""社会存在与社会意识"的原理才能深刻地剖析；"富强"反映了中华民族伟大复兴中国梦的内涵，这也正是"中国近现代史纲要"课程的核心主题；"民主""和谐""法治"可适当结合"全过程人民民主""习近平生态文明思想""全面依法治国"等"习近平新时代中国特色社会主义思想概论"课程的内容，才能深入地解读。这种关联性的讲解策略，能为后续课程教学做好铺垫，让学生感受到思想政治理论各门课程之间的"联动关系"，培养学生的整体性思维，也能够让学生认识到社会主义核心价值观教育不仅融入了本课程的各个专题，而且渗透到社会生活的各个方面。

三、模拟社会实践："社会主义核心价值观"专题深度教学的活动策略

在高校思政课教学中，精心设计与组织课堂活动，是发挥教师主导作用和尊重学生主体性的教学策略。"活动与体验"也是深度学习的核心特征，"学生要成为学习的主体而不是被动的知识接收器，就得有'活动'的机会，有'亲身经历'（用自己的身体、头脑和心灵去模拟地、简约地经历）知识的发现（发明）、形成、发展的过程的机会"①。这样的活动并非为活跃课堂气氛而简单任意采取的教学技巧，而是对人类认识与实践历程的"模拟化"参与，"是从学生就已有经验、现实水平出发，帮助学生典型地、简约地经历人类发现与建构知识的关键环节，体验人类实践探索的思想历程、价值追求"②。因此，深度教学主张在教学活动中"模拟"人类的知识发现或社会实践，激发学生求知动机与参与热忱，使之全身心投入、沉浸式学习，由此"建立学生的生活经验与教学、学习活动之间的联结，让学生带着自身的生活经验与生活履历参与知识的学习与理解、参与思想的建构与意义的生成"③。

（一）"雾霾治理决策听证会"活动的设计与组织

对于"社会主义核心价值观"专题教学，可以设计模拟"雾霾治理决策听证会"的教学活动（如图1所示），帮助学生加深对社会主义核心价值观内容与意义的领悟，引导学生积极践行社会主义核心价值观。活动设计的依据在于，"思想道德与法治"课多在秋季学期开设，正值雾霾多发季节。许多地方政府会颁布《重污染天气应急预案》来缓解雾霾问题。《重污染天气应急预案》有利于遏制雾霾生成，保障人民群众的身体健康，但其中的措施，如暂时关停或减少一些对大气污染严重的企业生产，要求企业改进技术和更新设备、减少污染物排放，对市民开车采取限号限行等，会影响相关

---

① 刘月霞，郭华. 深度学习：走向核心素养［M］. 北京：教育科学出版社，2018：51.
② 刘月霞，郭华. 深度学习：走向核心素养［M］. 北京：教育科学出版社，2018：42.
③ 伍远岳. 论深度教学：内涵、特征与标准［J］. 教育研究与实验，2017（4）：64.

企业的生产效益，进而可能导致失业问题，也给居民日常出行造成了不便。

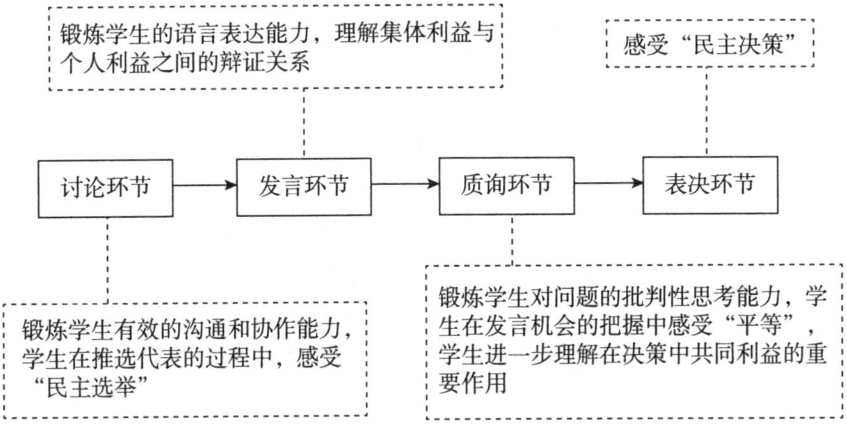

图1　雾霾治理模拟听证会活动过程及目的

结合上述场景，可以制定"雾霾治理决策听证会"课堂活动方案，让学生分别扮演政府、企业和城市居民三种角色。在活动中，教师作为主持人，引导各小组就"政府的初步方案是什么""政府在听证会上将如何说明方案并努力赢得企业和群众的支持""当听证会上出现利益冲突和分歧时应该如何协调""责令整改或受方案影响的企业的诉求是什么""居民应如何在听证会上表达和维护自身利益"等问题做出思考和讨论。在此基础上，让扮演不同角色的同学推选代表分别发言。发言结束后，企业和居民对政府代表提出质询。最后，结合辩论情况，教师组织投票，就政府提出的《重污染天气应急预案》是否通过进行表决。

（二）"雾霾治理听证会"活动的反思

反思是深度学习的重要环节，唯有通过反思，新知识、新观念才能被统合进入学习者原有的认知结构，也才能做出行动上的改进与提升。活动结束后，教师要及时让学生描述参与活动的感受，并在此基础上联系社会主义核心价值观进行补充、总结、拓展，引导学生展开反思。

第一，反思社会主义核心价值观的内容在活动中的体现。例如，治理雾霾旨在促进人与自然的和谐共生，推进生态文明建设，体现"和谐""文明"的价值观；企业整改涉及我国经济结构转型和经济社会可持续发展，即关注国家"富强"；政府在决策前广泛听取各方意见，通过听证回应各方对利益的关切，即落实"民主"；遇到问题和矛盾，用谈判协商而非暴力对抗的方式来解决，彰显"法治""友善"；在活动中，每人都有机会参与，解决方案以公共利益为重，但少数人的利益决不能随意牺牲，这就是在追求"平等""公正"。

第二，反思社会主义核心价值观的作用和特征在活动中的体现。首先，学生从模拟活动中可以认识到，就雾霾治理而言，不同利益主体有不同的利益诉求，相关各方若能自觉遵循社会主义核心价值观，将其视为言行的底线，则有利于解决实际问题、化解具体的利益冲突。由此，学生能够更加深入理解社会主义核心价值观是促进社会团结奋斗的"最大公约数"。其次，政府在决策前充分征求各方意见，集思广益；治理雾霾的同时兼顾企业生产运营，关注人民群众的健康和生存发展等，这就是将以人民为中心的发展思想贯彻到经济社会生活各领域，充分体现了社会主义核心价值观人民至上的价值立场。最后，引导学生认识到本次活动是我国现实政治生活的一个缩影，有利于学生进一步理解社会主义核心价值观的真实性特征。

第三，反思社会主义核心价值观在日常学习生活中的践行程度。本专题的教学目的，归根结底是要让学生成为社会主义核心价值观的积极践行者和自觉弘扬者，引领崇德向善的社会风尚。学生对"雾霾治理决策听证会"的活动的参与过程，就是通过情境模拟的方式践行社会主义核心价值观的过程。深度学习强调"迁移与运用"，学生要将所学知识转化为个体经验并形成综合实践的能力，就需要将学习成果迁移出特定的课堂教学情境，在其他类似的情境中加以运用——这不仅是检验学习效果的最佳途径，也是学生对未来将要从事的社会实践的初步尝试。教师应当从"如何做"的角度，进一步启发学生思考在日常学习生活中积极践行社会主义核心价值观的具体场景与时机。例如，在班委学生会的选举中、在评优评先的活动中、在主题班会和团组织生活中，学生都可以去思考社会主义核心价值观与个人言行的关系——刻苦学习钻研是学生"敬业"的表现，自荐、推荐、投票是践行"平等""公正""友善"的契机，如实地做自我介绍和考试不作弊体现了"诚信"等。

四、结语

习近平总书记在"3·18"重要讲话中指出："推动思想政治理论课改

革创新，要不断增强思政课的思想性、理论性和亲和力、针对性。"① 要坚持 "八个相统一" 的原则。而如何将这些原则转化为切实可为的教学行动，则需要思政课教师展开进一步探索。本文关于 "思想道德与法治" 课的 "社会主义核心价值观" 专题深度教学策略的论述，正是一种尝试。本文并未详尽所有的教学策略，但强调知识关联性的讲解策略和模拟社会实践的活动策略，足以说明高校思政课深度教学的基本特征，也符合 "理论性与实践性相统一" "知识性与价值性相统一" "主导性与主体性相统一" 等基本要求。深度学习反映了 "博学、审问、慎思、明辨、笃行" 的中国传统教育智慧，是当前学习科学重要成果，强调学习者在原有的认知基础上更进一步，不断拓新知识结构，不懈追问知识的生活价值与实践意义，努力架设沟通知行的桥梁。这为应对当前 "思想道德与法治" 课教学中存在的形式化、表面化、重复化、碎片化、泛娱乐化等问题提供了重要启迪。

---

① 习近平. 习近平谈治国理政：第 3 卷 ［M］. 北京：外文出版社，2020：330.

制度自信教育融入"习近平新时代 中国特色社会主义概论"课的教学思考①

曾　胜②

（四川大学马克思主义学院　成都　610207）

[摘　要] 制度自信教育有机融入"习近平新时代中国特色社会主义思想概论"课教学，是实现中华民族伟大复兴的必然要求，是思政课守正创新的客观需要，是培育时代新人的现实选择。在融入时，应讲深讲透中国特色社会主义制度的基本内涵，讲深讲透制度自信的生成逻辑，讲深讲透坚定制度自信的必然性。在融入过程中，应深化教学原则，注重讲道理；应注重案例教学，提升鲜活性；应打造第二课堂，增强主体性。

[关键词] 制度自信教育；"习近平新时代中国特色社会主义思想概论"课；教学思考

新时代新征程如何全面推进中华民族伟大复兴，党的二十大报告作出了全面回应。党的二十大报告指出："首先要把握好新时代中国特色社会主义思想的世界观和方法论，坚持好、运用好贯穿其中的立场观点方法。"③ 作为世界观方法论之一，"必须坚持自信自立"要求我们在社会主义现代化强国建设过程中必须始终坚定制度自信。因而，面对新形势、新环境、新任务，高校必须面向青年大学生持续开展制度自信教育，让青年大学生充分认

---

①　本文系四川大学高等教育教学改革工程（第十期）研究项目"基于学生获得感的'习概论'课程探究式学习教学模式构建研究"（项目号：SCU10243）、四川大学马克思主义学院关于党的二十大精神"三进"研究课题"新时代共同富裕思想融入高校思政课教学全过程研究"（项目号：MYESD202312）、四川大学马克思主义学院学习阐释党的二十大精神专项研究课题"新时代新征程共同富裕实现机制研究"（项目号：MYJSJS202207）的阶段性成果。
②　曾胜，四川大学马克思主义学院副研究员。
③　习近平. 高举中国特色社会主义伟大旗帜　为全面建设社会主义现代化国家而团结奋斗——在中国共产党第二十次全国代表大会上的报告 [M]. 北京：人民出版社，2022：18－19.

识到中国特色社会主义的本质特征和优越性。习近平总书记强调："要把制度自信教育贯穿国民教育全过程，把制度自信的种子撒播进青少年心灵。"①其中"习近平新时代中国特色社会主义思想概论"课（简称"概论"课）作为青年大学生学习党的创新理论成果的重要窗口，是开展青年大学生制度自信教育的主阵地。将制度自信教育有机融入"概论"课教学全过程，既能强化对青年大学生思想价值引领，也能有效落实立德树人根本任务。但是，如果要确保制度自信教育有机融入"概论"课具有现实成效，首要的是解决好"为什么融""融什么"和"怎么融"等问题。

一、制度自信教育为何要融入"概论"课教学

（一）实现中华民族伟大复兴的必然要求

习近平总书记强调："我国是中国共产党领导的社会主义国家，这就决定了我们的教育必须把培养社会主义建设者和接班人作为根本任务，培养一代又一代拥护中国共产党领导和我国社会主义制度、立志为中国特色社会主义奋斗终身的有用人才。"② 这决定了思政课教学应站在社会主义现代化建设和中华民族伟大复兴的战略高度上谋篇布局。中国共产党自成立之日起，就始终将人民群众利益摆在首位，团结带领中国人民，坚持把马克思主义基本原理同中国具体实际相结合，赢得革命最终胜利，并深刻总结正反两方面经验，不断探索和改革，建立和完善社会主义制度，形成和发展出党领导政治、经济、文化、社会、生态、外交、军事等各方面制度，国家治理取得显著成效。改革开放四十多年来，我国取得了经济快速发展和社会长期稳定的两大奇迹，为中国式现代化建设奠定了坚实基础。归根结底，我国当前取得的经济发展成绩和国家治理成就，是中国特色社会主义制度及其执行能力的集中体现。青年大学生的前途命运与中华民族伟大复兴的命运紧密相连，其思维方式、价值偏好和行为习惯直接影响中华民族伟大复兴的实现进程。因而，有必要将制度自信教育有机融入"概论"课教学，进一步增强青年大学生爱国主义情怀，深化对中国特色社会主义制度的认知和信念，自觉将个人的发展与国家前途命运有机结合起来，在青春的年代绽放青春的力量。

---

① 习近平. 习近平谈治国理政：第3卷［M］. 北京：外文出版社，2020：129.
② 习近平. 习近平著作选读：第2卷［M］. 北京：人民出版社，2023：195.

（二）思政课守正创新的客观需要

2021 年 3 月，习近平总书记提出 "'大思政课'我们要善用之"① 的明确要求，指明了思政课建设的方向。2022 年，教育部等十部门联合印发《全面推进"大思政课"建设的工作方案》，对推进思政课高质量发展作出了全面部署。"概论"课作为集中介绍党的创新理论成果和全面呈现新时代十年来我国所取得的历史性成就的核心课程，是推动思政课高质量发展的重要抓手。因而，"概论"课建设效果，直接关乎思政课建设总体成效，直接决定立德树人根本任务落实效果。就目前而言，"概论"课开设时间尚短，许多院校存在教学内容理不顺、把不准和讲不深的问题，导致"理论"课变成"政策宣讲"课，出现课程效果错位的情形。将制度自信教育有机融入"概论"课教学，能让青年大学生更加直观形象地感受到中国共产党在革命、建设和改革过程中形成的理论成果和实践成就，进而激发青年大学生对中国特色社会主义制度效能的感知力，提升"概论"课教学质量。

（三）培育时代新人的现实选择

习近平总书记强调："社会主义建设者和接班人，定语就是'社会主义'，这是我们对培养什么人的本质规定。我们培养的人，必须树立共产主义远大理想和中国特色社会主义共同理想。"② 随着国家实力进一步增强，青年大学生的国家实力感和国家认同感也大幅增强，这一群体不仅成为新时代十年伟大成就的见证者，也成为新时代新征程伟大事业的参与者。2023年刚结束的"大运会""亚运会"，处处都是青年人的身影。目前，青年人已经活跃在社会发展各领域，即便尚未踏入社会的青年大学生也以多种形式参与到促进党和国家事业发展的工作中。但是，青年大学生在社会大舞台展示自我的同时，也存在焦虑、困顿和迷茫的情形，在享受信息技术带来的便利和愉悦之余，也存在错误社会思潮和西方话语渗透的风险③。这些问题的出现，一定程度上瓦解了青年大学生的思想基础和价值取向。将制度自信教育有机融入"概论"课教学，就是将制度自信教育蕴含的理论线、故事线、

---

① "'大思政课'我们要善用之"（微镜头·习近平总书记两会"下团组"·两会现场观察）[N]. 人民日报, 2021 - 03 - 07 (01).

② 习近平. 习近平著作选读: 第 2 卷 [M]. 北京: 人民出版社, 2023: 196.

③ 艾楚君, 孙淑雅, 马钰莹. 短视频对青年大学生价值观的影响及应对策略——基于 10305 名青年大学生的调查研究 [J]. 中国青年研究, 2023 (11): 90.

价值线和情感线与"概论"课的教学内容有机结合，拓展"概论"课教学深度的同时，提升"概论"课的教学温度，增强青年大学生明辨是非的本领。

二、制度自信教育融入"概论"课教学需重点讲授的内容

（一）讲深讲透中国特色社会主义制度的基本内涵

制度自信并非凭空产生，也不是一成不变的，需要在社会实践过程中不断感知和体验，并形成对社会制度的认知评价和信心信念①。制度自信教育融入"概论"课教学的首要任务就是让青年大学生全面认识中国特色社会主义制度。中国共产党第十九届四中全会通过的《中共中央关于坚持和完善中国特色社会主义制度　推进国家治理体系和治理能力现代化若干重大问题的决定》对中国特色社会主义制度的形成和发展进行了详细说明，是制度自信教育的重要依据。习近平总书记指出："中国特色社会主义制度是一个严密完整的科学制度体系，起四梁八柱作用的是根本制度、基本制度、重要制度，其中具有统领地位的是党的领导制度。"② 具体来讲，党的集中统一领导制度和全面领导制度是我们党和国家的根本领导制度，人民代表大会制度是我国的根本政治制度，马克思主义在意识形态领域指导地位的制度是我国的根本文化制度，共建共治共享是我国的根本社会治理制度，党对人民军队的绝对领导是我国的根本军事制度。而我的基本制度则在政治领域体现为中国共产党领导的多党合作和政治协商制度、民族区域自治制度、基层群众自治制度；在经济领域体现为坚持公有制为主体、多种所有制经济共同发展，坚持按劳分配为主体、多种分配方式并存，坚持社会主义市场经济。我国所谓的重要制度，则是由根本制度和基本制度派生而来的，具体包括经济体制、政治体制、文化体制、社会体制、生态文明体制、法治体制、党的建设体制等。制度自信教育融入"概论"课教学时，不仅要讲深讲透中国特色社会主义制度的具体模式，还要从价值理念、理论基础和制度设计等层面构建青年大学生的认知基础，凸显中国特色社会主义制度的优越性。

---

① 赵雷. 制度自信的心理基础与共青团开展青年制度自信教育［J］. 中国青年社会科学，2020（4）：61.

② 习近平. 习近平谈治国理政：第3卷［M］. 北京：外文出版社，2020：125.

（二）讲深讲透制度自信的生成逻辑

"制度自信是在多种因素作用下创造性生成的，必然遵循着一定的生成逻辑。这种生成逻辑是加强宣传教育、坚定制度自信的内在线索和理论切入点。"① 习近平总书记明确指出，"中国特色社会主义制度和国家治理体系不是从天上掉下来的，而是在中国的社会土壤中生长起来的，是经过革命、建设、改革长期实践中形成的，是马克思主义基本原理同中国具体实际相结合的产物"②。按照这样的思路，将制度自信教育融入"概论"课教学，首先需讲清楚制度自信的历史逻辑、理论逻辑和实践逻辑。从历史逻辑来看，首先要讲清楚制度自信的文化根基。习近平总书记指出，"中国特色社会主义制度和国家治理体系具有深厚的历史底蕴。在几千年的历史演进中，中华民族创造了灿烂的古代文明，形成了关于国家制度和国家治理的丰富思想"③。坚定制度自信，归根到底是坚定文化自信，从中华优秀传统文化、革命文化和社会主义先进文化中汲取养分。其次要讲清楚制度自信的探索过程。习近平总书记强调："各国国情不同，每个国家的政治制度都是独特的，都是由这个国家的人民决定的，都是在这个国家历史传承、文化传统、经济社会发展的基础上长期发展、渐进改进、内生性演化的结果。"④ 从这个层面讲，制度自信与中国共产党带领全体人民构建和发展国家制度和治理体系的探索过程密不可分，应在课堂上精准还原中国特色社会主义制度体系的探索历程。从理论逻辑来看，制度自信的形成不仅有着深厚的文化积淀和历史根基，也有着科学的理论指引。一方面，中国特色社会主义制度的构建与发展，遵循着科学社会主义的一般原理，是对马克思主义立场、观点和方法的运用；另一方面，制度自信的形成与发展是马克思主义中国化时代化的结晶。我们党在长期探索中，坚持把马克思主义基本原理同中国具体实际相结合，把发展理论、开拓道路和建设制度有机结合起来，用中国化的马克思主义理论成果指导具体实践，形成了中国特色社会主义制度。在向第二个百年奋斗目标迈进的过程中，习近平总书记强调："我们要特别重视挖掘中华五千年文明中的精华，把弘扬优秀传统文化同马克思主义立场观点方法结合起

---

① 李忠军，刘怡彤. 制度自信的生成逻辑与宣传教育路径 [J]. 思想理论教育，2020 (4)：45.

② 习近平. 习近平谈治国理政：第 3 卷 [M]. 北京：外文出版社，2020：119.

③ 习近平. 习近平谈治国理政：第 3 卷 [M]. 北京：外文出版社，2020：119.

④ 习近平. 习近平著作选读：第 1 卷 [M]. 北京：人民出版社，2023：262－263.

来，坚定不移走中国特色社会主义道路。"① 这就意味着，马克思主义基本原理不仅要同中国具体实际相结合，也要与中华优秀传统文化相结合，不断推进马克思主义中国化时代化新境界。在"两个结合"过程中，中国特色社会主义制度体系更加完善。从实践逻辑来看，制度自信教育还应将中国特色社会主义新时代的鲜活实践作为制度自信教育的有力支撑。"制度自信作为思维的产物，是人们在所处制度的社会现实限定条件下创造性生成的。"② 人们在物质生活中进行制度实践的同时，也在思维中生成制度自信。因而，应将新时代十年来所取得的历史性成就与制度实践有机衔接起来，使青年大学生在感知新时代十年变革的过程中感知中国特色社会主义制度的效能。

（三）讲深讲透坚定制度自信的必然性

党的二十大报告明确指出："从现在起，中国共产党的中心任务就是团结带领全国各族人民全面建成社会主义现代化强国、实现第二个百年奋斗目标，以中国式现代化全面推进中华民族伟大复兴。"③ 全面建成社会主义现代化强国，总的战略安排是分两步走：从 2020 年到 2035 年基本实现社会主义现代化，从 2035 年到 21 世纪中叶把我国建成富强民主文明和谐美丽的社会主义现代化强国。目标是行动的指引。党的二十大报告对未来五年工作的清晰擘画，是最终实现中华民族伟大复兴的坚实基础。社会心理学认为，民众的自信产生于个体需要的满足和目标的实现，而目标的持续实现会带来更强大的自信。由此可见，目标的实现程度与自信的形成发展有着密切关联。一方面，恰当的目标有助于自信的形成；另一方面，自信的形成有助于目标的实现。在第三届全国人民代表大会第一次会议上，周恩来根据毛泽东提议，在政府工作报告中首次提出，"把我国建设成为一个具有现代农业、现代工业、现代国防和现代科学技术的社会主义强国"④，并提出实现四个现代化的"两步走"战略。第一步，用 15 年时间，建立一个独立的、比较完整的工业体系和国民经济体系，使中国工业大体接近世界先进水平；第二步，力争在 20 世纪末，使中国工业走在世界前列，全面实现农业、工业、

---

① 习近平. 习近平谈治国理政：第 4 卷 [M]. 北京：外文出版社，2022：315.

② 李忠军，刘怡彤. 制度自信的生成逻辑与宣传教育路径 [J]. 思想理论教育，2020（4）：45.

③ 习近平. 高举中国特色社会主义伟大旗帜　为全面建设社会主义现代化国家而团结奋斗——在中国共产党第二十次全国代表大会上的报告 [M]. 北京：人民出版社，2022：21.

④ 中共中央文献编辑委员会. 周恩来选集：下卷 [M]. 北京：人民出版社，1984：439.

国防和科学技术现代化。党的十一届三中全会之后，我国经济建设的战略目标大体分为三步走。第一步，实现国民生产总值比 1980 年翻一番，解决人民温饱问题。第二步，到 20 世纪末，使国民生产总值再增长一倍，人民生活达到小康水平。第三步，到 21 世纪中叶，人均国民生产总值达到中等发达国家水平，人民生活比较富裕。在现代化战略目标指引下，我国的发展目标按预期逐步实现。截至 2022 年，我国国内生产总值已突破 120 万亿元大关，人民群众的生活水平得到全方位改善，连续多年对世界经济增长的贡献率超过 30%。习近平总书记强调："古今中外，由于政治发展道路选择错误而导致社会动荡、国家分裂、人亡政息的例子比比皆是。中国是一个发展中大国，坚持正确的政治发展道路更是关系根本、关系全局的重大问题。"①从我国现代化战略目标的实现情况而言，中国特色社会主义制度发挥着根本性作用。因而，在"概论"课中讲深讲透中国式现代化的发展逻辑和成就，将有效增强青年大学生对中国特色社会主义制度的信心和信念。同时，通过对比中国式现代化与西方式现代化，能进一步凸显中国特色社会主义制度的优越性，极大增强青年大学生的制度自信。在这个过程中，青年大学生也会逐渐意识到，坚定制度自信在实现中华民族伟大复兴进程中的必然性。

三、制度自信教育如何融入"概论"课教学

（一）深化教学原则，注重讲道理

习近平总书记在中国人民大学考察时强调："思政课的本质是讲道理，要注重方式方法，把道理讲深、讲透、讲活，老师要用心教，学生要用心悟，达到沟通心灵、启智润心、激扬斗志。"② 事实上，所有课程都是讲道理，但"概论"课不同于其他课程，是讲授马克思主义中国化时代化的道理。作为集中讲授党的创新理论成果的关键课程，"概论"课教学中涉及大量的政治话语，部分教学经验不足的老师，十分容易将"概论"课变成"政策宣讲"课，而制度自信教育融入"概论"课教学的过程中也面临该问题。但是，不是"政策宣讲"课并不意味着"概论"课不讲政治，而是要

---

① 习近平. 习近平著作选读：第 1 卷 [M]. 北京：人民出版社，2023：261.
② 坚持党的领导传承红色基因扎根中国大地　走出一条建设中国特色世界一流大学新路 [N]. 人民日报，2022-04-26 (1).

将讲道理与讲政治有机结合，在讲道理的过程中讲政治。同时，要在"概论"课中讲清楚制度自信的道理，就必须充分认识到制度自信教育在"概论"课各章节的定位，处理好主要矛盾和次要矛盾的关系，在一些章节应重点融入，而在一些章节应做到有的放矢。

（二）突出案例教学，提升鲜活性

"概论"课是政策性和理论性较强的一门课程，它的内容的抽象性和时效性也较为突出。对于青年大学生而言，"概论"课存在晦涩难懂的问题。制度自信教育融入"概论"课教学时，不仅应注重理论性，也要将抽象的理论转化为案例的形式向青年大学生展示。比如在讲党的领导时，就可以将抗击新冠疫情的鲜活案例有机融入其中，展示党的领导制度凸显的"集中力量办大事"的效能；在讲坚持以人民为中心时，为青年大学生展示我国在制度上如何坚持以人民为中心，以及在现实生活中如何将制度理念转化为具体实践；在讲授发展全过程人民民主时，可以列举身边参与投票选举的鲜活案例，凸显我国如何通过制度保障人民当家作主；比如在讲授民生建设时，可以为青年大学生集中展示新时代十年来我国取得的民生成就，让他们深切感受到新时代十年的伟大变革和生活变化，凸显中国特色社会主义的制度效能等。同时，习近平总书记每年都要到多个地方考察调研，其在考察调研过程中，围绕制度自信教育发表过许多重要论述。在"概论"课中融入制度自信教育时，可以沿着习近平总书记考察调研足迹，深刻挖掘考察调研时形成的案例素材，并将其转化为青年大学生听得懂、感兴趣的教学语言，用以支撑"概论"课教学中的制度自信教育。

（三）打造第二课堂，增强主体性

"概论"课教学不是教师的独角戏，应充分调动学生的主动性和积极性，发挥学生的主体作用，营造师生学习共同体。具体而言，"概论"课教学应将理论讲授与实践教学结合起来，通过教师的理论教学和学生的实践调研，增强青年大学生对"概论"课的认同度和获得感，提升"概论"课入脑入心的实效性。制度自信教育融入"概论"课教学时，也应充分发挥学生的主体作用。具体来讲，教师应结合学生专业特点分类施策，选取不同的制度自信教育主题供学生开展主题实践，学生利用课外时间，组队进行资料收集和调查访谈，最终形成调查报告或微视频，并在课前十分钟面向全班展示。这种方式可以有效增强青年大学生对制度自信的认知、信心和信念。

习近平法治思想融入高校思政课的守正创新①

刘梦梦　蒲丽霞②

（新疆农业大学马克思主义学院　乌鲁木齐　830052）

［摘　要］习近平法治思想融入高校思政课既是新时代新征程的现实要求，也是建设法治中国和培养时代新人的客观需要和时代要求。在遵循习近平法治思想融入高校思政课知识、能力和价值目标的指引下，要学习习近平法治思想的新论述，加强理论研究；建强课程体系，凝聚思政课课程群教育合力；创新教学方法，提升学生用法能力；深化教学内容，强化学生法治认同；拓展教育格局，构建习近平法治思想"大思政课"。

［关键词］习近平法治思想；思政课；基本遵循；守正创新

习近平法治思想是习近平新时代中国特色社会主义思想的重要组成部分，是全面依法治国的指导思想和根本遵循。《中央宣传部、司法部关于开展法治教育宣传的第八个五年规划（2021—2015）》明确要求，"把习近平法治思想融入学校教育，纳入高校法治理论教学体系，做好进教材、进课堂、进头脑工作"③。高校作为开展法治教育的重要机构，肩负着为国育才、为党育人的政治任务。将习近平法治思想融入高校思政课是贯彻落实党的二十大精神的政治要求、建设法治中国的现实需求和培养时代新人的时代要求。

习近平法治思想如何融入高校思政课是关键。习近平总书记在党的二十

---

①　本文系国家社科基金高校思政课研究专项"新时代新疆高校思政课话语体系创新研究"（项目号：20VSZ062）的阶段性成果。

②　刘梦梦，新疆农业大学马克思主义学院助教；蒲丽霞，新疆农业大学马克思主义学院副院长、副教授。

③　中央宣传部、司法部关于开展法治宣传教育的第八个五年规划（2021—2025 年）［N］.人民日报，2021－06－16（1）.

大报告中将指出，"必须坚持守正创新"①。守正创新是中国特色社会主义新时代的鲜明气象和显著标识，为习近平法治思想融入高校思政课提供了"一方良剂"。守正才能不迷失方向、不犯颠覆性错误，创新才能把握时代，引领时代。习近平法治思想的融入既要坚守正道，尊重思政课规律性认识和成功经验，把握融入高校思政课的逻辑基点和目标；也要关注新时代思政课法治教育的新要求和新变化，多维创新习近平法治思想融入高校思政课的实践路径。

一、新时代新征程：习近平法治思想融入高校思政课的逻辑基点

党的十八大以来，围绕"培养什么人，怎样培养人，为谁培养人"等问题，习近平总书记作出了深刻的回答。高校作为中国特色社会主义教育的重要基地，有着"理直气壮开好思政课"、应用习近平新时代中国特色社会主义思想铸魂育人的政治任务。习近平法治思想融入高校思政课是立足于新时代新征程的必然要求，对建设法治国家和培育时代新人意义重大。

（一）习近平法治思想融入高校思政课是新时代新征程的现实要求

总书记站在新的历史方位、把握时代特点，在党的二十大报告中明确提出了新时代新征程党的使命任务，发出了以中国式现代化全面推进中华民族伟大复兴的动员令，同时也明确了全面建成社会主义现代化强国的战略安排和具体路径。其中，法治有效促进了制度与治理的高度统一，在推进中华民族伟大复兴进程中发挥着引领、规范和保障作用，是深入推进中国式现代化的关键路径和重要"轨道"。习近平法治思想融入高校思政课既是梳理、阐释、调整新时代国家治理现代化过程中涉及国家政治权力与公民主体权利关系的重要渠道，又是在新征程中不断满足人民群众对民主、法治、公平价值理念日益增长要求的重要途径，是新时代新征程的现实要求。

（二）习近平法治思想融入高校思政课是建设法治中国的客观需要

党的二十大报告将全面依法治国单独列出、专章部署，明确了建设社会

---

① 习近平. 高举中国特色社会主义伟大旗帜　为全面建设社会主义现代化国家而团结奋斗——在中国共产党第二十次全国代表大会上的报告［M］. 北京：人民出版社，2022：20.

主义法治国家是全面依法治国的奋斗目标。习近平法治思想作为新时代依法治国的指导思想，有力回应了建设法治中国的现实诉求。习近平法治思想总结中国特色社会主义法治实践规律，立足新时代的历史方位深刻回答了为什么、怎么样全面依法治国等重大时代课题，明确了法治是实现中国式现代化的"轨道"，创造性地提出推进法治中国建设的"十一个坚持"。习近平法治思想融入高校思政课有助于坚定学生对实现中华民族伟大复兴的信心和信念，解开学生对如何实现和巩固中国式现代化的心头疑惑，弘扬中国特色社会主义法治主旋律。

（三）习近平法治思想融入高校思政课是培养时代新人的时代要求

青年强，则国家强。党的二十大报告指出"全党要把青年工作作为战略性工作来抓，用党的科学理论武装青年"①。据调查，目前教育系统有2.91亿名在校生，法治教育工作意义重大②。一方面，大学生作为推进全面依法治国进程的中流砥柱，其是否具备法治思维、法治素养的高低、能否为国家社会主义现代化建设提供源源不断的智力支撑，将影响法治中国建设步伐。另一方面，青少年处在"拔节孕穗"的关键期，需要科学理论的指导。高校思政课是先进理论传播的主场域，应牢牢抓住思想政治教育工作的时代主题，不断推动中国特色社会主义法治理论"三进"工作，培养坚持社会主义法治道路的时代新人。习近平法治思想是新时代中国特色社会主义法治理论的最新研究成果，它承载并包含着当代大学生法治教育的主要内容，深刻地回答了"全面依法治国由谁领导、为了谁、实现什么目标"等大是大非问题；同时也对新时代强化法治人才的培育提出了具体要求。习近平法治思想揭示了法治中国建设的认识论和方法论，既帮助学生在大是大非问题上把握正确方向，又帮助学生知晓行为规范要求，提高尊法、守法、用法的自觉性和责任担当，展现时代新人的新风貌、新姿态。

二、坚守正道：习近平法治思想融入高校思政课的基本遵循

坚守正道即恪守正道，固本培元。守正是根本、是基础、是创新的前

---

① 习近平. 高举中国特色社会主义伟大旗帜　为全面建设社会主义现代化国家而团结奋斗——在中国共产党第二十次全国代表大会上的报告［M］. 北京：人民出版社，2022：71.
② 邓传淮. 深入学习贯彻党的二十大精神　推动教育法治和政策研究工作取得新进展［N］. 中国教育报，2022－11－07（1）.

提。如何守正？需要以实现习近平法治思想融入高校思政课的目标为基准。

（一）恪守习近平法治思想核心要义的知识目标

知识目标是高校思政课法治教育的基础。习近平总书记在中央全面依法治国工作会议上用"十一个坚持"对全面依法治国进行系统阐释、部署。"十一个坚持"从全面依法治国的方向论、布局论、任务论、保障论等角度出发，重点回应党的领导和依法治国的关系，揭露"党大还是法大"的政治陷阱本质，明确指出党的领导是中国特色社会主义法治之魂，是我国法治同西方资本主义国家法治最大的区别。应结合党的二十大报告帮助学生掌握习近平法治思想的实践进路。全面依法治国的总抓手、核心要义和法治中国建设的基本路径等是掌握习近平法治思想实践进路的主要内容。理论逻辑与实践进路的相辅相成，帮助学生在理性思辨的基础上系统性掌握习近平法治思想的丰富内涵，从而实现习近平法治思想融入思政课法治教育的逐步深化、逐层深化。正如马克思所言："理论只要说服人［ad hominem］，就能掌握群众；而理论只要彻底，就能说服人［ad hominem］。"①

（二）固守提高学生用法的能力目标

能力目标是高校思政课法治教育的重点。高校思政课法治教育的能力目标不同于中小学法治教育。由于中小学生身心发展不成熟、实践经验短缺、独立性和辨别是非的能力较弱，这些现状决定了中小学法治教育能力目标是帮助学生形成一定的规则意识，养成守法习惯。而高校思政课法治教育是将每一位中国法治进程的参与者与建设者纳入新时代法治人才的培育之中，决定了高校思政课法治教育的目的是培养大学生利用法治思维和法治方式维护自身权益的能力。"法治也并不体现于普通民众对法律条文有多么深透的了解，而在于努力把法治精神、法治意识、法治观念熔铸到人们的头脑之中，体现于人们的日常行为之中。"② 习近平法治思想是党领导法治建设经验的科学总结，也为社会个体参与社会实践提供了行为准则。大学生应在义务教育阶段和高中教育阶段掌握法律赋予权利和规定义务的基础上，深入学习贯彻习近平法治思想，增强法治意识，提高采用法律武器维护自身合法权益的

① 中共中央马克思恩格斯列宁斯大林著作编译局. 马克思恩格斯选集：第1卷［M］. 北京：人民出版社，2012：9-10.
② 习近平. 之江新语［M］. 杭州：浙江人民出版社，2007：205.

能力。

（三）坚守对中国特色社会主义法治道路认同的价值目标

价值目标是高校思政课法治教育的核心。《青少年法治教育大纲》提出高等教育阶段以"实现对中国特色社会主义法治道路的认同"作为大学生法治教育价值的目标。大学生是实现中华民族伟大复兴的重要力量，大学生的价值认同对我国能不能坚持走、如何走中国特色社会主义法治道路影响巨大。实现大学生法治教育的价值目标，核心在于帮助大学生理解为什么要走中国特色社会主义法治道路以及如何走中国特色社会主义法治道路等问题。习近平法治思想是在改革开放特别是新时代中国特色社会主义建设的时代背景下创立的，将历史和现实相互贯通、国际和国内相互关联、理论与实践相互结合，深刻回答了为何和怎样全面依法治国的时代之问。习近平法治思想推动了中国特色社会主义法治理论创新发展，擘画了新时代全面依法治国的宏伟蓝图，增强了学生对中国特色社会主义法治道路的信心和认同。

三、多维创新：习近平法治思想融入高校思政课的实践路径

进入新时代，多元化的价值观削弱了思政课法治教育的效力、网络化冲击了思政课法治教育的权威、信息化减弱了思政课法治教育的吸引力，这些挑战迫切要求思政课法治教育因事而化、因时而进、因势而新。新挑战需要新作为、需要创新，但创新不是肤浅的"标新立异"，而是在遵循高校思政课法治教育知识、能力和价值目标的前提下，不断在理论研究、课程体系、教学内容、教学方法和教育格局上花大力气，下大功夫。

（一）理论研究之新：深刻把握习近平法治思想的新论述

党的十八大以来，总书记运用马克思主义基本原理，结合中华优秀传统文化创造性提出了一系列全面依法治国新理念新思想新战略，形成了习近平法治思想。习近平法治思想的创立深化了现有的法治理论。从法治的地位看，实现了从"法制→法治→依法治国→全面依法治国"的转变，明确了法治作为治国理政的基本方式①；从法治目标看，实现了从"加强社会主义

---

① 韩喜平，刘一帆. 论习近平法治思想的重大原创性贡献［J］. 社会科学研究，2022（2）：4.

法制→建设中国特色社会主义法律体系→建设中国特色社会主义法治体系"的深化，指明了推进依法治国的总抓手；从法治的根本立场看，实现了"以人民为主体→坚持以人民为中心"，建构了全过程人民民主；从法治的范围看，实现了从"国内法→国内法和国际法并重→统筹推进国内法治和涉外法治"的转变，维护中国法律主权；从法治的要求看，实现了从"有法可依、有法必依、执法必严、违法必究→科学立法、严格执法、公正司法、全民守法"的新十六字方针的转变，实现全方位依法治国。立足新时代，习近平法治思想创造性提出了具体的法治实践措施，如坚持依宪治国、依宪执政，抓住领导干部这个"关键少数"，把社会主义核心价值观融入法治建设，建设社会主义法治文化等原创性意见。

教育大计，教师为本。习近平法治思想"三进"工作给高校思政课教师带来了新挑战。强化理论讲授功底是基础。学生有效掌握习近平法治思想新论述的前提是思政课教师真学、真信。思政课教师要深化对习近平法治思想原创性贡献的学习研究，坚持读原著、学原文、悟原理，用好"百名法学家百场报告会""周末理论大讲堂""全国高校思政课教师研修基地"等法治宣讲平台，搜集《中国法学》《人民日报》等文本资源，将习近平法治思想原创性概念、论述、判断作为学习的出发点，立足中国实际和发展要求深入阐释习近平法治思想的丰富内涵。提高授课吸引力是关键。学生能不能入脑入心是检验高校思政课效果的基本指标。习近平总书记强调思政课要注重方式方法，把道理讲透讲活。学习习近平总书记讲话风格，善于用讲故事、举事例、摆事实的方式与学生同频共振、凝聚共识，将政治话语、理论话语转化为青年大学生容易接受的教学话语、生活话语，提高学生学习新理论的积极性。

（二）课程体系之新：凝聚思政课课程群教育合力

习近平法治思想融入思政课就是要发挥课程的主渠道作用。目前，教育部规定的本科高校六门思政课程内含大量法律素材，为开展法治教育提供丰富的文本资料。但在具体授课实践中，大一开设的"思想道德与法治"课程和大二开设的"习近平新时代中国特色社会主义思想概论"课程是讲授习近平法治思想的主渠道，其他思政课程存在不讲或少讲的问题。习近平法治思想进课堂不是某个教师的"一家之责"，其他教师也要"守好一段渠，种好责任田"。

纠正部分思政课教师的片面性认识，推动习近平法治思想融入高校思政

课的系统性，但需指出的是，思政课课程间应各有侧重，避免思政课授课的
"重区"和"盲区"。"思想道德与法治"课程重点讲授习近平法治思想的
基本逻辑框架，从政治方向、工作布局、重大关系、重要保障等维度对
"十一个坚持"进行深度剖析，梳理习近平法治思想的理论基点和价值向
度。"马克思主义基本原理"课程侧重讲授习近平法治思想的理论逻辑，从
马克思主义科学世界观和方法论出发，引导学生全面、准确地理解习近平法
治思想的科学性和真理性，从而厚植法治理念的哲学基础。① "形势与政策"
课程重点讲授习近平法治思想的实践逻辑，通过热点事件介绍习近平法治思
想的生动实践，帮助学生理解习近平法治思想是应对世界百年未有之大变局
的有力思想武器。"中国近现代史纲要"课程侧重讲授习近平法治思想的历
史逻辑，通过讲授中国共产党百年奋斗中马克思主义法学理论中国化的进
程，帮助学生掌握我国走社会主义法治道路的历史必然性。"毛泽东思想和
中国特色社会主义理论体系概论"课程和"习近平新时代中国特色社会主
义思想概论"课程讲清楚法治思想的演变逻辑，尤其是习近平法治思想的
形成逻辑，既要讲清楚习近平法治思想与毛泽东思想的法治理论、中国特色
社会主义法治理论的一脉相承又与时俱进的关系，也要讲清楚习近平法治思
想的创新性品格，帮助学生理解习近平法治思想具有重大理论意义和实践意
义，树牢学生法治思想之基。

　　教育部办公厅《关于推进习近平法治思想纳入高校法治理论教学体系
的通知》鼓励支持有条件的高校开设相关必修、选修课程，打造习近平法
治思想专门课程模块。开设"习近平法治思想概论"课程作为法学类课程
必修的专业核心课程是多数高校法学院的创新性课程设置，但这种课程设置
并不适用所有的专业。构建习近平法治思想选修课是弥补现有法治课程设置
不足、丰富习近平法治思想课程体系的重要方法。学校可采用选修课的形式
开设"民法典""宪法""消费者权益保护法"等课程武装学生头脑。当
然，这并非要求学生对"民法典""宪法"等课程的所有法条规定了如指
掌，教师应在分析学情、贴近学生需求的基础上开展有针对性的法治教育，
如重点讲授"民法典"课程中的合同编、婚姻与家庭编、侵权责任编等与
大学生密切相关的法律规定，帮助学生形成"契约精神"，增强学生对家
庭、婚姻的尊重和责任意识，提升法治素养。

---

　　① 参见：吴延溢，顾雅男. 习近平法治思想融入学校思政课的基本着力点［J］. 重庆理工大
学学报（社会科学版），2023（5）：54-61.

（三）教学方法之新：增强学生用法能力

思政课法治教育方法是法治教育者和受教育者在法治教育过程中为达到一定的教育目的所采用的思想工作和思想方法。考察当前法治教育现状发现，教育者因制度赋予的话语权威多采取单向度的信息传递模式，忽略了教育对象的话语权利，教育对象的用法能力自然无法得到提升，难以达到习近平法治思想融入高校思政课能力目标的要求。为改变这一现状，转化自上而下命令式的话语方式，就需要在思政课法治教育中关注"教师—学生"双向度的教育方法，调动学生参与课堂的积极性，引导学生用法律解决问题，提升用法能力。

辩论式教学法和问题教学法有利于提高学生用法能力。辩论式教学法是法学专业课程常用的教学方法，理应在思政课法治教育中继续尝试。辩论式教学法既可以加强学生对法律知识掌握的程度，又能在辩论过程中引导学生全方位思考问题，促进学生理性看待问题。辩论的内容既可以根据思政课本的核心内容展开，如讲解习近平总书记名句"法安天下，德润人心"① 的内涵时，可组织学生围绕"社会良好秩序的形成主要靠道德""社会良好秩序的形成主要靠法律"辩题进行辩论；也可以就社会热点案例进行思考，如"狼牙山五壮士名誉权一案"，综合各方观点，揭示法治案件背后的国情、社情及法院通过司法裁判欲实现的教育目的，披露貌似先进观点的局限性、狭隘性，对什么是符合中国实际的法治，如何建设法治中国等问题进行深度思考，帮助大学生理性看待社会问题。

问题教学法是指将教材的知识点转化成问题的形式，帮助学生在解决问题的过程中掌握理论知识、调动学生的学习兴趣进而增强学生处理问题的能力。以"思想道德与法治"课程为例，根据每个专题设置的问题链开展探究式学习，如第六章第二目的知识点以"全面依法治国"关键词为核心设置将三个问题层层递进连接起来，即全面依法治国的根本遵循是什么？全面依法治国的正确之路是什么？全面依法治国的宏伟目标是什么？课堂上坚持问题导向，引导学生深度思考，打通思想堵点、现实痛点、理论难点，帮助学生在思考问题的过程中将理论与实践相联系，唤醒学生用法意识、塑造法治思维。

---

① 习近平. 习近平谈治国理政：第 2 卷［M］. 北京：外文出版社，2017：133.

（四）教学内容之新：强化学生法治认同

习近平法治思想的创立不是一促而成、凭空想象的，而是植根于深厚的历史底蕴和立足于中国国情之上形成的。在高等教育阶段，学生理解能力不断提升，不再满足于"是什么"法律规范的认知，常有"为什么"的困惑与追问①。如我国为什么要走中国特色社会主义法治道路、全民依法治国为了谁、依靠谁等问题。对这些问题的回答既关系着大学生对习近平法治思想理论的掌握程度，又影响着学生遵守法制、信仰习近平法治思想的内心选择。这就要求高校思政课法治教育讲授的内容既不是简单重复中小学法治教育的知识点，也不是对新理论、新思想的简单阐述，更不是仅仅立足于国内谈法治道路的选择，因为这些都解答不了学生的心头疑惑，做好思政课法治教育讲授工作需要关注思政课法治教育内容的创新，既要关注历史"追溯本源"，也要立足时代"国内外对比"。

挖掘习近平法治思想中蕴含的中华优秀传统法律文化，帮助学生感受习近平法治思想创立的深远性和科学性。中华优秀传统文化源远流长、博大精深，是中华文明的智慧结晶。习近平总书记在第十八届中共中央政治局第十八次集体学习时指出："我国古代主张民惟邦本、政得其民，礼法合治、德主刑辅，为政之要莫先于得人、治国先治吏，为政以德、正己修身，居安思危、改易更化，等等，这些都能给人们以重要启示。"② 全面依法治国何以必要、怎样依法治国、依法治国为了谁、怎样才能廉政治国等问题都能在中华优秀传统法律文化中找到答案。通过追溯习近平法治思想形成和发展的历史渊源，帮助学生理解习近平法治思想的优秀理念是对中华传统优秀法治文化的创造性转化、创新性发展，突出时代特色、实践特色，是符合法治规律和中国国情的科学法治理念，从而增强大学生对全面依法治国战略的认同。

剖析习近平法治思想与西方资本主义国家法律制度的根本性差异，帮助学生体会习近平法治思想的人民性。我国是社会主义国家，以人民为中心是全面依法治国的根本立场，各项法律制度的制定都以更好地为人民服务为目标。以民主选举制度为例，与西方法律规定的"一人一票"注重形式不同，

---

① 参见：陈大文，文天天. 论大中小学法治教育的侧重点［J］. 马克思主义理论学科研究，2021（1）：93.

② 牢记历史经验历史教训历史警示 为国家治理能力现代化提供有益借鉴［N］. 人民日报，2014－10－14（1）.

中国法律制度更加关注内容和结果的平等，并通过制定宪法将选举权和被选举权规定为公民的基本权利加以保障。通过中外制度对比，学生可切实感受全面依法治国战略的人民性立场，坚定学生对实现中华民族伟大复兴的信心。

（五）教育格局之新：构建习近平法治思想"大思政课"

2021 年全国"两会期间"，总书记提出"'大思政课'我们要善用之"①的论断，为习近平法治思想融入高校思政课明确了要求，指明了方向。思政课不仅应该在课堂上讲，也应该在生活中讲。"大思政课"要求习近平法治思想的学习不能局限于思政课课堂，困于课堂授课的形式；也不能囿于理论形态的思政课，远离学生丰富多彩的生活。在"大思政课"视野下，习近平法治思想融入高校思政课需要突破课堂场域，走进学生的日常生活。

重视日常思政教育活动，组织专题"思政大课"。一是以重大纪念日为契机。"开学第一课"是新生开启大学生涯的首堂思政课，也是高校落实立德树人根本任务的重要场域。学校党委书记、校长应高度重视"开学第一课""毕业典礼"等重要场合，引导新生在知校爱校中厚植家国情怀，培养担当精神。二是以重大历史事件为机缘，捕捉具有育人效果的社会资源，将社会现实融入思政课。例如讲好抗疫这堂"大思政课"。在疫情防控中，我们体会到中国特色社会主义制度的显著优势，感受到伟大的团结精神和集体主义的力量，见证了党旗在抗疫一线高高飘扬，领悟了中国共产党全心全意为人民服务根本宗旨的深刻内涵。三是以法制节日为机遇。法制节日蕴含着丰富的法治传统，是对大学生进行法治教育的宝贵资源。可以创设主题活动或团日活动，如结合消费者权益保护日开设一场"消费者如何维权"的讲座、以现行宪法颁布实施 40 周年为契机，办好高校学生"学宪法、讲宪法"和"宪法晨读"等活动。帮助学生在法制节日中体会法治的魅力，实现内化于心、外化于行的效果。

推进学校日常管理活动，创建校园法治文化。创建校园法治文化有利于将法治教育融入对中国特色社会主义法治道路认同的全过程，引导学生在日常学习生活中熟悉法律规范、汲取法治营养，实现法治认同。一是重视校园法治精神建设。思想决定行动，思想决定方向。校园法治精神建设对学校能

---

① "'大思政课'我们要善用之"（微镜头·习近平总书记两会"下团组"·两会现场观察）[N]．人民日报，2021－03－07（01）.

否良性发展、学生能否树立法治思维影响巨大。校园法治精神建设应重视学校的日常管理活动，包括但不限于学校规章制度的规范化制定、对学生的处罚措施程序化的实施、保障学生选举权、管理权等方面。二是强化校园法治物质建设。在学校硬件设施方面融入法治建设要素，通过法治文化长廊、法治文化展板，有条件的高校可自行建设或与其他单位共同建设法治教育实践基地、法治资源教室等平台传播法治文化和法治理念；深入推进"互联网＋"法治教育，加强青少年普法网络平台建设，拓宽学生接受法治教育的途径和空间，构建全方位法治教育新格局。

习近平法治思想是马克思主义法治理论中国化的最新成果，将其融入高校思政课既是贯彻党的二十大精神的政治要求，也是培养堪当民族复兴大任时代新人的客观要求。习近平法治思想融入高校思政课不是完全推倒传统的教学模式，而是在了解习近平法治思想融入思政课目标的基础上，掌握法治理论的新表达，建强课程体系，深化教学内容，创新教学方法，开拓教育新格局。诚然，加强青少年法治教育不仅仅需要高校思政课的不断革新，也需要政府、司法机关、社会、家庭的共同参与，构建青少年法治教育新局面。

后 记

本书系研究阐释党的十九届四中全会"推动青年理想信念教育常态化制度化研究"（项目号：20ZDA05）的阶段性成果。中国共产党第二十次全国代表大会于 2022 年 10 月 16 日至 22 日在北京举行，这是在全党全国各族人民迈上全面建设社会主义现代化国家新征程、向第二个百年奋斗目标进军的关键时刻召开的一次十分重要的大会。在全面贯彻落实党的二十大精神开局之年，四川大学马克思主义学院联合新时代思想政治教育研究中心和全国高校思政课"手拉手"集体备课中心（四川省—四川大学）于 2023 年 3 月 18 日举办"学习贯彻党的二十大精神暨思想政治教育前沿问题研究"论坛，正逢其时、恰逢其势。

根据学科建设规划，自 2019 年开始，我们坚持举办此系列高峰论坛，到 2023 年已经是第四届，该学术品牌受到越来越多马克思主义理论学者的关注，口碑和影响不断扩大。本次会议共征文 500 余篇，经过严格筛选，共邀请来自北京大学、中国人民大学、武汉大学、东南大学等 70 余家单位的 91 名马克思主义理论专家学者参会，网络观看人数超过 5000 人次，在学界产生了较大的反响。此次会议受到四川省委宣传部、四川省教育厅、四川大学党委宣传部和社会科学研究处等单位和部门的支持，在此表示衷心的感谢！我们将部分优秀参会论文编辑出版，书名为《思想政治教育前沿问题研究（第四辑）》，供同行学习与交流。

本书编辑出版过程中，四川大学马克思主义学院党委书记李栓久教授、四川大学马克思主义学院院长蒋永穆教授、四川大学人事处处长张洪松教授等提出了中肯的修改意见。硕士研究生苟雪倩、杨婉丁、金菲菲等为本书的编写整理做了大量工作。同时，本书出版得到了四川大学出版社梁平老师和陈克坚老师的大力支持，在此一并表示感谢！

由于时间仓促，水平有限，本书难免存在不妥之处，恳请广大读者批评指正。

编　者
2024 年 1 月